SENTENÇA OBSCURA
E TRÂNSITO EM JULGADO

Conselho Editorial
André Luís Callegari
Carlos Alberto Alvaro de Oliveira
Carlos Alberto Molinaro
Daniel Francisco Mitidiero
Darci Guimarães Ribeiro
Elaine Harzheim Macedo
Eugênio Facchini Neto
Draiton Gonzaga de Souza
Giovani Agostini Saavedra
Ingo Wolfgang Sarlet
Jose Luis Bolzan de Morais
José Maria Rosa Tesheiner
Leandro Paulsen
Lenio Luiz Streck
Paulo Antônio Caliendo Velloso da Silveira

K31s   Kemmerich, Clóvis Juarez.
        Sentença obscura e trânsito em julgado / Clóvis Juarez Kemmerich. –
    Porto Alegre: Livraria do Advogado Editora, 2013.
        168 p. ; 23 cm. – (Coleção Alvaro de Oliveira. Estudos de
                Processos e Constituição; 6)
        Inclui bibliografia e apêndice.
        ISBN 978-85-7348-859-3

        1. Sentenças (Processo civil). 2. Coisa julgada. 3. Sentenças - Interpretação. 4. Pareceres jurídicos. I. Título. II. Série.

                            CDU 347.95
                            CDD 347.077

    Índice para catálogo sistemático:
    1. Decisão judicial : Sentença   347.95

(Bibliotecária responsável: Sabrina Leal Araujo – CRB 10/1507)

Coleção ALVARO DE OLIVEIRA
Estudos de Processo e Constituição **6**

Clóvis Juarez Kemmerich

SENTENÇA OBSCURA E TRÂNSITO EM JULGADO

livraria
DO ADVOGADO
editora

Porto Alegre, 2013

Coleção ALVARO DE OLIVEIRA
Estudos de Processo e Constituição
Daniel Mitidiero
Coordenador

© Clóvis Juarez Kemmerich, 2013

Projeto gráfico e diagramação
Livraria do Advogado Editora

Revisão
Rosane Marques Borba

Direitos desta edição reservados por
Livraria do Advogado Editora Ltda.
Rua Riachuelo, 1300
90010-273 Porto Alegre RS
Fone/fax: 0800-51-7522
editora@livrariadoadvogado.com.br
www.doadvogado.com.br

Impresso no Brasil / Printed in Brazil

Agradecimentos

Este livro é resultado da tese de doutorado concluído sob a orientação do Prof. Dr. Carlos Alberto Alvaro de Oliveira, defendida na Faculdade de Direito da Universidade Federal do Rio Grande do Sul, e aprovada com grau máximo.

Quero agradecer às pessoas que possibilitaram a conclusão do projeto. Qualquer valor que possa ser atribuído às presentes reflexões se deve, primeiro, a quem me iniciou no pensamento do Direito Processual e me orientou na pesquisa atual: o Professor Carlos Alberto Alvaro de Oliveira. Em segundo lugar, minha dívida é com os leitores e examinadores das versões que precederam o texto que ora se apresenta: os Professores José Rogério Cruz e Tucci, José Maria Rosa Tesheiner, Daniel Mitidiero, Klaus Cohen-Koplin, Guilherme Rizzo Amaral, Felipe de Matos Müller, Luis Alberto Reichelt e Marco Antônio Schmitt. Sem suas preciosas contribuições, este resultado não teria sido possível. Agradeço, também, a Julice Araújo Soares pela ajuda com a obtenção e organização da bibliografia. Por fim, registro minha profunda gratidão para com os colegas da Procuradoria Regional Federal da 4ª Região, que assumiram minhas atividades durante o período em que me licenciei para concluir este trabalho. A todos os que leram e opinaram com sinceridade, ou que ainda o farão no futuro, deixo esta mensagem: não há melhor presente ao investigador do que a crítica rigorosa e pertinente.

Prefácio

O sistema processual brasileiro notabiliza-se pela quantidade expressiva de recursos e sucedâneos recursais que permitem às partes questionar e aos órgãos judiciários rever suas decisões por diversas vezes até que sobre elas se imprima o selo da imutabilidade. Acrescente-se a isso o fato de que temos, nos embargos de declaração, um recurso específico para tratar do problema da obscuridade de toda e qualquer decisão judicial (inclusive aquela proferida em sede de embargos de declaração) e poderíamos chegar à conclusão de que a hipótese de uma sentença obscura transitar em julgado seria meramente teórica e sem correspondência na realidade prática.

A realidade forense, contudo, desautoriza por completo tal conclusão. Diversos aspectos contribuem para que o trânsito em julgado de sentença obscura, problema enfrentado por Clóvis Kemmerich na presente obra, seja hipótese frequente com a qual se deparam operadores do direito. Dois desses aspectos merecem especial destaque.

Em primeiro lugar, os litígios sofreram sensível transformação quantitativa e qualitativa nas últimas décadas. No berço de uma economia massificada e globalizada nasceram os chamados litígios *repetitivos*, caracterizados por causas idênticas movidas por dezenas ou até centenas de milhares de indivíduos. A identidade de causas decorre, na seara consumerista – para ficarmos talvez no exemplo mais eloquente –, da homogeneidade dos produtos ou serviços e dos vícios ou defeitos a eles imputados. Esses litígios repetitivos, associados a um sistema processual no qual o processo coletivo está atrelado à equivocada fórmula da coisa julgada *secundum eventum litis* ou *secundum eventum probationis,* dão combustível para uma transformação, também quantitativa e qualitativa, nas carreiras jurídicas. O Judiciário, que depende fundamentalmente de investimento estatal, não consegue aparelhar-se adequadamente para fazer frente ao *overload* de processos, crescendo exponencialmente o número de processos por magistrado. Ao mesmo tempo, surgem a todo o momento novas faculdades de Direito, algumas de quais de qualidade duvidosa – veja-se o baixo índice de aprovação em exames da Ordem dos Advogados – crescendo exponencialmente o número de bacharéis e de advogados que acabam encontrando nos litígios de massa a única oportunidade de trabalho compatível com sua precária formação jurídica. Tanto nas repartições do Poder

Judiciário quanto nas dependências de escritórios de advocacia surgem verdadeiras linhas de produção – ou, mais precisamente, linhas de *montagem* – para a elaboração de decisões judiciais padronizadas e de petições igualmente padronizadas, turbinadas pelos expressivos avanços da informática. O processo, assim, passa a assumir o caráter *industrializado*, muitas vezes à semelhança do seu próprio objeto, também um produto ou serviço massificado, industrializado.

É fácil ver como, nesse cenário, a possibilidade de decisões obscuras passarem em julgado despercebidas dos julgadores e advogados da causa é tão óbvia quanto expressiva.

O segundo motivo que merece destaque deve-se a elemento comportamental, atribuído aos litigantes. Muitas vezes, a obscuridade da sentença pode autorizar dupla-interpretação de seu conteúdo, ora favorável ao autor, ora ao réu. Basta que ambos decidam apostar na interpretação em seu favor e que os diferentes julgadores pelos quais passar o processo não se apercebam da obscuridade – fato frequente, dado o volume de trabalho ao qual são submetidos – e teremos, uma vez mais, a hipótese de sentença obscura transitada em julgado.

Diante dessa realidade, não pode restar dúvida de que o autor de "Sentença Obscura e Trânsito em Julgado" acertou em cheio quando escolheu abordar este assunto em sua tese de Doutoramento, agora apresentada em sua versão comercial. Mas os méritos do autor não se limitam à oportuna eleição do tema. É no seu enfrentamento implacável que Clóvis Kemmerich justifica plenamente a aprovação de sua tese e, agora, sua apresentação ao público.

Na primeira parte de sua obra, o autor trabalha os conceitos de coisa julgada e coisa *julgável*. Enquanto não houver a primeira, a controvérsia jurídica sempre fará jus a uma resposta estatal; sempre será *julgável*, ainda que já tenha sido objeto de resposta estatal *ininteligível*.

Passa o autor a tratar da *obscuridade*, classificando-a quanta à *gravidade* – superável ou insuperável – e quanto à *extensão* – restrita à fundamentação, a uma parte da decisão de mérito ou geral. Dessa classificação já extrai consequências jurídicas importantes. Sempre que a obscuridade for *superável*, poderá ser resolvida, independentemente de sua extensão, mediante *interpretação* da sentença. Já quando a obscuridade for *insuperável*, estaremos diante da hipótese de vício rescisório, sentença *citra petita* ou sentença inexistente, a depender da extensão da obscuridade.

A conceituação e delimitação das atividades de interpretação, criação e aplicação do conteúdo da sentença encerra a primeira parte da obra. A partir da precisão na definição de tais atividades, parte o autor para sua empreitada final, que vem a ser a proposta de tratamento da sentença obscura, tratada na segunda parte da obra. Ela inicia com a descrição do *procedimento* a ser adotado seja na situação de interpretação da sentença, seja na situação em que a obscuridade gera a necessidade de verdadeira *criação*. É nessa seara que o autor, dentre várias outras conclusões, afirma categoricamente que os embargos de declaração são apenas um dos meios para se requerer a solução da obscuridade, não havendo falar em perda do direito a uma decisão compreensível pela mera preclusão da faculdade processual de oposição daquele recurso.

Passa-se a enfrentar o problema do erro material, momento em que se defende que o erro material que pode ser corrigido a qualquer tempo é aquele cuja solução mostra-se evidente ou possa ser obtida pela interpretação da sentença. É vedada, assim, a correção do erro material quando ela depender de cognição de matéria não julgada ou mesmo julgada incompreensivelmente. A fundamentação obscura é também objeto de atenção do autor, que conclui pela sua caracterização como vício rescisório.

Por fim, dá o autor substancial contribuição não só para o estudo do tema como para seu enfrentamento na prática, ao defender a possibilidade de *ação declaratória interpretativa* da sentença já transitada em julgado sempre que a obscuridade for solucionável por meio de *interpretação*, e de *ação declaratória de inexistência de relação decorrente da sentença* quando a obscuridade da sentença transitada em julgado for insuperável por mera interpretação, fazendo-se necessária verdadeira atividade de *criação*.

Sinto-me duplamente privilegiado. Pude integrar a banca de doutoramento de Clóvis Kemmerich e assistir à segura defesa de tese extremamente oportuna e relevante. E, agora, tenho a honra de prefaciar o livro que a apresenta ao grande público. Estão de parabéns o orientador do trabalho, Professor Doutor Carlos Alberto Alvaro de Oliveira, a editora Livraria do Advogado e, principalmente, o autor, cuja coragem e competência no enfrentamento de tema tão espinhoso certamente cativarão o leitor.

Porto Alegre-RS, março de 2013.

Guilherme Rizzo Amaral
Doutor em Direito (UFRGS). Advogado

Sumário

Lista de abreviaturas e siglas..13
Introdução..15
   1. Dimensão do problema..17
   2. Soluções mais comuns...23
   3. Conceitos referentes à teoria do fato jurídico...26
   4. Esboço preliminar da tese..27
1. Sentença e linguagem..29
   1.1. Ou coisa julgada ou coisa julgável..29
      1.1.1. O dever estatal de prestar a tutela jurisdicional................................29
      1.1.2. Direito à norma jurídica concreta...30
      1.1.3. Coisa julgada...31
      1.1.4. Conclusão: indenegabilidade de uma solução..................................35
   1.2. A obscuridade na sentença judicial...36
      1.2.1. O conteúdo essencial da sentença..36
      1.2.2. Texto e significado..37
      1.2.3. Língua, linguagem e sentido..39
      1.2.4. Ceticismo quanto ao significado..41
      1.2.5. Ceticismo quanto ao significado: continuação.................................42
      1.2.6. Criatividade linguística e habilidade linguística...............................43
      1.2.7. Determinabilidade contextual do sentido...44
      1.2.8. Avaliação intersubjetiva das interpretações.....................................45
      1.2.9. Indeterminação dos conceitos..46
      1.2.10. Sentença como ato ilocutório...49
      1.2.11. Caracterização da sentença obscura...53
      1.2.12. Questões em aberto..56
   1.3. Interpretação, criação e aplicação..57
      1.3.1. Interpretação..57
      1.3.2. Situações geradas pelo texto..61
2. Tratamento da sentença obscura...65
   2.1. Procedimento na situação de interpretação...65
      2.1.1. Competência para interpretar a sentença...65

    2.1.2. Como interpretar a sentença (limites processuais)...........68
    2.1.3. Nota sobre a liquidação de sentença...........76
  2.2. Procedimento na situação de criação...........78
    2.2.1. A inexistência jurídica da sentença incompreensível...........79
    2.2.2. Ausência de efeitos processuais da sentença juridicamente inexistente...........80
    2.2.3. Como proceder na prática forense...........81
    2.2.4. Segurança jurídica...........82
    2.2.5. A sentença "citra petita"...........83
    2.2.6. Síntese conclusiva...........86
  2.3. A obscuridade decorrente de erro material...........87
    2.3.1. Noção geral de inexatidão material e de erro de cálculo...........87
    2.3.2. Competência para correção do erro material...........90
    2.3.3. Erro material e obscuridade...........96
    2.3.4. Conclusão...........100
  2.4. A fundamentação obscura...........101
    2.4.1. A tese da inexistência da sentença sem fundamentação (doutrina)...........102
    2.4.2. A tese da rescindibilidade da sentença sem fundamentação (doutrina)...........103
    2.4.3. Conclusão: a fundamentação insuficiente é vício rescisório...........106
  2.5. Uma ação para interpretação da sentença...........110
    2.5.1. Posição da doutrina e da jurisprudência...........111
    2.5.2. Ação interpretativa e efeito negativo da coisa julgada...........113
    2.5.3. Base jurídica da possibilidade de uma ação interpretativa...........114
    2.5.4. Conclusão...........122

Conclusões...........123

Apêndice: terminologia da teoria do fato jurídico...........126
  1. Fato e direito...........127
  2. Tipologia dos fatos jurídicos...........129
  3. Obstáculos ao efeito jurídico...........132
  4. Inexistência jurídica...........133
  5. Invalidade...........135
  6. Nulidade...........141
  7. Ineficácia...........148
  8. Aplicação da terminologia na dinâmica do processo civil...........151
  9. Síntese das opções terminológicas defendidas...........153

Referências...........157

Lista de abreviaturas e siglas

AgRg	Agravo Regimental
AI	Agravo de Instrumento
AP	Agravo de Petição
art.	artigo
arts.	artigos
AVCP	Autorità per la Vigilanza sui Contratti Pubblici
CCEO	Codex Canonum Ecclesiarum Orientalium
CE	Ceará
CIC	Codex Iuris Canonici
CLT	Consolidação das leis do trabalho, Decreto-Lei n. 5.452/1943
coord.	coordenador ou coordenação
CPC	Código de Processo Civil brasileiro
CRFB	Constituição da República Federativa do Brasil
CSJN	Corte Suprema de Justicia de la Nación (Argentina)
CTN	Código Tributário Nacional
DE	Diário eletrônico
DF	Distrito Federal
DJ	Diário da Justiça
DJPR	Diário da Justiça do Paraná
DJU	Diário da Justiça da União
ed.	edição/editor
EDAC	embargos de declaração em apelação cível
EDcl	embargos de declaração
edn	edition
EREsp	embargos de divergência
etc.	*et cetera* (e outras coisas, e assim por diante)
INSS	Instituto Nacional do Seguro Social
LICC	Lei de introdução ao Código Civil brasileiro, Decreto-Lei n. 4.657/1942
org.	organizador
orgs.	organizadores
p.	página ou páginas
PR	Paraná

QO	questão de ordem
RE	Recurso Extraordinário
REsp	Recurso Especial
RS	Rio Grande do Sul
SP	São Paulo
SS	Suspensão de Segurança
STF	Supremo Tribunal Federal
STJ	Superior Tribunal de Justiça
TAR	Tribunale Amministrativo Regionale
TJES	Tribunal de Justiça do Estado do Espírito Santo
TJRS	Tribunal de Justiça do Estado do Rio Grande do Sul
TJSP	Tribunal de Justiça do Estado de São Paulo
trad.	tradutor
TRF	Tribunal Regional Federal
TR-JEF-RS	Turma Recursal dos Juizados Especiais Federais no Rio Grande do Sul
TRT	Tribunal Regional do Trabalho
TST	Tribunal Superior do Trabalho
TST-RI	Regimento interno do Tribunal Superior do Trabalho
URV	Unidade Real de Valor
v.	volume
v.g.	*verbi gratia* (por exemplo)
ZGB	*Zivilgesetzbuch* (Código Civil da Suíça)
ZPO	*Zivilprozessordnung* (Código de Processo Civil da Alemanha)

Introdução

A sentença judicial apresenta-se sob a forma de texto, um discurso fixado pela escritura.[1] Utiliza-se esse discurso para expressar um juízo, um julgamento conclusivo, sobre uma controvérsia submetida ao juiz. Por exigência do direito, a sentença precisa ter um conteúdo informativo e, por força do direito, ela possui um conteúdo deôntico (ou preceptivo). O conteúdo deôntico é a norma concreta emitida pela sentença de mérito, mesmo no caso da sentença que simplesmente reconheça que um caso individual i pertence ao caso genérico g[2]. O conteúdo deôntico diz *o que fazer*. O conteúdo informativo consiste na exposição da justificativa para o conteúdo deôntico. O conteúdo informativo diz *porque fazer*.[3]

Existe sempre a possibilidade fática de a sentença não ser clara. Não se trata de uma possibilidade remota, mas de algo frequente, conforme veremos, mais adiante, em exemplos reais. Para ilustrar os problemas que uma sentença obscura pode causar, Alcala-Zamora y Castillo cita o caso curioso de uma sentença que foi publicada *sem pontuação*, em parágrafos intermináveis. Quando os advogados das partes tentaram pontuá-la, perceberam que muitos trechos admitiam pontuações distintas, igualmente corretas, mas correspondentes a soluções jurídicas muito diferentes.[4]

---

[1] No processo civil brasileiro, a sentença oral deve ser ditada ao escrivão, que a reproduzirá por escrito (CPC, art. 457). A definição de "texto" como "discurso fixado pela escritura" é de RICŒUR, Paul. *Du texte à l'action*. Paris: Seuil, 1986, p. 137. Outros autores definem "texto" de forma mais abrangente, englobando o discurso falado e ainda em outras formas, desde que presente uma "unidade de sentido". Opto pela definição de Ricœur, pois ela me permitirá falar inclusive de "texto sem sentido". Para uma noção do vivo debate sobre o tema, ver CHARAUDEAU, Patrick; MAINGUENEAU. *Dicionário de análise do discurso*. Coord. Trad. Fabiana Komesu. 2. ed. São Paulo: Contexto, 2006, p. 466-468.

[2] Ver KELSEN, Hans. *Reine Rechtslehre*. Zweite Auflage. Wien: Franz Deuticke, 1960, p. 243; ALCHOURRÓN, Carlos E.; BULYGIN, Eugenio. *Introducción a la metodología de las ciencias jurídicas y sociales*. Traducción al castellano de los autores. Buenos Aires: Astrea, 2002, p. 205 e BARBOSA MOREIRA, José Carlos. Eficácia da sentença e autoridade da coisa julgada. In: *Temas de direito processual* – terceira série. São Paulo: Saraiva, 1984, p. 107.

[3] Ver CAMPOS DE SOUZA, Ivan. *O Problema da função processual dos embargos de declaração*. Recife: Imprensa Industrial, 1956, p. 174.

[4] Ver ALCALÁ-ZAMORA Y CASTILLO, Niceto. *Estampas procesales de la literatura española*. Buenos Aires: EJEA, 1961, p. 135-137.

No exemplo da sentença sem pontuação, se cada um dos advogados, em uma primeira leitura, a considerasse favorável ao seu cliente, possivelmente nenhum dos dois recorreria. O problema viria à tona quando se fosse exigir a observância da sentença. Cada parte pretenderia exigir da outra o cumprimento de uma obrigação ou o respeito a uma proibição ou a uma permissão. Um diria, por exemplo, que a sentença obriga o outro a uma determinada conduta. E o outro afirmaria que a sentença não tem esse significado. Mas a conduta descrita pela sentença não pode ser, ao mesmo tempo e para o mesmo sujeito, obrigatória e facultativa.

O direito costuma prever algum meio de fazer com que a sentença obscura seja esclarecida. No caso brasileiro, existe a previsão dos embargos de declaração. Mas, juntamente com o recurso, vem estabelecido um prazo, pois é preciso que o processo ande e, algum dia, chegue ao fim. E, além do processo, é preciso que a própria controvérsia chegue ao fim. Quase todos os sistemas jurídicos do planeta trabalham com uma regra que impede que se possa continuar a pedir em juízo algo que já foi pedido e decidido (negado ou concedido) antes, em um processo finalizado. Chama-se esse estado de imutabilidade da sentença de coisa julgada ou *res judicata*.

O dia a dia dos tribunais mostra que um grande número de sentenças passa em julgado, tornando-se ou não *res judicata*, sem no entanto expressar, de maneira clara, quais os direitos e deveres resultantes para as partes ou, quando isso fica claro, qual a justificativa para a decisão proferida. O trânsito em julgado é pressuposto para a coisa julgada, mas com ela não se confunde. Com o trânsito em julgado pode formar-se coisa julgada material (caso da sentença definitiva que transita em julgado) ou não (caso da sentença terminativa que transita em julgado). Este livro trata das sentenças obscuras em ambas as situações, isto é, com ou sem formação de coisa julgada material.

O problema é que, formada a coisa julgada, o conteúdo da sentença torna-se inatacável. Então uma sentença obscura, ao passar em julgado, torna-se irremediavelmente defectiva? Procurarei demonstrar que não. A disputa instaurada não pode quedar irresoluta e irresolúvel. Isso seria a positivação de uma *lacuna* jurídica insuperável: a criação de uma situação que deveria ser regida pelo direito mas que é posta, pelo próprio direito, fora do seu alcance. A Constituição brasileira não o permite: "a lei não excluirá da apreciação do Poder Judiciário lesão ou ameaça a direito".[5] Talvez uma nova sentença pudesse tratar daquilo que a sentença anterior julgou de maneira obscura. Nesse caso, como fazê-lo sem encontrar obstáculos na coisa julgada? A *criação* de um conteúdo deôntico onde antes não havia um, não seria uma alteração da sentença? Qual é o *status* jurídico de uma sentença obscura depois de esgotados os prazos recursais? O que é possível fazer com ela? A teoria processualística precisa lidar com essas questões.

---

[5] CRFB/1988, art. 5º, XXXV.

Na doutrina e na prática forense, as respostas a essa questão são múltiplas. Falta, porém, uma teoria que (a) examine crítica e sistematicamente as respostas existentes e (b) escolha ou elabore uma solução adequada. O presente trabalho pretende fornecer essa teoria.

1. Dimensão do problema

Haverá quem diga que sentenças verdadeiramente obscuras são casos raros, e que, de qualquer forma, o problema vem sendo resolvido na prática sem grandes transtornos e, portanto, um estudo sobre o *status* jurídico da sentença obscura transitada em julgado não passaria de despropositado exercício acadêmico, sem transcendência alguma na vida dos tribunais. Pode realmente parecer assim aos profissionais que atuam no contencioso tradicional, com poucas e grandes causas.

É geralmente adequado iniciar uma exposição perguntando sobre a existência ou sobrevivência do seu objeto. Afinal, com que frequência o problema ocorre na prática? Trata-se de uma *rara avis* ou de uma epidemia silenciosa? Diferentemente do contencioso tradicional, para aqueles que atuam no contencioso do Estado ou das grandes empresas, com centenas de decisões mensais, requeridas e proferidas às pressas, o problema aparece e é preocupante. O fenômeno é muito mais frequente do que poderia parecer à primeira vista e isso se deve a diversos fatores.

1. O primeiro fator a ser considerado é o número excessivo de processos de que cada juiz precisa dar conta. Em meio a um número absurdamente grande de processos, há casos urgentes, há casos complexos e há casos muito importantes. O juiz mal consegue julgar com qualidade esses casos, e, quanto aos demais, é natural que lhes seja dispensada apenas a atenção que evite o crescimento exagerado do estoque. Tomemos os números dos Tribunais Regionais Federais como amostra. Segundo o relatório "A Justiça em Números", de 2009, publicado pelo CNJ, *cada Desembargador Federal proferiu em média 3.689 decisões em 2008*, um aumento de 31% em relação a 2004, quando a média foi de 2.803 decisões. Mesmo sem fazer qualquer comparação com outros juízes e tribunais,[6] é fácil perceber que, para proferir esse número de decisões, cada Desembargador teve de produzir uma média superior a 17 decisões *por dia útil*. No Tribunal de Justiça do

---

[6] Sem a intenção de fornecer um quadro comparativo mais aprofundado, mas apenas para colocar esses números em perspectiva, cabe mencionar que a média geral da França foi de 391 e da Itália foi de 404 decisões-juiz-ano em 2004 (considerados juízes e decisões de todas as instâncias). Nos Estados Unidos, os números referentes apenas às decisões das Cortes Federais de Apelação, em 2008, revelam uma média de 303 decisões por juiz. Dados brasileiros conforme: CNJ. *Justiça em números*: Série histórica – todos os ramos (2004-2008). Disponível em: <http://www.cnj.jus.br>. Acesso em 15 jul. 2010; dados europeus conforme: CEPEJ. *European judicial systems*. Edition 2006 (data 2004). Disponível em: <http://www.coe.int>. Acesso em: 27 nov. 2006, p. 77, 89 e 100; dados americanos conforme: ADMINISTRATIVE Office of the United States Courts. *2009 Annual Report of the Director: Judicial Business of the United States Courts*. Washington, D.C.: U.S. Government Printing Office, 2010, p. 46 e 91.

Rio Grande do Sul, os números não são muito diferentes: 2.827 decisões por Desembargador em 2008, um aumento de 69% em relação a 2004, quando a média foi de 1.665 decisões/desembargador/ano.

Nesse quadro de premência, parece claro que a qualidade das decisões e, principalmente, a qualidade da redação das decisões, tende a cair. Mesmo porque a carga de trabalho impõe a delegação de inúmeras tarefas a servidores que nem sempre possuem a mesma qualificação dos juízes.

O número excessivo de casos para julgamento é um fator presente em todos os graus de jurisdição e em todos os ramos do Poder Judiciário e serve de pano de fundo para os demais fatores, citados a seguir.

2. O segundo fator a ser considerado é que a sentença é, ou costuma ser, um ato de formação complexa. Da formação de seu conteúdo final participam, não raro, juízes de quatro órgãos jurisdicionais distintos, bem como os advogados das partes. Mesmo em sistemas pouco hierarquizados, é comum a presença de, ao menos, juízes ou tribunais de primeiro grau, tribunais de segundo grau e um tribunal supremo.[7] As decisões judiciais podem ser substituídas ou anuladas, total ou parcialmente, em cada grau de jurisdição. Algumas vezes a substituição é parcial, porque o próprio recurso foi parcial. Da reunião das decisões de mérito que não tenham sido substituídas ou anuladas na passagem pelos diversos graus de jurisdição, resulta *a sentença* apta a adquirir a qualidade de coisa julgada.

Essa estrutura é propícia ao aparecimento de decisões obscuras. Os tribunais superiores, diante de avassaladora repetição de casos, acabam padronizando suas decisões sobre algumas matérias. Os novos recursos que chegam aos tribunais são classificados em algum dos tipos existentes ou separados como atípicos. Ocorre que, com muita facilidade, o caso pode parecer correspondente a algum dos tipos existentes e, no entanto, ser um pouco diferente. Ao classificar em um tipo *t* um caso que não se enquadra exatamente no tipo *t*, a decisão pode vir a tratar de questões que não estão em discussão, deixar de decidir as que importam ou decidi-las com base em premissas equivocadas, e assim por diante.

Muitas vezes o problema já vem do grau de jurisdição anterior ou é o recurso que, adotando um modelo referente a um caso similar, induz a uma decisão errônea.

Desse fenômeno resulta que até mesmo um acórdão claro, bem redigido e fundamentado, com dispositivo formulado sem ambiguidade, possa ter um sentido completamente obscuro quando cotejado com as necessidades decisórias dos autos. É o que ocorre quando o acórdão está *desconectado do caso* dos autos.

Confira-se o seguinte exemplo. Na grande controvérsia judicial que envolveu a conversão do valor dos benefícios previdenciários em Unidades Reais de

---

[7] A principal exceção é o sistema islâmico, que não possui cortes de apelação, embora conte com uns poucos *elementos* de apelação. Ver SHAPIRO, Martin. *Courts*. Chicago/London: The University of Chicago Press, 1981, p. 211.

Valor-URV,[8] formou-se, em todo o Brasil, exceto na Região Sul, jurisprudência no sentido de que, na realização do cálculo da média dos valores, determinado pela lei, as rendas de jan-1994 e fev-1994 deveriam receber, antes da conversão em URVs, reajustes de 10% e 39,67% respectivamente.[9] Para não entrar em detalhes, importa aqui apenas que, em milhares de condenações, estavam envolvidas apenas as *rendas de janeiro e fevereiro de 1994*. Na Região Sul, era diferente: o Tribunal Regional Federal da 4ª Região também condenava o INSS a pagar um benefício maior após a conversão em URV, mas por fundamentos diversos dos adotados no restante do país, fundamentos que não cabe aqui explicar em detalhes, envolviam alteração das *rendas de nov-1993, dez-1993 e fev-1994 e não a de jan-1994*. Em um dado momento, o STJ alterou seu entendimento e passou a dar provimento aos recursos do INSS vindos dos tribunais *de todas as regiões* do país. O texto era essencialmente o mesmo para todos os casos, inclusive os originados da 4ª Região: afastava-se a condenação referente às competências jan-1994 e fev-1994. Mas os acórdãos do TRF da 4ª Região se referiam ainda a nov-1993 e dez-1993 e, por outro lado, não continham condenação em relação a jan-1994 e, em relação a fev-1994, aplicavam 10%, e não 39,67%. Mais tarde, o STF declarou ser constitucional a forma de cálculo estabelecida pela Lei n. 8.880/1994,[10] o que afastava as duas versões de condenação. Mas o fez em controle concreto e nessa data já haviam transitado em julgado milhares de casos individuais, que geraram, por sua vez, inúmeras controvérsias interpretativas.

3. Outras vezes o problema é que a decisão superior é por demais genérica para resolver o caso concreto.[11] Sua aparência é de clareza, mas quando se pretende o seu cumprimento percebe-se que estão faltando elementos essenciais para isso. Nos juizados especiais, esse tipo de decisão prolifera de um modo preocupante. As principais espécies são duas: a hipodecisão e a hiperdecisão.

A hipodecisão simplesmente remete às razões da decisão recorrida. Algumas vezes ela contém ainda trecho com o seguinte teor: "rejeito todas as alegações do recorrente que não tenham sido expressamente rejeitadas nos autos". Nos juizados especiais, a Lei n. 9.099/1995 autoriza que a sentença seja "confirmada pelos próprios fundamentos",[12] mas certamente a lei se refere aos casos em que esses fundamentos sejam *suficientes* para rechaçar os argumentos do recurso. Quando o recurso aponta falhas nos fundamentos da sentença, pergunta-se: o que significa (em termos de fundamentação) dizer que a "a sentença se mantém por seus

---

[8] Lei n. 8.880/1994.

[9] *V.g.* STJ, REsp 172.928/SP, Rel. Ministro Edson Vidigal, 5ª T., DJ 1-7-1999.

[10] Ver STF, RE 313.382/SC, Rel. Min. Maurício Corrêa, Tribunal Pleno, DJ 4-10-2002. Atuei como procurador do INSS nesse julgamento.

[11] Por exemplo: "SENTENÇA – Decisão genérica – *Desatendimento ao princípio da congruência* – Omissão quanto a diversos pedidos dos autores – Menção a suposta perícia, não realizada nos autos – Artigos 128 e 460 do CPC – Nulidade reconhecida – Recurso provido" (TJSP, AC 7.086.534-6, Des. Rui Cascaldi, 12ª Câmara Direito Privado, julg. 10-12-2008, grifo meu)

[12] Lei n. 9.099/1995, art. 46.

próprios fundamentos"? Dificilmente os mesmos fundamentos da sentença serão suficientes para julgar um recurso com as seguintes alegações: cerceamento de defesa, má interpretação da lei, constitucionalidade de lei declarada inconstitucional. A adoção de fundamentação por remissão pode resultar em uma decisão com fundamentação obscura ou, até mesmo, carente de fundamentação, dependendo dos pontos de contato entre a fundamentação anterior e os argumentos do recurso. E, considerando a importância da fundamentação para o entendimento do próprio dispositivo, o defeito de fundamentação pode facilmente levar a um defeito do dispositivo.

Aqui está um exemplo concreto. Um acórdão típico (na época da sua publicação) de uma das Turmas Recursais dos Juizados Especiais Federais do Rio Grande do Sul:

> VOTO. PREVIDENCIÁRIO. APOSENTADORIA POR TEMPO DE CONTRIBUIÇÃO. AVERBAÇÃO DE TEMPO DE SERVIÇO LABORADO COMO SEGURADO ESPECIAL. SENTENÇA DE PARCIAL PROCEDÊNCIA. RECURSO IMPROVIDO. A sentença é de ser confirmada pelos seus próprios fundamentos. Importa destacar que "o magistrado, ao analisar o tema controvertido, não está obrigado a refutar todos os aspectos levantados pelas partes, mas, tão somente, aqueles que efetivamente sejam relevantes para o deslinde do tema" (STJ, REsp 717.265, DJ 12.03.2007, p. 239). Em assim sendo, rejeito todas as alegações do recorrente que não tenham sido expressamente rejeitadas nos autos, porquanto desnecessária a análise das mesmas para chegar à conclusão que se chegou na sentença. Dou por prequestionada toda a matéria ventilada nos autos, para fins do art. 102, III, da Constituição Federal, respeitadas as disposições do art. 14, *caput* e parágrafos e art. 15, *caput*, da Lei nº 10.259, de 12.07.2001. Ante o exposto, voto por negar provimento ao recurso do INSS, condenando-o ao pagamento dos honorários advocatícios fixados em 10% (dez por cento) sobre o valor atualizado das parcelas vencidas até a data da sentença. Sem custas.[13]

No acórdão acima, foi mantida a sentença e, como fundamentação, foi adotada a mesma da sentença recorrida (o acórdão a fez sua). Mas uma fundamentação como essa pode ser de difícil compreensão no que se refere às alegações recursais que apontam, justamente, as suas falhas. Apesar de existir uma fundamentação, não fica claro por que o juízo *ad quem* decidiu como decidiu.

A hiperdecisão, também comum nos juizados especiais, é a que tenta falar sobre todos os pedidos possíveis relacionados a um mesmo tema, não importando o que está sendo discutido no processo. É compreensível que, ao longo do tempo, os magistrados tomem posição sobre as questões jurídicas mais frequentes em suas áreas de atuação. A hiperdecisão consiste em uma compilação prévia dos entendimentos já formados. Ela se parece com um livro de doutrina, com a diferença de que, no final, diz "dou/nego provimento ao recurso na forma da fundamentação".[14] É evidente que esse tipo de acórdão traz inúmeros riscos. A começar pela parte supérflua, aquela que não tem relação com o caso dos autos. Apenas para exemplificar: imagine-se um recurso contendo pedido que não está na inicial.

---

[13] TR-JEF-RS, recurso cível n. 2007.71.95.004782-9/RS, julg. 17-10-2007.
[14] *V.g.* TR-JEF-RS recurso cível 2005.71.95.001874-2/RS, julg. 28-2-2007.

Com a hiperdecisão, esse pedido acaba recebendo uma decisão de mérito pelo acórdão, uma vez que o acórdão não foi redigido com atenção ao caso dos autos e tenta abranger todos os pedidos possíveis.

4. A utilização dos recursos da informática tem sido de grande valor na produção dos textos das decisões judiciais e talvez seja a única maneira de fazer frente à atual demanda de decisões judiciais. Mas penso que a sua *má utilização* seja um fator provocador de sentenças obscuras. Os recursos da informática permitem a cópia de longos trechos de documentos escritos e a sua inserção em novos documentos em questão de segundos. Permitem também a utilização de textos padronizados alterando-se, a cada impressão, apenas a identificação das partes (ou outro dado que se queira alterar). Suponho que fatores psicológicos e econômicos façam com que esse modo de produção das decisões jurídicas exerça *vis* atrativa sobre os casos pendentes de decisão.[15] O resultado, não raro, são casos enquadrados à força em decisões pré-moldadas e textos que não expressam uma decisão clara para os casos tratados.

5. O desprezo pelo emprego da *lógica* na sentença, mesmo que alimentado apenas por uma minoria, é outro fator gerador de sentenças obscuras. É verdade que também a superestimação da lógica traz problemas, mas de outra ordem.[16] Toda uma geração de juízes e advogados formou-se ouvindo alertas contra a superestimação da lógica na argumentação jurídica e, principalmente, na decisão judicial. Formou-se, por assim dizer, um "movimento" tópico, ou retórico, que afastava (ou, no mínimo, dava a impressão de afastar) a lógica formal da decisão judicial. Na obra de Theodor Viehweg, a jurisprudência foi descrita como uma técnica que opera topicamente, e não pelo modo de pensar sistemático-dedutivo.[17] Perelman procurou demonstrar que "a lógica formal não nos pode guiar"[18] nas decisões judiciais e fala em uma "confrontação do direito com a lógica".[19] Criticou-se a ideia de silogismo na sentença, ao fundamento (sociológico) de não ser assim que os juízes raciocinam na prática.[20] Em síntese, bem ou mal compreendida, passou da teoria para a prática a ideia de que o "emprego da lógica formal para o tratamento dos problemas jurídicos, se não é prejudicial, leva a resultados

---

[15] Baseio essa suposição tão-somente em minha experiência profissional como ex-Analista Judiciário e como Procurador Federal.

[16] Ver CHIOVENDA, Giuseppe. Cosa giudicata e preclusione. In: *Saggi di diritto processuale civile* (1894-1937). Milano: Giuffrè, 1993, v. III. p. 256-261 e ALEXY, Robert. *Teoría de la argumentación jurídica*. Trad. Manuel Atienza e Isabel Espejo. Madrid: Centro de Estudios Constitucionales, 1989, p. 213-271.

[17] Ver VIEHWEG, Theodor. *Topica y jurisprudencia*. Trad. Luis Díez-Picazo Ponce de León. Madrid: Taurus, 1986, *passim*.

[18] PERELMAN, Chaïm. *Ética e direito*. Trad. Maria Ermantina Galvão G. Pereira. São Paulo: Martins Fontes, 1996, p. 522.

[19] PERELMAN, *Ética e direito*, p. 524.

[20] O exemplo mais notável é o do realismo norte-americano. Uma das frases mais famosas dessa escola diz "a vida do direito não tem sido lógica: tem sido experiência" ("the life of the law has not been logic: it has been experience") – HOLMES JR., Oliver Wendell. *The common law*. Boston: Little, Brown & Co., 1923, p. 1, tradução minha.

insensatos e monstruosos, é inútil".[21] E não chegam a causar surpresa, nos dias de hoje, afirmativas como estas: "a fundamentação, a motivação, a justificação das sentenças não precisa ser lógica"[22] ou "ser ela [a sentença] convincente não significa ser impecável quanto a seu aspecto lógico formal".[23] Para não ser injusto com Perelman, Viehweg ou Recaséns Siches, é preciso esclarecer que o seu alvo era apenas *o emprego exclusivo do raciocínio dedutivo a partir da lei,* e não a lógica como um todo, muito menos a lógica de segunda ordem ou as de ordens superiores, que sequer tinham sua importância reconhecida ao tempo dos seus principais escritos.

Da constatação de que a lógica não é *suficiente* para uma boa decisão judicial, não se deve concluir que ela seja *desnecessária*.[24] Não é objetivo deste estudo fazer uma defesa do emprego da lógica na elaboração da sentença, mas cabe anotar que qualquer lógico sabe que a lógica não lida com a escolha ou elaboração das premissas, e sim, com a correção do raciocínio. São injustas, portanto, as críticas do tipo "urso na estação de trem",[25] que seguidamente são dirigidas contra a lógica, pois nesse caso a discussão gira em torno da adoção das premissas corretas (e não em torno da licitude do raciocínio). É como afirmam Alchourrón e Bulygin:

> Tais temores se originam do desconhecimento da natureza da lógica e da matemática e do enorme e insubstituível papel que a imaginação criadora desempenha nessas ciências. A progressiva racionalização de um campo do saber mediante a explicação e a precisão do aparato conceitual e das regras lógicas usadas apenas conduz à eliminação de temores irracionais, fatores emotivos e superstições míticas, pseudoargumentos e pseudoproblemas,

---

[21] RECASÉNS SICHES, Luis. *Introducción al estudio del derecho*. 6. ed. México: Porrúa, 1981, p. 252.

[22] WAMBIER, Teresa Arruda Alvim. *Nulidades do processo e da sentença*. 6. ed. São Paulo: RT, 2007, p. 316.

[23] WAMBIER, *Nulidades do processo e da sentença*, p. 317.

[24] Lourival Vilanova explica por que a lógica é insuficiente na aplicação do direito: "O vínculo entre hipótese e conseqüência, que no plano analítico-formal é mera relação implicacional, na proposição do direito positivo é nexo axiologicamente estatuído. Tudo isso explica por que na construção do direito e na aplicação do direito a lógica seja insuficiente. Não se resolve com lógica o que é extralógico: o conteúdo material – a referência a fatos do mundo e a valores que procuram realizar-se por meio de normas." – VILANOVA, Lourival. *Escritos jurídicos e filosóficos*, vol. 2. São Paulo: Axis Mundi; São Paulo: IBET, 2003, p. 201.

[25] Gustav Radbruch relata o caso de uma estação ferroviária onde um cartaz dizia ser proibida a entrada de pessoas acompanhadas de cães. Certo dia, chegou à estação um homem acompanhado de um urso. Não lhe foi permitido entrar. Ele então protestou, com o argumento de que a regra proibia apenas cães, e não outros animais. Desencadeou-se então uma discussão *em torno da interpretação* da regra. Esse exemplo foi invocado por Recaséns Siches para combater o uso da lógica formal no direito, e propugnar pelo uso de uma "outra lógica", que ele denomina *lógica do razoável* (ver RECASÉNS SICHES, Luis. *Experiencia jurídica, naturaleza de la cosa y lógica "razonable"*. México D.F.: Fondo de Cultura Económica, 1971, p. 420). Ora, se o conflito é "em torno da interpretação da regra", é evidente que se está no campo da *procura das premissas*, e não no da *correção do raciocínio*. Diversas outras situações – como a excepcionalização da regra por equidade, a sua interpretação segundo este ou aquele cânone interpretativo, a sua invalidação por inconstitucionalidade e até mesmo um discurso a favor da desobediência – podem ter lugar no momento em que se busca resolver um caso concreto, mas nenhuma delas é prejudicada pelo uso da lógica. Ocorre exatamente o contrário: até mesmo no interior de discussões sobre a validade de uma regra ou sobre a escolha de um *standard* probatório é imprescindível que os argumentos sejam lógicos (conclusão bem demonstrada por ALEXY, *Teoría de la argumentación jurídica*, p. 23 e 185-187).

porém jamais excluirá a função criadora do gênio, nem o substituirá por autômatos e computadores.[26]

O resultado da negligência lógica está disponível nos arquivos do Judiciário brasileiro: raciocínios incompletos, premissas que não conduzem logicamente às conclusões, ausência de demonstração de que os fatos *sub examine* estão sujeitos à norma eleita, ausência de verdadeira fundamentação quanto à valoração da prova.[27]

Os fatores citados – excesso de processos, formação complexa, texto mínimo e genérico, texto analítico e abstrato, replicação informatizada, sobrecarga de trabalho, desprestígio da lógica – aos quais se poderiam acrescentar inúmeros outros, interagem entre si, e a interação entre eles eleva de modo exponencial o número de sentenças com alguma obscuridade.

2. Soluções mais comuns

Não existe, até onde me foi possível constatar, qualquer obra específica sobre o tema aqui tratado. Ele aparece inserido em obras sobre outros temas que com ele se relacionam (*v.g.* nulidades processuais, hermenêutica, embargos de declaração, título executivo, coisa julgada), e raramente chega a ser tratado em capítulo próprio. Mesmo assim, é possível identificar diversas correntes nas passagens – doutrina e jurisprudência – que tratam do tema. As soluções que a doutrina e a jurisprudência têm dado ao problema da sentença obscura passada em julgado resumem-se às seguintes:

2.1. Considerar a sentença obscura como sendo ineficaz ou meramente terminativa. Para Pontes de Miranda, haveria, no caso da sentença incompreensível, uma *impossibilidade* cognitiva (ou gnosiológica). O autor classifica a sentença incompreensível juntamente com outras sentenças que enfrentam alguma *impossibilidade* (moral ou jurídica) de cumprimento, e conclui: "o *praeceptum impossibile* é ineficaz; não é inexistente, nem é nulo".[28] Entendimento similar é mantido por Alvaro de Oliveira, que classifica a obscuridade da sentença como uma "de-

---

[26] ALCHOURRÓN; BULYGIN, *Introducción a la metodología de las ciencias jurídicas y sociales*, p. 137, tradução minha. Texto da versão em espanhol: "Tales temores se originan en el desconocimiento de la naturaleza de la lógica y de la matemática y del enorme e insustituible papel que la imaginación creadora desempeña en esas ciencias. La progresiva racionalización de un campo de saber mediante la explicación y la precisión del aparato conceptual y de las reglas lógicas usadas sólo conduce a la eliminación de temores irracionales, factores emotivos y supersticiones míticas, seudo-argumentos y seudo-problemas, pero jamás excluirá la función creadora del genio, ni lo reemplazará por autómata y computadoras".

[27] Para precisas observações nesse sentido, ver KNIJNIK, Danilo. *A prova nos juízos cível, penal e tributário*. Rio de Janeiro: Forense, 2007, p. 16-17.

[28] PONTES DE MIRANDA, F. C. *Tratado da ação rescisória das sentenças e de outras decisões*. 5. ed. Rio de Janeiro: Forense, 1976, p. 25. No mesmo sentido, ver PONTES DE MIRANDA, F. C. *Tratado das ações*. Tomo I. São Paulo: RT, 1970, § 33.

ficiência do suporte fático relativamente aos fatores de eficácia",[29] para concluir que a sentença ininteligível apresenta *eficácia* limitada à *extinção da instância*.[30] A coisa julgada formal impede apenas a discussão de questões no mesmo processo. Ela não obsta uma nova propositura da ação. Esse seria o caminho – uma nova propositura da ação – para quem obteve uma sentença obscura e não se valeu dos recursos adequados para esclarecê-la antes do trânsito em julgado.

2.2. Considerar a sentença obscura rescindível. A obscuridade da sentença seria uma ofensa à lei, e a ofensa à lei é uma das hipóteses que permite a rescisão da sentença (CPC/1973, art. 485, V). Dessa forma, a obscuridade da sentença permitiria tão somente a sua rescisão, desde que presentes os demais requisitos para uma ação rescisória. Se a "força formal de coisa julgada traz consigo a sanação e impõe a atendibilidade da sentença",[31] então não haveria outra solução para a sentença contendo obscuridade: ou ela é rescindida no prazo de dois anos ou não será mais possível alterá-la.[32] São invocados, então, fundamentos como este: apesar da "contradição existente no acórdão ... a coisa julgada material só é atacável pela via própria da ação rescisória".[33]

2.3. Considerar a sentença obscura inexistente. A sentença ininteligível é citada como exemplo de sentença inexistente por diversos autores.[34] De acordo com essa teoria, um pronunciamento judicial incompreensível não reuniria os elementos essenciais para a formação de uma sentença. Em outras palavras, não ingressaria no mundo jurídico como uma sentença. Quando as normas exigem que a sentença tenha um dispositivo, referem-se, evidentemente, a um dispositivo compreensível, apto a orientar a conduta das partes, a resolver a controvérsia posta em juízo. O mesmo pode ser dito em relação à fundamentação. Argumentos ininteligíveis não são argumentos.

---

[29] ALVARO DE OLIVEIRA, Carlos Alberto. Execução de título judicial e defeito ou ineficácia da sentença, *Revista de Processo*, v. 80, p. 64-74, 1995, p. 71.

[30] Ver ALVARO DE OLIVEIRA, Execução de título judicial e defeito ou ineficácia da sentença, p. 72.

[31] PONTES DE MIRANDA, *Tratado da ação rescisória*, 1976, p. 106.

[32] Conforme TRF4, QO 94.04.15691-4/SC, Des. Federal Vilson Darós, 2ª T., DJ 2-5-1996; AC 2000.70.00.031629-7/PR, Juíza Federal Maria Isabel Pezzi Klein, Turma Suplementar, DJ 7-10-2008 e QO 2001.71.12.003227-0/RS, Des. Federal Nylson Paim de Abreu, 6ª T., DJ 17-9-2003.

[33] TRF4, QO 94.04.15691-4/SC, Des. Federal Vilson Darós, 2ª T., DJ 2-5-1996.

[34] Entre eles DENTI, Vittorio. *L'interpretazione della sentenza civile*. Pavia: Tip. Del Libro, 1946, p. 87, citado por SANTANGELI, Fabio. *L'interpretazione della sentenza civile*. Milano: Giuffrè, 1996, p. 184. Há outros autores que, sem se referir expressamente à questão do *texto incompreensível*, afirmam ser inexistente a sentença sem *dispositivo* ou sem *fundamentação*. Ver TARUFFO, Michele. *La motivazione della sentenza civile*. Padova: Cedam, 1975, p. 464; MONIZ DE ARAGÃO, Egas Dirceu. *Sentença e coisa julgada*. Rio de Janeiro: Aide, 1992, p. 164-165 e 325-326; SOUZA, Wilson Alves. *Sentença civil imotivada*. Salvador: Podium, 2008, p. 225; WAMBIER, *Nulidades do processo e da sentença*, p. 463; BARBOSA MOREIRA, José Carlos. Item do pedido sobre o qual não houve decisão: possibilidade de reiteração noutro processo. In: *Temas de direito processual* – segunda série. São Paulo: Saraiva, 1980, p. 241-252, p. 246 e TALAMINI, Eduardo. *Coisa julgada e sua revisão*. São Paulo: RT, 2005, p. 312ss. Ora, um *decisum* incompreensível não decide e uma fundamentação incompreensível não fundamenta.

2.4. Negar a possibilidade de esclarecimento após o trânsito em julgado. Entendimento que nega às partes o direito ao esclarecimento do ponto obscuro, seja em razão de preclusão, por não terem sido interpostos embargos de declaração no momento oportuno, seja em razão inalterabilidade da coisa julgada. São invocados, então, fundamentos como estes: (a) o esclarecimento "significaria violação da coisa julgada";[35] (b) "não interpôs embargos de declaração com o objetivo de aclarar a decisão", portanto ela não pode ser modificada;[36] ou, ainda, (c) "a decisão transitou em julgado, não cabendo, por esta via [simples petição], a desconstituição da coisa julgada".[37]

2.5. Preencher o conteúdo da sentença obscura por meio de "interpretação" na fase de cumprimento.[38] Segundo essa teoria, o juiz encarregado de fazer cumprir a sentença deve emitir um pronunciamento regulando a conduta das partes naquilo em que esta depender dos pontos que tenham restado obscuros na sentença proferida pelo juiz da fase de conhecimento. O juiz encarregado de fazer cumprir a sentença teria o dever e o poder de interpretar a sentença. Interpretar não implicaria alterar a sentença e, portanto, não ofenderia a coisa julgada. Essa teoria está ligada, ainda, ao ideal da economia processual, que orienta a "salvar", ou aproveitar, a sentença.[39]

2.6. Considerar a sentença obscura como sendo imune à preclusão e permitir o esclarecimento pelo juiz que a proferiu. Solução de aplicação pouco frequente. Quando aplicada, costuma ser por meio das chamadas "questões de ordem" dos tribunais. Consiste na emissão de um novo acórdão ou sentença, pelo mesmo juiz ou tribunal, em substituição ao anterior ou à sua parte defeituosa.[40]

---

[35] TRT23, AP 2690/99, Juiz Bruno Weiler, julg. 30-5-2000.

[36] TRT23, AP 2690/99, Juiz Bruno Weiler, julg. 30-5-2000.

[37] TRF4, AC 2000.70.00.031629-7/PR, Juíza Federal Maria Isabel Pezzi Klein, Turma Suplementar, DJ 7-10-2008.

[38] Na redação atual do CPC brasileiro, o *cumprimento de sentença* é gênero que abrange: (a) o cumprimento voluntário não-judicializado; (b) a efetivação da tutela específica na forma dos arts. 461 e 461-A; (c) a execução direta na forma dos arts. 475-I a 475-R; e (d) a execução *ex intervallo*, esta somente contra a Fazenda Pública (art. 730).

[39] Ver SANTANGELI, *L'interpretazione della sentenza civile*, p. 185.

[40] Ver, por exemplo, TRF4, QO 2004.70.00.028888-0/PR, Des. Federal Luís Alberto D'Azevedo Aurvalle, 6ª T., DJ 24-8-2005, na qual o tribunal afirma dar provimento à apelação da parte autora, mas esta sequer havia sido interposta. As partes não recorreram do acórdão. De ofício, mesmo após o esgotamento dos prazos recursais, o tribunal proferiu novo julgamento para anular o julgamento anterior e para realizar o reexame necessário. A mesma solução, por vezes, é adotada sob o fundamento de erro material. Ver, por exemplo, STJ, REsp 250.886/SC, Min. Eliana Calmon, 2ª T., DJ 1-7-2002. Outras vezes o fundamento é o do direito à prestação jurisdicional. Ver, por exemplo, STF, AI 472.444/RS c/c RE 509.839/RS. Nesse processo, o recurso extraordinário já havia sido julgado e provido (no AI 472.444), com trânsito em julgado. Cerca de um ano depois, a parte prejudicada peticionou ao STF dizendo que o julgamento do recurso extraordinário havia examinado matéria diversa das razões recursais. O STF simplesmente julgou novamente o recurso extraordinário, e desta vez lhe negou provimento. Outro exemplo: "ACÓRDÃO TRANSITADO EM JULGADO ... 4. Questão de Ordem resolvida para o fim de esclarecer que os honorários advocatícios devidos pela ré devem incidir sobre o valor levantado pela Autora." – TRF4, QO 94.04.15691-4/SC, Des. Federal Vilson Darós, 2ª T., DJ 2-5-1996.

Um dos principais desafios para este livro será o de superar as deficiências de cada uma das soluções examinadas acima e tentar compô-las em uma teoria que estabeleça a esfera de aplicação de cada uma.

3. Conceitos referentes à teoria do fato jurídico

A terminologia da teoria do fato jurídico, empregada largamente ao longo do texto, contém diversos termos polissêmicos, o que faz necessário esclarecer de antemão o sentido com que esses termos são utilizados. Um *apêndice* justificando as opções terminológicas encontra-se ao final do texto principal de livro. As precisões terminológicas que, por ora, parecem necessárias são as que seguem abaixo.

O direito opera por meio de normas e estas, para ter alguma utilidade na organização social, precisam referir-se aos comportamentos esperados perante determinados fatos (ou estados de coisas). Um *fato* é um evento com lugar no tempo, e *fato jurídico* é qualquer fato indicado como condição, ainda que não exclusiva, para a ocorrência de efeitos jurídicos. *Efeito jurídico* é qualquer mudança no universo do dever-ser jurídico (ou situação jurídica).

Situação jurídica é o estado de coisas do plano do dever-ser. Nas palavras de Angelo Falzea, uma situação jurídica é "atribuída a determinados sujeitos mediante um efeito jurídico".[41]

Os jurídicos *lato sensu* classificam-se em: (a) fatos jurídicos *stricto sensu* (acontecimentos que importam para o direito apenas pelo seu resultado no mundo fático, tenham ou não tido participação humana) e (b) atos jurídicos *lato sensu* (atos humanos voluntários que possuem importância jurídica como tais). Os atos jurídicos *lato sensu*, por sua vez, recebem subdivisão em (b.1) ilícitos e (b.2) lícitos, e estes em (b.2.1) negócios jurídicos, (b.2.2) atos jurídicos *stricto sensu* e (b.2.3) provimentos jurídicos. *Negócios jurídicos* são as "ações humanas que, por força do direito objetivo, produzem efeitos jurídicos em consideração à vontade do agente, e não simplesmente pelo fato objeto dessa atuação".[42] *Atos jurídicos stricto sensu* são atos humanos voluntários que, da mesma forma que os negócios jurídicos, constituem suporte fático para a produção de efeitos jurídicos, mas sem que a vontade do agente tenha relevância na definição desses efeitos. *Provimentos jurídicos* são ações de agentes estatais (ou grupo de agentes estatais) que estabelecem normas para a conduta de outras pessoas (*v.g.* sentença judicial), ou para a

---

[41] FALZEA, Angelo. *Ricerche di teoria generale del diritto e di dogmatica giuridica*. Vol. II, dogmatica giuridica. Milano: Giuffrè, 1997, p. 116, tradução minha. Texto original: "... ogni situazione attribuita a determinati soggetti mediante un effetto giuridico". Ver também CALMON DE PASSOS, *Esboço de uma teoria das nulidades aplicada às nulidades processuais*, p. 56.

[42] ALVES, José Carlos Moreira. *A parte geral do projeto de Código Civil brasileiro*. 2. ed. aum. São Paulo: Saraiva, 2003, p. 103. José Roberto dos Santos Bedaque oferece uma definição similar: "Se os efeitos produzidos pelos atos constituem resultado direto do querer, estamos diante dos negócios jurídicos." – BEDAQUE, José Roberto dos Santos. *Efetividade do processo e técnica processual*. São Paulo: Malheiros, 2006, p. 407.

conduta de outras pessoas e também dos próprios agentes (*v.g.* aprovação de um projeto de lei).

Para um juízo sobre os efeitos de um fato, a primeira verificação a ser feita é a da presença dos elementos caracterizadores da hipótese fática contida em uma norma. Em caso negativo (o que se chama *inexistência jurídica*), o fato não é jurídico e não produz o efeito jurídico. Em caso afirmativo (existência jurídica), há diferenças entre as espécies de fatos. O fato jurídico em sentido estrito e o ato ilícito dependem apenas da *existência jurídica* para que produzam o efeito jurídico. Mas esta pode ser insuficiente para a produção de efeitos quando se trata de *negócio jurídico, atos jurídicos em sentido estrito* ou *provimentos jurídicos*. Cada uma dessas três espécies de atos jurídicos pode enfrentar algum dos seguintes obstáculos à produção dos efeitos que lhes são próprios: *nulidade* e *ineficácia*. Para a apreciação da *nulidade*, é fundamental a noção de *invalidade*.

Validade designa a qualidade dos atos jurídicos que atendam aos requisitos estabelecidos por um ordenamento jurídico determinado. Nesse sentido, ato jurídico inválido é aquele que, embora pertencente à espécie prevista por uma norma jurídica, não cumpre os requisitos do ordenamento vigente.

No direito brasileiro, a invalidade pode atrair diversas consequências, dentre as quais a *nulidade*, no sentido de sanção consistente na extinção de efeitos jurídicos. Há atos que são nulos pela simples forma do direito (nulidade *ipso iure*) e há outros em que a sanção precisa ser aplicada pela autoridade competente para que a nulidade se concretize. Estes últimos, enquanto não anulados, estão no estado de *anulabilidade*. Outros conceitos associados à ideia de nulidade: (1) *anulação*: ato de tornar nulo, ou seja, de reconhecer a invalidade e de retirar a eficácia; (2) *declaração de nulidade*: reconhecimento de que um ato já era nulo previamente e, portanto, que ele nunca foi juridicamente eficaz; (3) *rescindibilidade*: no direito processual, designa a possibilidade de desfazer a sentença judicial de um processo findo; (4) *vício rescisório*: aquela imperfeição que gera a rescindibilidade de uma sentença.

No direito processual civil, as nulidades sempre precisam ser decretadas pelo juiz para que passem a existir (CPC, arts. 243-250) e existem diversas situações em que elas não devem ser decretadas (arts. 243; 244; 245; 249, § 1º; 250; 467 e 474).

Eficácia jurídica é a suficiência do ato para desencadear os efeitos programados e, portanto, gerar uma nova situação jurídica. Ineficácia, *a contrario sensu*, é a insuficiência para desencadear esses mesmos efeitos.

4. Esboço preliminar da tese

Visto que sentenças com obscuridade existem e causam problemas, resta saber como tratá-las. O que o direito estabelece para o caso da sentença obscura passada em julgado?

A tese defendida ao longo deste livro é a de que existem graus de obscuridade e uma linha divisória que os separa em dois grupos.[43] De um lado da linha estão sentenças que, embora de difícil compreensão, ainda permitem, por meio de *interpretação* – no sentido restrito de "determinação de um significado de uma expressão linguística quando existem dúvidas"[44] – alcançar uma conclusão segura sobre o conteúdo deôntico da sentença, ou seja, sobre a conduta exigida das partes. Divergências sobre a interpretação dessa espécie de sentença devem ser resolvidas (a) na fase de cumprimento da sentença, pelo juiz perante o qual tramita o processo, ou (b) por meio de ação declaratória interpretativa (se houver interesse jurídico suficiente). Do outro lado da linha, estão sentenças em que os pontos obscuros não são sanáveis pela atribuição de significados ao texto da sentença (por não ser possível, ou não ser seguro, atribuir um significado). Há textos que não permitem saber com razoável segurança qual a conduta exigida das partes. Nesse caso, para dizer qual é o conteúdo deôntico da sentença, o juiz teria de *sentenciar*, e não apenas *interpretar* (no sentido restrito acima). Uma sentença com esse grau de obscuridade *não possui conteúdo deôntico*, ao menos não na parte obscura (veremos que a sentença é decomponível em partes). Quando não é possível saber o que foi decidido, o ato não é, no sentido jurídico do termo, uma *sentença* e, nessa hipótese, as partes continuam com o direito de exigir uma sentença para o seu caso, a ser proferida no mesmo *processo*.

A adoção institucional da tese defendida poderá dar-se da seguinte forma: certificado o trânsito em julgado de uma sentença em que algum dos pontos do mérito esteja decidido de maneira obscura, é preciso verificar se a obscuridade é sanável por *interpretação* ou se necessita de *criação*. No primeiro caso, cada parte sustentará seu ponto de vista perante o juiz da fase de cumprimento ou, em casos excepcionais, por meio de demanda declaratória interpretativa (se houver interesse suficiente). No segundo caso, qualquer das partes exigirá, ou o órgão julgador dará de ofício, uma decisão clara ou, no mínimo, interpretável, no mesmo processo.

As próximas seções fazem a defesa, propriamente dita, da tese. O primeiro passo, de importância fundamental para as conclusões posteriores, será a caracterização da obscuridade e a sua classificação para fins de tratamento dos pronunciamentos judiciais. Uma vez delineada com precisão a caracterização das espécies de obscuridade, restará definir o *tratamento* jurídico a ser dado a cada uma.

---

[43] Conforme Barbosa Moreira, há, "naturalmente, graus na obscuridade, desde a simples ambiguidade, que pode resultar do emprego de palavras de acepção dupla ou múltipla – sem que o do contexto ressalte a verdadeira no caso –, ou de construções anfibiológicas, até a completa ininteligibilidade da decisão." – BARBOSA MOREIRA, José Carlos. *Comentários ao código de processo civil*. v. V. 12. ed. Rio de Janeiro: Forense, 2005, p. 551.

[44] WRÓBLEWSKI, *Constitución y teoría general de la interpretación jurídica*, p. 22.

1. Sentença e linguagem

1.1. Ou coisa julgada ou coisa julgável

Os conflitos de interesses entre os seres humanos resolvem-se pela resignação, pelo acordo ou pela força, sendo que a ameaça do uso da força pode ser um motivo para a resignação ou para o acordo. Uma das mais conhecidas caracterizações dos poderes do Estado diz que ele detém *o monopólio do uso legítimo da força*.[45] Dessa ideia decorre a de proibição da autotutela. E da proibição da autotutela decorre o dever do Estado de resolver os conflitos de interesses quando solicitado.[46]

1.1.1. O dever estatal de prestar a tutela jurisdicional

Evidentemente, o esquema acima constitui uma grande simplificação e deixa de considerar importantes exceções como a legítima defesa e a arbitragem. O mais importante, para o presente estudo, é saber se o direito positivo brasileiro estabelece para o Estado esse dever de resolver os conflitos de interesses quando solicitado. O dever está estabelecido expressamente na Constituição brasileira de 1988, na seguinte proposição: "a lei não excluirá da apreciação do Poder Judiciário lesão ou ameaça a direito" (art. 5º, XXXV).

Quando a Constituição diz que "a lei não excluirá", não está se referindo à *lei* em sentido estrito. Não faria sentido, por exemplo, permitir que um decreto fizesse aquilo que é vedado à lei. A norma impede, na verdade, que todo e qualquer instrumento jurídico, inclusive as decisões judiciais, exclua da apreciação do Poder Judiciário lesão ou ameaça a direito. O poder-dever do Estado de resolver contendas, nos limites de sua jurisdição e admitidas exceções, é a regra no mundo atual.

---

[45] Ver WEBER, Max. *Politik als Beruf*. München und Leipzig: Duncker & Humblot, 1919, p. 4 e KELSEN, *Reine Rechtslehre*, p. 37.

[46] O caráter de direito público da pretensão à tutela jurisdicional foi demonstrado por WACH, Adolf. *Manual de derecho procesal civil*. Trad. Tomás A. Banzhaf. Buenos Aires: EJEA, 1977 (1. ed. alemã 1885), p. 67-68. Ver também ALCALÁ-ZAMORA Y CASTILLO, Niceto. *Proceso, autocomposición y autodefensa*. 2. ed. México, D.F.: UNAM, 1970, p. 61ss; NEVES, Celso. *Estrutura fundamental do processo civil*: tutela jurídica processual, ação, processo e procedimento. Rio de Janeiro: Forense, 1997, p. 41; SHAPIRO, *Courts*, p. 24 e ALVARO DE OLIVEIRA, Carlos Alberto. *Teoria e prática da tutela jurisdicional*. Rio de Janeiro: Forense, 2008, p. 17.

Resta saber quando é que se considera cumprido o dever do Estado. Se o conflito for a respeito da conduta que as partes devem adotar no futuro, o dever do Estado estará cumprido quando for definido claramente que conduta é essa.[47] Nessa categoria inserem-se todas as espécies de tutela jurisdicional da fase de conhecimento.[48] Mesmo a sentença que apenas declare que "o caso individual i pertence ao caso genérico g" ou "i não pertence a g" possui efeitos normativos, que Alchourrón e Bulygin classificam como efeitos normativos *secundários*.[49]

Entendido o direito como uma ordem normativa,[50] e a sentença como parte dessa ordem, é da essência da sentença ser normativa. Com os termos "norma" e "normativo", como Kelsen, "se quer significar que algo *deve* ser ou acontecer, especialmente que um homem se *deve* conduzir de determinada maneira".[51] Em última análise, a sentença serve sempre para dizer *o que fazer*, mesmo quando apenas declare ou constitua uma relação jurídica. Uma relação jurídica é apenas um nome que se dá a um feixe de consequências no campo normativo, conforme já demonstrado por Alf Ross.[52] Por exemplo: Caio pensa que possui direito de passagem em um terreno de Tício. Tício pensa que Caio não possui esse direito e não o tolera. Caio ingressa com um pedido de tutela jurisdicional ao seu suposto direito de passagem. Nesse exemplo, se a sentença disser que o direito de Caio existe, ou que não existe, a *conduta futura* de ambas as partes, em relação a essa questão, fica definida. Ou seja, a sentença é normativa. Mas se o juiz, por uma razão qualquer, limitar-se, na "sentença", a citar uma passagem de Cícero sobre a amizade, o conflito permanecerá intacto. Juridicamente, porém, não pode ser ao mesmo tempo permitido a Caio passar (Pp) e proibido a Caio passar (~Pp), "já que as normas 'Permitido p' e 'Não permitido p' são, por certo, contraditórias".[53] Caio e Tício permanecem em conflito e com direito a uma resposta do Estado.

1.1.2. Direito à norma jurídica concreta

Neste ponto, creio que já se possa considerar verdadeira a seguinte premissa: *todo e qualquer conflito de interesses em que se pretenda a emissão de uma norma jurídica concreta faz jus a uma solução*. No extremo, caso as partes reclamem uma norma jurídica para um conflito pertencente estritamente à moral,

---

[47] Ver SANTOS, Andres de la Oliva. *Sobre el derecho a la tutela jurisdiccional*. Barcelona: Bosch, 1980, p. 20-25.

[48] Sobre a classificação das espécies de tutela jurisdicional, consultar ALVARO DE OLIVEIRA, *Teoria e prática da tutela jurisdicional*, p. 103-198.

[49] Ver ALCHOURRÓN; BULYGIN, *Introducción a la metodología de las ciencias jurídicas y sociales*, p. 206.

[50] Ver KELSEN, *Reine Rechtslehre*, p. 32.

[51] KELSEN, *Teoria pura do direito*, p. 5. Texto original: "Mit 'Norm' bezeichnet man: daß etwas sein oder geschehen, insbesondere daß sich ein Mensch in bestimmter Weise verhalten *soll*." – KELSEN, *Reine Rechtslehre*, p. 4.

[52] ROSS, Alf. *Direito e justiça*. Trad. Edson Bini. Bauru: EDIPRO, 2000, p. 203-208.

[53] ALCHOURRÓN; BULYGIN, *Introducción a la metodología de las ciencias jurídicas y sociales*, p. 175.

elas fazem jus à emissão dessa norma que, em situações normais, será do tipo ~*Op* (não é obrigatória a conduta descrita).⁵⁴ Caso, porém, a própria *providência* requerida não seja jurídica (por exemplo, pede-se que o juiz declare que Caio está moralmente obrigado a visitar Tício, que diga qual é a cura para o câncer, ou que excomungue Mévio), não cabe ao Estado julgar o pedido, e sua resposta deverá se limitar a essa informação, em outras palavras, o processo deverá ser extinto por *impossibilidade jurídica do pedido* (CPC, art. 267, VI).

Estabelecida essa premissa, que pode ser chamada de premissa maior, acrescento a premissa menor, retirada dos exemplos citados acima: *o conflito de interesses em que se pretenda a emissão de uma norma jurídica concreta e que, submetido ao processo judicial, não tenha recebido uma solução inteligível, não é eliminado e nem alterado.*

Uma dedução a partir das premissas citadas leva à seguinte conclusão: *é necessário que haja algum meio de verdadeira definição para qualquer conflito de interesses em que se pretenda a emissão de uma norma jurídica concreta e que, submetido ao processo judicial, não tenha recebido uma solução inteligível.*

1.1.3. Coisa julgada

A resposta ao pedido judicial, mesmo estando perfeitamente formulada, pode existir sem ter efeitos. E quando possui efeitos, pode tê-los sem ser imutável. São três coisas diversas, portanto: o conteúdo da sentença, a eficácia da sentença e a coisa julgada. Coisa diversa, ainda, é a sentença que não resolve sobre o mérito, dita sentença terminativa. Dos quatro fenômenos mencionados, apenas a coisa julgada material impede que um novo pronunciamento judicial volte a decidir sobre o que foi decidido no dispositivo da sentença de mérito.

Caso o conflito tenha sido decidido de maneira clara e *definitiva*, os contendores terão recebido a resposta devida pelo Estado, e o mesmo conflito não fará jus ao recebimento de uma segunda resposta. A definitividade (ou irreversibilidade, imutabilidade) é um atributo que o direito positivo confere às decisões judiciais sob certas circunstâncias. Verificadas essas circunstâncias, diz-se que aquilo que *foi julgado* agora *está julgado* (é permanente).

---

⁵⁴ Exemplifico com um caso concreto, para que esse enunciado não fique tão abastrato: "APELAÇÃO CÍVEL. PROPRIEDADE E DIREITOS REAIS. DOAÇÃO DE BEM IMÓVEL COM INEXECUÇÃO DE ENCARGO. REVOGAÇÃO. ASSISTÊNCIA MATERIAL E MORAL. A *revogação da doação* pela doadora com fundamento em inexecução de encargo de prestar assistência material e moral pressupõe a previsão expressa no instrumento público da doação, não se admitindo presunções acerca de restrição a negócio jurídico gratuito. Ademais, o fato de os donatários prestarem auxílio à doadora por mera liberalidade por determinado período, enquadra-se no conceito de *obrigação moral ou natural*, não se constituindo em hipótese de revogação do encargo por inexecução ou ingratidão o mútuo desfazimento do acordo. Deram provimento ao recurso de apelação e julgaram prejudicado o recurso adesivo. Unânime." (TJRS, AC 70018019778, Relator Des. Mario Rocha Lopes Filho, 18ª Câmara Cível, julgado em 14-6-2007, grifos meus).

Conforme alerta Giuseppe Chiovenda, é falsa a ideia de que a coisa julgada seja um instituto de razão natural, comum a todos os povos. São razões de oportunidade e utilidade social que movem o legislador a adotá-lo. Diz Chiovenda:

> De fato, do conceito do ofício do juiz deriva naturalmente que a sentença deva ir à execução forçada enquanto ela é, mas não que deva ter-se no futuro como norma imutável da relação decidida: o reexame indefinido da controvérsia parece antes mais conforme à justiça. São razões de oportunidade, cautelas de utilidade social, que levam a pôr um termo à indagação judicial, e a tratar a sentença como lei irrevogável para o caso concreto. É importante nunca esquecer esta simples consideração, cuja verdade pode ser confirmada por recentíssimos estudos sobre o direito antigo, que se revela, por exemplo, nas origens do direito norueguês, completamente ignorado o princípio da coisa julgada: executável a sentença, mas sempre aberta a discussão sobre a sua exatidão, ora com base em novas provas, ora não. Somente pouco a pouco, com o multiplicar-se das relações, com o estender-se do comércio, freia-se aquela liberdade de crítica, até o ponto de restringi-la em termos peremptórios. Comecemos portanto a liberar-nos da ideia, frequentemente recorrente ainda em nossos escritos, de que a coisa julgada seja um instituto de razão natural "comum a todos os povos".[55]

Trata-se de um instituto com raízes históricas no direito romano[56] e amplamente adotado pelos mais diversos sistemas jurídicos atuais, embora com significativas diferenças.[57] Nada obstante a origem remota comum, o instituto sofreu, em cada sistema, transformações ao longo do tempo. Essas transformações conferiram contornos algo distintos à *coisa julgada* de cada sistema.

No direito brasileiro, o exato significado do instituto ainda é polêmico.[58] Adoto a ideia de que a *coisa julgada é a estabilidade conferida pelo direito ao*

---

[55] CHIOVENDA, Giuseppe. Sulla cosa giudicata. In: *Saggi di diritto processuale civile (1894-1937)*. Milano: Giuffrè, 1993, v. II, p. 400, tradução minha. Texto original: "Infatti dal concetto dell'ufficio del giudice deriva bensì naturalmente che la sentenza debba mandarsi ad esecuzione forzata finchè essa sta, ma non che debba tenersi in futuro come norma immutabile del rapporto deciso: il riesame indefinito della controversia parrebbe anzi più conforme a giustizia. Sono ragioni d'opportunità, riguardi d'utilità sociale, che fanno porre un termine alla indagine giudiziaria, e trattare la sentenza come legge irrevocabile pel caso concreto. È importante non dimenticare mai questa semplice considerazione: la verità della quale può confermarsi con recentissimi studi su diritti antichi, che ci rivelano, ad esempio nelle origini del diritto norvegese, completamente ignorato il principio della cosa giudicata: esecutiva la sentenza, ma sempre aperta la discussione sulla sua esattezza, o in base a nuove prove, o no. Solo di mano in mano, col moltiplicarsi dei rapporti, coll'estendersi dei commerci, si frena quella libertà di critica, fino a restringerla in termini perentori. Cominciamo dunque col liberarci dall'idea, spesso ritornante ancora nei nostri scritti, che la cosa giudicata sia un istituto di ragion naturale "comune a tutti i popoli"."

[56] Ver CHIOVENDA, Giuseppe. Sulla influenza delle idee romane nella formazione dei processi civili moderni. In: *Saggi di diritto processuale civile* (1894-1937). Milano: Giuffrè, 1993, v. III, p. 95-121.

[57] Ver COUTURE, Eduardo J. *Fundamentos del derecho procesal civil*. 4. ed. Montevideo: B de F, 2004, p. 331-332.

[58] Dentre os pontos polêmicos, destaca-se a divergência capitaneada por Barbosa Moreira e Ovídio Baptista da Silva. Em síntese, ambos concordam que não são os efeitos da sentença, mas sim o seu conteúdo, aquilo que a coisa julgada protege. A divergência está no conteúdo protegido: para Barbosa Moreira seria *todo o conteúdo* (a soma das eficácias) enquanto, para Ovídio, seria apenas o elemento declaratório. Ver BAPTISTA DA SILVA, Ovídio Araújo. Eficácias da sentença e coisa julgada. In: *Sentença e coisa julgada*: ensaios. 3. ed. revista e aumentada. Porto Alegre: Fabris, 1995, p. 93-130; BAPTISTA DA SILVA, Ovídio Araújo. Limites objetivos da coisa julgada no direito brasileiro atual. In: *Sentença e coisa julgada*: ensaios. 3. ed. revista e aumentada. Porto Alegre: Fabris, 1995, p. 131-172; BAPTISTA DA SILVA, Ovídio Araújo. Conteúdo da sentença e coisa julgada. In: *Sentença e coisa julgada*: ensaios. 3. ed. revista e aumentada. Porto Alegre: Fabris, 1995, p. 199-221; BARBOSA MOREIRA, José Carlos. Ainda e sempre a coisa julgada. In: *Direito processual civil*. Rio de Janeiro:

*conteúdo de mérito da sentença passada em julgado.*⁵⁹ É uma *qualidade*,⁶⁰ portanto, embora designada por uma locução substantiva.⁶¹

A locução *coisa julgada* já designou a simples sentença, ainda que sujeita a recurso, no direito romano do sistema da *cognitio*.⁶² Com o direito canônico do século XII, passou a designar a sentença da qual não coubesse mais recurso.⁶³ Em período mais recente, foi vista como o principal *efeito* da sentença irrecorrível.⁶⁴ Discutia-se, ainda, se era um efeito ao lado dos demais efeitos, ou se confundia-se com o efeito declaratório.⁶⁵ Segundo Enrico Tullio Liebman, a coisa julgada não é um dos efeitos da sentença, mas um elemento novo, que vem a qualificar com maior estabilidade "todos os efeitos possíveis das sentenças".⁶⁶ E, por essa razão,

---

Borsói, 1971; BARBOSA MOREIRA, José Carlos. Coisa julgada e declaração. In: *Temas de direito processual – primeira série*. São Paulo: Saraiva, 1977 e BARBOSA MOREIRA, Eficácia da sentença e autoridade da coisa julgada, 1984.

⁵⁹ Longe de pretender, com a mera adoção da concepção de Barbosa Moreira, dizer que a polêmica se encontra superada. Apenas refoge aos objetivos do presente estudo adentrar nesse intricado problema. *Estabilidade* é algo menos que *imutabilidade* e parece-me mais apropriado para designar a coisa julgada, uma vez que existem hipóteses em que é permitida a sua revisão. Ver CPC, art. 485; TALAMINI, *Coisa julgada e sua revisão*, *passim*, e YARSHELL, Flávio Luiz. *Ação rescisória*: juízos rescindente e rescisório. São Paulo: Malheiros, 2005, *passim*.

⁶⁰ Na verdade, não vejo diferença relevante entre dizer que (a) a coisa julgada *é a qualidade X* adquirida pela sentença; ou (b) a coisa julgada *é a própria sentença* a partir do momento em que adquire a qualidade X.

⁶¹ Coisas da ciência do direito, que deve os seus conceitos muito mais à formação histórica do que aos lindes semânticos. Assim, permanecem em uso expressões do tempo do direito romano, mas com outro significado nos dias atuais. Sobre o tema, ver LOPES, José Reinaldo de Lima. *As palavras e a lei*. São Paulo: Ed. 34, 2004.

⁶² Ver SAVIGNY, Friedrich Carl von. *System des heutigen römischen Rechts*. Band VI. Berlin: Bei Veit, 1847, p. 297 (§ 285); PUGLIESE, Giovanni. Giudicato civile (storia). In: *ENCICLOPEDIA del diritto*. v. XVIII. [Milano]: Giuffrè, 1969, p. 747; CHIOVENDA, Giuseppe. L'idea romana nel processo civile moderno. In: *Saggi di diritto processuale civile* (1894-1937). Milano: Giuffrè, 1993, v. III. p. 89-93; CHIOVENDA, Sulla influenza delle idee romane..., p. 95-121 e TALAMINI, *Coisa julgada e sua revisão*, p. 196ss.

⁶³ Ver PUGLIESE, *Giudicato civile*, p. 766.

⁶⁴ Ver GOLDSCHMIDT, James. *Derecho procesal civil*. Trad. Leonardo Prieto Castro. Barcelona: Labor, 1936, p. 386 (§ 63).

⁶⁵ Ver GOLDSCHMIDT, *Derecho procesal civil*, p. 387 e 395-396 (§ 63); CARNELUTTI, Francesco. *Lezioni di diritto processuale civile*. Vol. IV, Padova: CEDAM, 1986, n. 393. Para a crítica desse entendimento, ver LIEBMAN, Enrico Tullio. *Eficácia e autoridade da sentença e outros escritos sobre a coisa julgada*. Trad. Alfredo Buzaid e Benvindo Aires. 4. ed. Rio de Janeiro: Forense, 2006, p. 19-70.

⁶⁶ LIEBMAN, *Eficácia e autoridade da sentença*, p. 23. Registre-se o entendimento contrário de Angelo Falzea, que merece ser transcrito aqui: "La identificazione tra cosa giudicata ed effetto di accertamento è negata da quanti ripongono la prima su un piano diverso rispetto a quello in cui si articola la tripartizione delle sentenze – di accertamento, di condanna, costitutiva. Ma si tratta di un'idea certamente errata. L'ambivalenza, propria del giudicato, include le due ipotesi della conservazione e della modificazione e perciò *riguarda necessariamente ed esclusivamente l'accertamento*, con la sua tendenza verso la conservazione ma con la sua capacità di contenere anche l'ipotesi opposta della modificazione. Questa ambivalenza non è concepibile né per la condanna né per la costituzione, le quali rappresentano svolgimenti della situazione giuridica accertata e quindi presuppongono già esaurito l'accertamento. La preclusione del giudicato si costituisce sull'accertamento e forma tutt'uno con l'effetto di questo. Per la medesima ragione *è da escludere che la cosa giudicata possa definirsi come una qualità degli effetti* della sentenza: essa non è una qualità – espressione peraltro approssimativa e priva di un rigoroso contenuto concettuale –, *ma l'effetto medesimo* essenziale ed immancabile della sentenza, distinto e preliminare rispetto agli svolgimenti giurisdizionali della situazione giuridica accertata, la condanna e la costituzione." – FALZEA, *Ricerche di teoria generale del diritto e di dogmatica giuridica*, II, p. 186-187, grifos meus.

a sentença poderia produzir efeitos antes de ser estabilizada pela coisa julgada. A doutrina brasileira posterior aceitou o entendimento de que a coisa julgada não é um dos efeitos da sentença. Mas quanto ao objeto que ela qualifica – se são os efeitos, ou o conteúdo todo, ou apenas o conteúdo declaratório – ainda existem divergências.[67] O CPC brasileiro conceituou a coisa julgada como a *eficácia* (do quê? do trânsito em julgado, provavelmente), que torna imutável e indiscutível *a sentença* (art. 467).[68] Assim, embora ainda permaneçam na doutrina as divergências apontadas, ficou assentada a ideia de que *a sentença pode produzir efeitos independentemente da coisa julgada.*

No que diz com o objeto deste livro, importa ressaltar um ponto: a coisa julgada é qualidade que se agrega ao conteúdo da sentença, a um conteúdo previamente formado, e não o inverso. Não é possível pensar em uma coisa julgada "pairando no ar" e que venha a receber, posteriormente, um conteúdo. Em síntese: a coisa julgada não pode *preceder* o conteúdo da sentença. Essas afirmativas, que parecem triviais, são muitas vezes ignoradas quando, durante o cumprimento de uma sentença, um juiz preenche de sentido um comando incompreensível e o considera protegido pela coisa julgada.

A coisa julgada não constitui uma exceção ao enunciado da premissa maior acima ("todo conflito ... faz jus a uma solução"). Ela é antes a sua concretização. "Uma solução" quer dizer uma resposta, seja provisória ou definitiva.[69] Quando a resposta é definitiva, isso quer dizer que, no plano jurídico, o Estado resolveu a questão e, estando resolvida, ela não mais existe como questão. O fato de as partes continuarem controvertendo sobre a mesma questão, invocando, por exemplo, preceitos morais ou elementos da lide social não trazidos para a lide processual,[70] não quer dizer que a questão não tenha sido resolvida pelo Estado, no plano jurídico. As partes não podem mais dizer que não conhecem a conduta que o Estado lhes exige, coercitivamente, que seja adotada. É possível ainda, faticamente, que as partes não venham a adotar a conduta fixada. Mas isso já será objeto de outras formas de tutela jurisdicional.

---

[67] Ver GRINOVER, Ada Pellegrini. *Eficácia e autoridade da sentença penal*. São Paulo: RT, 1978; BAPTISTA DA SILVA, Conteúdo da sentença e coisa julgada, p. 199-221; BARBOSA MOREIRA, Coisa julgada e declaração, 1977 e BARBOSA MOREIRA, Eficácia da sentença e autoridade da coisa julgada, 1984.

[68] Sobre a história da redação do art. 467 do CPC, ver MONIZ DE ARAGÃO, *Sentença e coisa julgada*, p. 238-241.

[69] Um ordenamento jurídico pode eleger situações em que a segurança jurídica deva ceder a outros valores e permitir, em tais situações, decisões de mérito que jamais façam coisa julgada. Vide os exemplos da sentença canônica sobre o estado da pessoa (CIC, Can. 1.643 e CCEO, Can. 1.324) e, no ordenamento brasileiro, o da sentença de improcedência por insuficiência de provas nas ações coletivas *lato sensu* (CDC, art. 103, I e II; Lei n. 7.347/1985, art. 16 e Lei n. 7.853/1989, art. 4º). Ver LIEBMAN, *Eficácia e autoridade da sentença*, p. 40; CRUZ E TUCCI, José Rogério; AZEVEDO, Luiz Carlos de. *Lições de processo civil canônico*. São Paulo: RT, 2001, p. 143 e TALAMINI, *Coisa julgada e sua revisão*, p. 127-128 e 656-662.

[70] Ver DALL'AGNOL, Antônio. *Comentários ao código de processo civil*: v. 2: do processo de conhecimento. Coord. Ovídio Araújo Baptista da Silva. São Paulo: RT, 2000, p. 122 e MONIZ DE ARAGÃO, *Sentença e coisa julgada*, p. 244.

1.1.4. Conclusão: indenegabilidade de uma solução

Em síntese, enquanto não há coisa julgada, a controvérsia sempre faz jus a uma resposta do Estado, mas quando a coisa julgada se forma, a mesma controvérsia não pode ser objeto de novos julgamentos. Há apenas duas situações, portanto, em que uma controvérsia pode se encaixar: ou coisa julgada ou coisa julgável. A ocorrência da primeira depende das regras do direito positivo, mas também de uma resposta inteligível. A segunda é a ausência da primeira. Com isso quero dizer que a obscuridade da decisão jamais pode servir de justificativa para deixar as partes permanentemente sem uma solução para a sua controvérsia.

1.2. A obscuridade na sentença judicial

Conforme visto na seção anterior, onde há pedido irresoluto há direito a uma decisão. E não há pedido irresoluto onde há coisa julgada material. Também não há coisa julgada material onde há pedido irresoluto, pois são conceitos mutuamente excludentes.

Torna-se fundamental, neste ponto, tentar definir *quando um pedido pode ser considerado irresoluto* e quando pode ser considerado *coisa julgada*, sempre lembrando que a nossa preocupação central é com a obscuridade da sentença judicial. Não tratarei, portanto, de todas as hipóteses em que o pedido pode ficar sem resolução (*v.g.* casos do CPC, art. 267), mas apenas daquelas ligadas à inteligibilidade da sentença. O objeto de análise, aqui, são aqueles casos em que uma sentença foi produzida formalmente, os prazos recursais correram *in albis*, e o seu texto não está apto a transmitir uma informação que resolva inteiramente o pedido.

Defenderei nesta seção a tese de que *um grau muito elevado de obscuridade no texto da sentença impossibilita a transmissão de uma informação (ou conteúdo, ou significado), sem o que o pedido não é resolvido*.

Por ora, para clareza da exposição, tratarei apenas da obscuridade total, absoluta, insuperável. Mas a obscuridade comporta graduação e divisão em espécies, e atrai consequências diversas, que serão examinadas na próxima seção.

1.2.1. O conteúdo essencial da sentença

A sentença tem "força de lei nos limites da lide *e das questões decididas*" (CPC, art. 468).[71] O que decide as questões do processo são as *informações* (*lato sensu*) emitidas pela sentença, e não simplesmente o seu *texto*, mesmo que ele esteja revestido da máxima oficialidade. As informações da sentença são, essen-

---

[71] Ou, nos termos do CPC português, art. 673, "a sentença constitui caso julgado nos precisos limites e termos em que julga ...". A ideia da sentença como *lex specialis* remonta, no mínimo, a Oskar Bülow: "Pero no sólo el derecho subjetivo sino el objetivo experimenta una transformación por medio del proceso: la ley va del mandato jurídico abstracto (la *lex generalis*) al mandato jurídico concreto (la *lex specialis* de la sentencia) y finalmente, a la efectiva realización de éste (la ejecución)." – BÜLOW, Oskar. *La teoría de las excepciones procesales y los presupuestos procesales*. Trad. Miguel Angel Rosas Lichtschein. Buenos Aires: EJEA, 1964, p. 3. Ver também MORTARA, Lodovico. *Commentario del codice e delle leggi di procedura civile*. Vol. II. 3. ed. Milano: F. Vallardi, 1910, p. 544.

cialmente, a fundamentação e a norma (o conteúdo lógico e o conteúdo preceptivo ou comando).

Da mesma forma que a lei, a sentença existe para *orientar a conduta* e para isso seu texto precisa ser compreensível. Madison diz que "seria inútil para as pessoas que as leis fossem feitas por homens da sua escolha mas fossem tão volumosas que não pudessem ser lidas, ou tão incoerentes que não pudessem ser entendidas".[72] E Lon Fuller aborda o tema da legislação obscura por meio de uma alegoria. O monarca Rex não consegue governar o seu reino por meio do direito, pois a sua legislação apresenta defeitos que impedem que ela oriente a conduta dos súditos. Um desses defeitos é justamente a obscuridade do texto:

> A consternação dos súditos de Rex foi ainda mais intensa, por conseguinte, quando seu código se tornou disponível e *descobriu-se que ele era uma verdadeira obra prima de obscuridade*. Juristas que o estudaram declararam que *não havia uma única sentença nele que pudesse ser entendida* seja por um cidadão comum seja por um advogado experiente. A indignação tornou-se geral e logo um piquete surgiu diante do palácio real portando uma placa onde se lia, *"Como pode alguém seguir uma regra que ninguém pode entender?"*[73]

Sem a norma, as partes não saberão o que lhes é permitido, obrigatório ou proibido fazer. Sem a fundamentação, as partes não saberão as razões pelas quais a norma lhes é imposta. Imprescindível, neste ponto, tornar precisas as noções de *texto* e *significado*, para demonstrar que o mero texto não basta para que se tenham as questões por decididas.

1.2.2. Texto e significado

Na terminologia que adoto, o *texto* é apenas uma das formas que uma *mensagem* pode tomar. A mensagem pode ser escrita, falada, representada etc.[74] Refiro-me a "texto" no sentido de *mensagem escrita*, uma acepção corrente na linguagem comum. Feito esse esclarecimento, esboçarei uma teoria da comunicação baseada nos conceitos de *mensagem* e *informação* (ou significado), sendo que a mensagem inclui a forma escrita, ou seja, o *texto*.

---

[72] HAMILTON, Alexander; MADISON, James; JAY, John. *The federalist*. New York: Cambridge University Press, 2003, p. 304 (n. 62), tradução minha. Texto original: "It will be of little avail to the people that the laws are made by men of their own choice, if the laws be so voluminous that they cannot be read, or so incoherent that they cannot be understood."

[73] FULLER, Lon Luvois. *The morality of law*. New Haven: Yale University Press, 1964, p. 35, grifos meus, tradução minha. Texto original: "The dismay of Rex's subjects was all the more intense, therefore, when his code became available and it was discovered that it was truly a masterpiece of obscurity. Legal experts who studied it declared that there was not a single sentence in it that could be understood either by an ordinary citizen or by a trained lawyer. Indignation became general and soon a picket appeared before the royal palace carrying a sign that read, "How can anybody follow a rule that nobody can understand?""

[74] Mas é perfeitamente compreensível – embora essa não tenha sido a minha opção – que muitos linguistas entendam o texto como algo plurissemiótico (CHARAUDEAU; MAINGUENEAU, *Dicionário de análise do discurso*, p. 466), o que o torna um conceito muito próximo ao que aqui denomino "mensagem".

Mensagem e informação são coisas diferentes (Jakobson). Significante e significado são coisas diferentes (Saussure), assim como diferem expressão e conteúdo (Hjelmslev), expressão e significado (Searle) etc.[75] No campo do direito, essa dicotomia costuma se refletir na distinção entre *dispositivo* (ou enunciado) e *norma* (Kelsen, Tarello, Guastini, Müller, Ávila).[76] Essas noções, porém, estão envoltas em controvérsias filosóficas de grande complexidade e não há maneira fácil de contorná-las. Tentarei fazê-lo do modo mais simples possível.

Não importa o nome que se dê aos fatores envolvidos, em todo ato de comunicação um *emissor* pretende fazer com que um *receptor* perceba *algo*. Uma forma de fazer isso é por meio de *sinais*, que podem ou não fazer parte de um *código*. Um código é um conjunto estruturado de sinais, regras e significados. Código é um termo genérico. Uma *língua* é um código, um dialeto é um código, um idioleto[77] é um código, uma simples lista de correspondências é um código (*e.g.* Código Morse). Pode ser chamada de *linguagem* a capacidade[78] de comunicação com uso de sinais. A linguagem, por ser uma capacidade, vai além dos códigos. Ela possibilita entender sinais novos, ainda não codificados. Uma sequência organizada de sinais constitui uma *mensagem*. O que chamo de mensagem, portanto, é apenas a sequência de sinais, e não ainda a informação (ou significado). Note-se que essa é uma acepção diferente de outra muito comum, que aparece, por exemplo, em expressões como "a mensagem do texto bíblico" ou "a mensagem do filme". Na terminologia aqui adotada, falar-se-ia (talvez sem exata correspondência) em "informação do texto" e "informação do filme". Chamo de *significado* (ou informação) qualquer tipo de conteúdo (informativo, expressivo, prescritivo, performativo, interrogativo etc.) de uma mensagem.[79]

Para que a sentença resolva uma questão, ela precisa comunicar a decisão do juiz. Esse é o seu modo de existir. Mas o que é isso "comunicar"? Como saber se ela realmente *comunica* ou se apenas parece assim a algum interlocutor em par-

---

[75] Ver, apenas a título exemplificativo: JAKOBSON, Roman; HALLE, Morris. *Fundamentals of language*. Reprint of the 2nd edn. New York: Mouton de Gruyter, 1971, p. 46ss; SAUSSURE, Ferdinand de. *Curso de lingüística geral*. Trad. Antônio Chelini, José Paulo Paes e Izidoro Blikstein. 24. ed. São Paulo: Cultrix, 2000, p. 79ss; HJELMSLEV, Louis. *Prolegomena to a theory of language*. Transl. Francis J. Whitfield. Madison: University of Wisconsin, 1961, p. 144ss; SEARLE, John R. *Expression and meaning*: studies in the theory of speech acts. Cambridge, Eng.; New York: Cambridge University Press, 1979, p. 1ss.

[76] Dos autores mencionados, ver, por exemplo: KELSEN, Hans. *Teoria geral das normas*. Trad. José Florentino Duarte. Porto Alegre: Fabris, 1986, p. 42ss; TARELLO, Giovanni. *L'interpretazione della legge*. Milano: Giuffrè, 1980, p. 9-10; MÜLLER, Friedrich. *Rechtsstaatliche Form, demokratische Politik*. Berlin: Duncker und Humblot, 1977, p. 165; GUASTINI, Riccardo. *Das fontes às normas*. Trad. Edson Bini. São Paulo: Quartier Latin, 2005, p. 25ss; ÁVILA, Humberto. *Teoria dos princípios*: da definição à aplicação dos princípios jurídicos. 4. ed. revista. São Paulo: Malheiros, 2004, p. 22.

[77] "Idioleto" é uma expressão utilizada por Davidson para significar o modo particular de falar de cada falante particular. Ver DAVIDSON, Donald. *Truth, language and history*. Oxford: Clarendon Press, 2005, p. 104ss.

[78] Ver HUMBOLDT, Wilhelm von. *On language*. Edn. Michael Losonsky. Transl. Peter Heath. Cambridge: University Press, 1999, p. 91.

[79] Terminologia adotada por DUBOIS, Jean *et al*. *Dicionário de lingüística*. Trad. Frederico Pessoa de Barros *et alii*. São Paulo: Cultrix, 2006, p. 407.

ticular? Chega-se assim à questão central: o que é, nesse contexto, o significado (ou informação), da mensagem? É necessário saber em que consiste o *significado* de um texto, pois o problema do qual tratamos, a sentença obscura, caracteriza-se justamente pela ausência de, ou dificuldade de acesso ao, *significado*.

Para o *emissor*, a *informação* é aquilo que ele quer transmitir. Para o *receptor*, a informação é aquilo que ele entende a partir da mensagem recebida. Se o receptor, a partir da mensagem, percebe aquilo que o emissor pretendia que ele percebesse, o ato de comunicação foi bem-sucedido. Mas se a informação (ou significado) está nas mentes do emissor e do receptor, e pode, inclusive, ser diferente para cada um deles, como avaliar se um texto é claro ou obscuro? Em outras palavras: como poderia alguém *justificar* uma afirmativa do tipo "essa sentença é obscura"?

1.2.3. Língua, linguagem e sentido

Se a comunicação fosse realizável exclusivamente por meio de um código fixo, a obscuridade ou clareza de um texto poderiam ser avaliadas objetivamente. Haveria, nesse caso, um terceiro tipo de significado (ao lado dos significados subjetivos do emissor e do receptor), que poderia ser chamado de significado objetivo. Para descobrir se um texto é claro ou obscuro, bastaria buscar no código o significado correspondente a cada expressão utilizada no texto. Caso a expressão não existisse no código, o texto seria obscuro. Caso uma mesma expressão levasse a vários significados, o texto seria obscuro. Caso ideias do texto, embora facilmente identificáveis no código, não fossem coerentes entre si, o texto seria obscuro. Caso o texto como um todo, embora claro semanticamente, não fosse adequado pragmaticamente à situação – por exemplo, uma resposta sobre *x* a uma pergunta sobre *y* – o texto seria obscuro. Um texto claro conteria apenas expressões pertencentes ao código, com extensões perfeitamente determinadas, coerentes entre si e adequadas ao contexto em que ocorressem.

Contudo, um código como esse só existe nas línguas artificiais (como o Código Morse, a matemática, a lógica simbólica etc.), e não nas línguas naturais (como o português, o inglês etc.), e a sentença judicial precisa ser proferida em uma língua natural. Uma língua natural é algo muito mais abrangente que uma lista de correspondências, ela deve "dar conta de uma gramática no seu todo (semântica e sintaxe, e até uma série de normas pragmáticas que [deem] conta de uma competência executiva)".[80] Uma língua natural, nesse sentido, nunca existe de modo completo e acabado, a começar pelo fato de que "não há palavras suficientes em qualquer língua para responder a toda variedade de ideias que entram

---

[80] ECO, Umberto. *Semiótica e filosofia da linguagem*. Trad. Maria de Bragança. Lisboa: Instituto Piaget, [2001], p. 268.

nos discursos e raciocínios humanos".⁸¹ Sendo a língua algo social, intersubjetivo, ela exerce influência sobre os indivíduos e é também modificada pelos indivíduos, e dessa forma seu tecido vai sendo construído a cada ato comunicativo. A fala e a sua interpretação visam a um contato entre mentes e funcionam com base em reminiscências, lembranças, associações e, até mesmo, habilidades inatas.⁸² Isso permite o surgimento dos neologismos, a criação de novas expressões inteligíveis apenas pelo contexto, as metáforas, os subentendimentos, as derivações, enfim a "vida" de uma língua.⁸³

Por exemplo: na primeira vez que alguém ouviu ou disse uma frase como "Tício *abriu mão* dos bens que lhe tocavam", provavelmente identificou "abrir mão" no código existente e, a partir do significado assim encontrado, fez as associações mentais necessárias à adaptação desse significado à situação presente, e assim chegou a um novo significado. O novo significado, uma vez difundido, passou a fazer parte do código, sem necessidade de lembrança da sua origem. Saussure explica o fenômeno da seguinte forma:

> Nada entra na língua sem ter sido antes experimentado na fala, e todos os fenômenos evolutivos têm sua raiz na esfera do indivíduo. Este princípio ... se aplica muito particularmente às inovações analógicas. Antes que *honor* se torne um concorrente suscetível de substituir *honōs*, foi preciso que uma primeira pessoa o improvisasse, que outras a imitassem e o repetissem, até que se impusesse ao uso.⁸⁴

---

[81] LOCKE, John. *An essay concerning human understanding*. London: George Routledge and Sons, 1894, p. XV, tradução minha. Texto original: "... there are not words enough in any language to answer all the variety of ideas that enter into men's discourses and reasonings". Para aqueles que pensam que é impossível pensar sem palavras, recomenda-se a leitura de algumas obras que afirmam ao contrário: MCGINN, Colin. *The character of mind*. New York: Oxford University Press, 1996, p. 83ss; PINKER, Steven. *Language instinct*. New York: HarperPerennial, 1998, p. 62-63; CHOMSKY, Noam. The psychology of language and thought. In: RIEBER, Robert W. (ed.). *Dialogues on the psychology of language and thought*. New York: Plenum, 1983, p. 1ss e BLACK, Max. *The Importance of language*. Englewood Cliffs, NJ: Prentice Hall, 1962, p. 31-32.

[82] Conforme Noam Chomsky, "A ideia básica é que o conhecimento da linguagem envolve um sistema de regras e representações, de cálculo mental, ligado ao aparelho motor e perceptivo; e que grande parte desse sistema é fixa e invariável, exatamente como a forma essencial e organização do corpo humano é fixa e invariável, determinada por nossa dotação biológica." ("The basic idea is that knowledge of language involves a system of rules and representations, of mental computation, linked to the motor and perceptual apparatus; and that much of this system is fixed and invariant, just as the essential form and organization of the human body is fixed and invariant, determined by our biological endowment.") – CHOMSKY, Noam. *Language and politics*. 2nd edn. Edited by C. P. Otero. Oakland, CA: AK Press, 2004, p. 577, tradução minha.

[83] Nesse sentido, Noam Chomsky afirma que, "Tipicamente, o uso da linguagem é criativo, no sentido de que constantemente envolve a produção e interpretação de novas formas, novas na experiência do usuário da língua ou até mesmo na história da língua. Esse não é um fenômeno exótico, mas sim a situação normal." ("Typically, use of language is creative, in the sense that it constantly involves the production and interpretation of new forms, new in the experience of the language user or even in the history of the language. This is not an exotic phenomenon, but rather the norm.") – CHOMSKY, Noam. *Language and politics*. 2nd edn. Edited by C. P. Otero. Oakland, CA: AK Press, 2004, p. 575, tradução minha. E David Crystal observa que "As pessoas influenciam uma língua, no sentido de que as escolhas e preferências conscientes ou inconscientes de um indivíduo podem resultar em um estilo distinto ou mesmo único." ("People affect a language, in the sense that an individual's conscious or unconscious choices and preferences can result in a distinctive or even unique style.") – CRYSTAL, David. *The Cambridge encyclopedia of the English language*. 2nd edn. New York: Cambridge University Press, 2003, p. 3, tradução minha.

[84] SAUSSURE, *Curso de lingüística geral*, p. 196.

Humboldt, já em 1836, descrevia a linguagem como uma infinita *capacidade* de produzir e entender frases com sentido, "pois a linguagem é confrontada de um modo muito peculiar por um domínio sem fim e verdadeiramente ilimitado, a essência de tudo o que pode ser pensado".[85] Sendo a linguagem uma habilidade que inclui a produção de novos resultados linguísticos, não é apenas o que *já está na língua* que entra no jogo da comunicação: entram também todos os tipos de novas expressões. As novas expressões podem exercer uma função *ad hoc*, que jamais se repetirá, ou podem vir a incorporar-se à língua. Não importa. O que importa é que elas podem (em muitos casos, embora nem sempre) ser entendidas e isso se dá porque a linguagem (uma capacidade) é algo muito mais amplo que um código. Não basta, portanto, para afirmar que um texto é obscuro, ou que ele não tem significado, dizer que alguma expressão nele utilizada *não existe* em uma determinada língua.

1.2.4. Ceticismo quanto ao significado

Na filosofia da linguagem, há uma corrente que afirma a *impossibilidade* do conhecimento sobre o significado com que alguém tenha utilizado uma expressão. De acordo com essa teoria, falar uma língua é seguir uma regra (invoca-se Wittgenstein), mas seria impossível saber *que regra* o falante estaria seguindo. Kripke procura demonstrar isso, em uma interpretação pouco aceita das Investigações Filosóficas, de Wittgenstein.[86] Diz Kripke que pode parecer que Jones queira dizer "mais" (*plus*) com a expressão "+", mas talvez ele esteja querendo dizer "quus" (uma operação matemática inventada por Kripke e que explicarei em seguida). Como provar que ele quis dizer "mais"? Uma possibilidade seria verificar as ocorrências da mesma expressão em manifestações anteriores de Jones. Dessa forma, se em uma ocasião anterior ele tivesse dito que "2 + 9 = 11", isso indicaria que ele usa a expressão "+" como nós, para significar "mais". Contudo, conforme Kripke, sempre haveria a possibilidade de que a regra seguida por Jones fosse outra, uma que apresentasse o resultado "11" no problema anterior, mas que com outros números não correspondesse a uma mera soma. Isso ocorreria, por exemplo, se para Jones "+" significasse a função "quus", e se esta funcionasse como a função "mais" apenas com números abaixo de 57, e quando envolvesse números maiores ou iguais a 57 resultasse sempre 5. Dessa forma, se Jones falasse em "68 + 57", não estaria querendo dizer "125", mas "5", uma vez que a operação envolve algum número maior ou igual a "57".

Se a intencionalidade do autor é inescrutável, restaria, como significado, aquele que o *leitor* atribui ao texto, mais ou menos como diz Guastini: "Chamo 'norma' todo enunciado que constitua o sentido ou significado atribuído (por

---

[85] Texto da versão em inglês: "For language is quite peculiarly confronted by an unending and truly boundless domain, the essence of all that can be thought." – HUMBOLDT, *On Language*, p. 91.
[86] Refiro-me a KRIPKE, Saul. *Wittgenstein on rules and private language*. Oxford: OUP, 1982.

qualquer um) a uma disposição".[87] O problema é que o leitor pode ser qualquer um, e a compreensão de um pode diferir da de outro. "Quando se logra compreender, compreende-se de um modo diferente".[88] Seria preciso, nesse caso, uma teoria sobre a *melhor* interpretação, e que servisse também para diferenciar o leitor que está interpretando daquele que está simplesmente inventando (um significado que ele gostaria que o texto tivesse). Mas assim voltamos ao ponto inicial: a busca de um critério para julgar se o texto tem significado e que significado é esse (e assim poder julgar as interpretações dos diferentes leitores). Enfim, existem ainda algumas teorias mais céticas, como a da indeterminação radical (Quine),[89] que cito apenas como indicação para quem queira aprofundar-se no assunto.

1.2.5. Ceticismo quanto ao significado: continuação

De que forma essas teorias se relacionam com nossa investigação sobre a sentença judicial obscura? Elas são um obstáculo a qualquer tentativa de formular critérios para identificação de sentenças obscuras. Se a língua não é parâmetro, uma vez que expressões novas sempre podem ser utilizadas, e as inovações, por sua própria natureza, são avessas à generalização;[90] e se os pronunciamentos anteriores, do mesmo juiz, também não são parâmetro, uma vez que a regra subjacente ao seu uso linguístico pode ser diferente da que pensamos; e se as hipóteses interpretativas forem igualmente válidas; então não há como teorizar sobre a sentença obscura, restando apenas aceitar a decisão que a esse respeito for tomada por alguém investido de autoridade suficiente.

Não creio que essa hipótese – a de que só nos resta recorrer à autoridade – esteja correta. Mas antes de qualquer tentativa de refutá-la, devo concordar com

---

[87] GUASTINI, *Das fontes às normas*, p. 25.

[88] GADAMER, Hans-Georg. *Verdade e método I*. Trad. Flávio Paulo Meurer; rev. da trad. Enio Paulo Giachini. 7. ed. Petrópolis, RJ: Vozes, Bragança Paulista: EDUSF, 2005, p. 392.

[89] "A tese portanto é esta: manuais para traduzir uma língua em outra podem ser instituídos de maneiras divergentes, todos compatíveis com a totalidade das disposições discursivas, mas incompatíveis uns com os outros. Em incontáveis pontos eles divergirão por dar, como suas respectivas traduções de uma sentença da primeira língua, sentenças da outra língua que se sustentam umas frente às outras, mas sem qualquer tipo plausível de equivalência, ainda que vaga." ("The thesis is then this: manuals for translating one language into another can be set up in divergent ways, all compatible with the totality of speech dispositions, yet incompatible with one another. In countless places they will diverge in giving, as their respective translations of a sentence of the one language, sentences of the other language which stand to each other in no plausible sort of equivalence however loose.") – QUINE, Willard Van Orman. Translation and meaning. In: LUDLOW, Peter (editor). *Readings in the philosophy of language*. Cambridge, Mass.: The MIT Press, 1997, p. 50, tradução minha. As consequências dessa tese não se restringem ao campo da tradução, conforme corretamente observa Alexander Miller: "Assim, se não há verdade sobre a exatidão do manual de tradução, não haverá verdade sobre a identidade de significado ... isso implica a inexistência absoluta de verdades (*facts*) a respeito do significado." ("Thus if there is no fact of the matter about correctness of the translation manual, there will be no fact of the matter about sameness of meaning, and ... this entails that there are no facts about meaning at all.") – MILLER, Alexander. *Philosophy of language*. London: UCL, 1998, p. 129, tradução minha.

[90] Ver RAZ, Joseph. On the nature of law. *Archive fur Rechts und Sozialphilosophie*, v. 82, p. 1-25, 1986, p. 21.

ela, em parte, e dizer que os casos de *indeterminação* e de *absoluta ausência de sentido* são muito mais comuns do que se pensa. Creio já ter deixado isso claro na Introdução. Justamente esses casos são objeto deste livro. Mas cabe aqui assinalar que o fenômeno perpassa os mais diversos campos do convívio humano. Somos diariamente bombardeados por discursos políticos, reportagens jornalísticas, críticas literárias, sentenças judiciais e teses acadêmicas repletas de belas palavras que, lidas atentamente, não conduzem a lugar algum. Vivemos sob o ataque do discurso vazio, que o leitor preenche com aquilo que gostaria de ouvir e aplaude como genial. Há apenas a relação simbólica de troca, em que valem mais os adjetivos e as frases feitas do que propriamente o conteúdo. Com a sentença judicial deveria ser diferente. Infelizmente não é. É claro, portanto, que não nego a existência de textos sem sentido ou com sentido indeterminado. Eles são justamente meu objeto de investigação. O que nego, e tentarei demonstrar, é que seja assim com todo e qualquer texto. Em outras palavras, não aceito a tese de que a existência de textos claros seja impossível ou que o sentido de qualquer texto seja radicalmente indeterminado. Passo a formular argumentos contra as teses céticas.

1.2.6. Criatividade linguística e habilidade linguística

Primeiramente, quanto à *criatividade linguística* mencionada acima, creio que ela não afasta a tese fundamental de que *o significado de uma palavra é o seu uso na língua*.[91] Apesar da abertura da língua a inovações, é o que já existe nela, ou melhor, no seu uso normal, que possibilita a comunicação. Quem introduz uma expressão nova o faz, geralmente, por derivação, analogia ou composição, ou cercando-a de expressões consagradas, ou, ainda, com o emprego das regras gramaticais existentes.[92] O uso da língua está sempre aberto ao elemento novo, mas este é sempre minoritário. Foi provavelmente contemplando essa característica que Wittgenstein fez a seguinte ressalva (parte grifada) à sua própria afirmativa: "Pode-se, *para um grande número de casos* em que se emprega a palavra "significado" – *embora não para todos* – esclarecer o emprego dessa palavra da seguinte forma: o significado de uma palavra é o seu uso na língua".[93] Estudos históricos sobre a dinâmica das mudanças linguísticas demonstram que elas são "um processo gradual e não abrupto"[94] e que há elementos que se mostram mais conservadores que outros. Os substantivos, por exemplo, são os primeiros a ceder espaço para

---

[91] "Die Bedeutung eines Wortes ist sein Gebrauch in der Sprache." – WITTGENSTEIN, Ludwig. *Philosophische Untersuchungen*. In: *Schriften*. Verf. Friedrich Waismann. Frankfurt: Suhrkamp, 1960, § 43.
[92] Ver STURTEVANT, E. H. *Linguistic change*: an introduction to the historical study of language. Chicago: University of Chicago Press, 1961, p. 99.
[93] Texto original: "Man kann für eine *große* Klasse von Fällen der Benützung des Wortes »Bedeutung« – wenn auch nicht für *alle* Fälle seiner Benützung – dieses Wort so erklären: Die Bedeutung eines Wortes ist sein Gebrauch in der Sprache." – WITTGENSTEIN, *Philosophische Untersuchungen*, § 43.
[94] Texto original: "... change in general is a gradual rather than an abrupt process." – BERG, Thomas. *Linguistic structure and change*. Oxford: Clarendon Press, 1998, p. 257.

palavras novas, já os pronomes e as regras gramaticais mostram-se extremamente conservadores.[95] O psicólogo Charles Osgood explica que "é verdade que os falantes produzem novas sentenças a toda hora, mas a semântica e a gramática não podem, ambas, ser simultaneamente novas, ou falharemos na compreensão".[96] A linguagem é uma habilidade que permite a geração e o entendimento de expressões novas. Mas essa habilidade tem limites e quem quer que pretenda redigir uma mensagem clara precisa respeitá-los.

1.2.7. Determinabilidade contextual do sentido

Quanto à *inescrutabilidade da intenção* do autor (argumento de Kripke, acima), perguntemo-nos: por que o uso de uma função "quus", como a do exemplo, nos parece tão estranho? Uma resposta possível é: porque na nossa língua "+" significa "mais" e se "+" significa "quus" para um determinado autor, é porque ele está utilizando uma *língua privada*. Mas uma língua privada (supondo que isso seja possível) não nos interessa aqui. A fixação da sentença por escrito não é uma nota particular para consulta pelo próprio juiz: ela é feita para que outros tomem conhecimento do seu significado. Quem dirige uma mensagem *para os outros*, como é o caso do juiz que profere uma sentença, tem de utilizar uma língua pública e, no mínimo, conhecida pelos destinatários,[97] caso contrário, sua mensagem não terá utilidade. A posição do próprio Kripke não é a da *indeterminação radical*. Com o exemplo dado, ele quis apenas, por um lado, combater a tese do *realismo do significado* (ideia de que o significado é uma *coisa*, ou um *fato*), e, por outro, demonstrar que o realismo do significado não é a única maneira de justificar nossas atribuições de significado, pois estas podem ser justificadas, ou adotadas, em razão do seu papel e de sua utilidade em nossas vidas como membros de uma comunidade linguística. Uma tese similar é defendida por José Medina, que a denomina *determinação contextual*. Segundo o autor, argumentos a favor da indeterminação radical costumam ser demasiadamente distantes de situações concretas, "jogam apenas com possibilidades lógicas".[98] A tese da *determinação contextual* não exclui a possibilidade de interpretações alternativas, mas em situações concretas elas ficariam dentro de um *conjunto restrito*.[99] Quando se trabalha no abstrato, é fácil encontrar interpretações igualmente válidas para um termo, coisa que é bem mais difícil em situações concretas, particulares...

---

[95] Ver BERG, *Linguistic structure and change*, p. 222.

[96] Texto original: "It is true that speakers produce novel sentences all the time, but the semantics and the grammatics cannot both be simultaneously novel, or we fail to comprehend." – OSGOOD, Charles E. *Language, meaning, and culture*: the selected papers of C.E. Osgood. New York: Praeger, 1990, p. 123.

[97] O CPC brasileiro, no artigo 156, estabelece que: "Em todos os atos e termos do processo é obrigatório o uso do vernáculo."

[98] MEDINA, José. *Speaking from elsewhere*. Albany: State University of New York, 2006, p. 15, tradução minha. Texto original: "... only play with logical possibilities."

[99] Ver MEDINA, *Speaking from elsewhere*, p. 15.

(...) onde o estado da disciplina e o conjunto das provas disponíveis, bem como várias circunstâncias sócio-históricas que influenciam a pesquisa científica, impõem todos os tipos de limitações interpretativas. Assim, fatores contextuais limitam seriamente a interpretação de teorias, tornando dasarrazoadas muitas possibilidades lógicas.[100]

A mesma observação é aplicável aos textos jurídicos, conforme conclusão de Llewellyn:

Descobrimos que as regras sozinhas, meras formas de palavras, não têm valor. Aprendemos que o exemplo concreto, o acontecer de exemplos concretos, o presente, memória viva de uma multitude de exemplos concretos, é necessário para fazer qualquer proposição geral, seja uma regra de direito ou qualquer outra, significar realmente alguma coisa.[101]

É comum uma mesma expressão linguística ter significados que variam conforme o contexto do qual a expressão faz parte ou das circunstâncias em que se encontram os interlocutores. "Tal é a magia dos falares humanos, que por humano acordo significam freqüentemente, com sons iguais, coisas diferentes".[102] Por exemplo, se digo "vou derrubar o seu rei" em um jogo de xadrez, o significado é um. Se disser a mesma frase ao agente de imigração, ao ingressar na Noruega, o sentido é outro e bem diferente. Mas, em ambos os casos, o significado é perfeitamente determinável pelo contexto.

1.2.8. Avaliação intersubjetiva das interpretações

Resta examinar a hipótese da indeterminação decorrente da *diversidade dos intérpretes*, cada qual contribuindo com seus preconceitos para a obtenção do significado do texto. Creio que essa hipótese ocorra em graus, de modo inversamente proporcional à clareza do texto, avaliada esta com base na capacidade linguística e no uso corrente da língua na comunidade linguística a que o texto se dirige. Dessa forma, não se nega a existência de textos que comportem diversas interpretações, muitas vezes intencionalmente,[103] especialmente em alguns estilos poéticos. Mas quando o autor domina bem o idioma e toma todos os cuidados para ser preciso, creio que as possibilidades de interpretações concorrentes sejam suficientemente

---

[100] MEDINA, *Speaking from elsewhere*, p. 15, tradução minha. Texto original: "... where the state of the discipline and the body of evidence available, as well as various sociohistorical circumstances affecting scientific research, impose all kinds of interpretative restrictions. So, contextual factors heavily constrain the interpretation of theories, rendering many logical possibilities unreasonable".

[101] Texto original: "We have discovered that rules alone, mere forms of words, are worthless. We have learned that the concrete instance, the heaping up of concrete instances, the present, vital memory of a multitude of concrete instances, is necessary in order to make any general proposition, be it rule of law or any other, mean anything at all." – LLEWELLYN, Karl N. *The bramble bush*: on our law and its study. New York: Oceana, 1960, p. 12, tradução minha.

[102] ECO, Umberto. *O nome da rosa*. Trad. Aurora Bernardini e Homero Freitas de Andrade. Rio de Janeiro: Nova Fronteira, 1983, p. 332.

[103] "As categorias usadas no processo jurídico têm de permanecer ambíguas para permitir a infusão de novas idéias. E isto é válido até nos casos em que a legislação ou uma constituição estão envolvidas." – LEVI, Edward H. *Uma introdução ao raciocínio jurídico*. Trad. Eneida Vieira Santos. São Paulo: Martins Fontes, 2005, p. 5-6.

restritas para que o texto atinja sua finalidade. É claro que no plano fático a ocorrência de interpretações divergentes não fica afastada, seja porque algum leitor possui um conhecimento deficiente da língua, ou porque quer se sobrepor ao texto, ou porque não leva em consideração o contexto etc. A questão é, apenas, que as interpretações de um texto dessa espécie não podem ser todas consideradas dignas da mesma credibilidade. É isso que quero dizer quando falo em possibilidades restritas: restritas no plano normativo, e não necessariamente do plano fático.

1.2.9. Indeterminação dos conceitos

Para ficar apenas no campo dos principais temas da filosofia da linguagem, devo ainda tratar da questão dos *conceitos indeterminados*. Imagine-se, por hipótese, uma sentença completamente isenta dos problemas examinados nas subseções acima: seu texto conteria somente expressões pertencentes à língua oficial, a intenção do juiz seria absolutamente clara e na primeira leitura após a sua prolação todos os leitores estariam de acordo sobre o seu significado. Mesmo essa sentença poderia vir a encontrar casos que ficassem em uma zona de penumbra por ocasião da sua aplicação. Essa possibilidade é inafastável de qualquer texto que utilize uma língua natural, pois qualquer conceito empírico apresenta certo grau de indeterminação,[104] ao que Waismann chamou de *textura aberta*.[105]

Considero, contudo, que a utilização de conceitos indeterminados não gera automaticamente uma sentença obscura. E, além disso, o problema da indeterminação do *conceito* não diz respeito à compreensão da sua *expressão linguística*: o problema, se é que é um problema, é do próprio conceito. Explicarei melhor essas afirmativas. A comunicação linguística não se dá por meio de uma ligação direta entre palavras (signos) e coisas ou estados de coisas (referente).[106] Ela é intermediada pelos *conceitos*. Vygotsky explica que a comunicação real exige não

---

[104] "A vagueza é na verdade uma manifestação do fato de que nossas classificações não são fixadas por vínculos naturais." ("Vagueness is indeed one manifestation of the fact that our classifications are not fixed by natural boundaries.") – WILLIAMSON, Timothy. *Vagueness*. New York: Routledge, 1996, p. 269, tradução minha. "Todas as palavras que denotam qualidades sensíveis têm o mesmo tipo de vagueza que acompanha a palavra 'vermelho'. Essa vagueza existe também, embora em menor grau, nas palavras quantitativas que a ciência tem tentado, com o máximo empenho, tornar precisas, tais como um metro ou um segundo." ("All words denoting sensible qualities have the same kind of vagueness which belongs to the word 'red'. This vagueness exists also, though in a lesser degree, in the quantitative words which science has tried hardest to make precise, such as a metre or a second.") – RUSSELL, Bertrand. Vagueness. In: *The collected papers of Bertrand Russell*, vol. 9. London; Boston: G. Allen & Unwin, 1983, p. 149, tradução minha.

[105] A respeito de "open texture", Waismann diz: "Devo esse termo ao Sr. Kneale que sugeriu-o como tradução para *Porosität der Begriffe*, um termo cunhado por mim em alemão." ("I owe this term to Mr. Kneale who suggested it to me as a translation of *Porosität der Begriffe*, a term coined by me in German.") – WAISMANN, Friedrich. Verifiability. In: FLEW, Antony (ed.). *Essays on logic and language*, vol. 7. Oxford: Basil Blackwell, 1951, p. 119, tradução minha.

[106] É claro que os usos da linguagem não se limitam à indicação de estados de coisas, conforme percebeu WITTGENSTEIN (*Philosophische Untersuchungen*, § 23). Esse uso bastante comum da linguagem é tomado aqui exemplificativamente, apenas para realçar uma diferença entre a expressão linguística e a mensagem que ela contém.

só as palavras (signos), mas também a generalização, que se dá por meio dos conceitos.[107] Segundo Sapir, a experiência pessoal, "para ser comunicada, necessita ser referida a uma *classe* que seja tacitamente aceita pela comunidade como uma *identidade*".[108] Essa unidade (*identity*), referida por Sapir, corresponde ao que normalmente denominamos "conceitos".[109] Conceitos não são entes da língua, mas sim, do pensamento.[110] Entende-se perfeitamente a expressão linguística quando se entende o conceito ao qual ela se refere.

Com algumas exceções (*v.g.* formas geométricas), é característico dos conceitos serem vagos, isto é, admitir "casos marginais para a sua aplicação".[111] Isso ocorre porque o mundo dos referentes é infinito, está em um permanente processo de mudança, e é complexo demais para que seja espelhado com total exatidão nos conceitos.[112] Os conceitos abstraem certas características dos objetos e ignoram outras. Fazem generalizações. Genaro Carrió afirma que:

> Como nosso aparato linguístico não é suficientemente rico, nem haveria vantagem alguma de que o fosse tanto, não dispomos de uma palavra para cada objeto individual, para cada fato concreto, para cada propriedade de cada objeto individual ou fato concreto, *et cetera*.[113]

Por exemplo, o conceito "chuva" constitui uma abstração dos fenômenos concretos de precipitação de água das nuvens. Não é possível, com base no conceito, saber exatamente quantas gotas precisam se precipitar, e qual deve ser a sua densidade, para que um fenômeno concreto possa ser considerado chuva. Isso não quer dizer que a expressão linguística "chuva" não seja entendida quando a utilizamos. "E haveremos de dizer que na realidade não atribuímos nenhum significado a essa palavra porque não estamos munidos de regras para todas as suas possibilidades de aplicação?"[114] A palavra, sem dúvida, tem significado.[115] A ques-

---

[107] Ver VYGOTSKY, Lev Semenovich. *Thought and language*. Translation newly rev. and edited by Alex Kozulin. Cambridge, Mass.: MIT Press, 1986, p. 8.

[108] Texto original: "To be communicated it needs to be referred to a class which is tacitly accepted by the community as an identity." – SAPIR, Edward. *Language*: an introduction to the study of speech. New York: Harcourt Brace & Co, 1921, p. 11, tradução minha.

[109] Ver VYGOTSKY, *Thought and language*, p. 8. Também segundo Pontes de Miranda, "entre a palavra e o real está o conceito" – PONTES DE MIRANDA, F. C. *Sistema de ciência positiva do direito*. Tomo II. Introdução à ciência do direito. 2. ed. Rio de Janeiro: Borsoi, 1972, p. 101.

[110] Ver WILSON, John. *Thinking with concepts*. Cambridge: University Press, 1969, p. 56.

[111] ENDICOTT, Timothy A. O. *Vagueness in law*. Oxford [England]; New York: Oxford University Press, 2000, p. 31, tradução minha. Texto original: "An expression is vague if there are borderline cases for its application."

[112] Ver WHITEHEAD, Alfred North. *Process and reality*: an essay in cosmology. Corrected edition. New York: Free Press, 1978, p. 11-12.

[113] CARRIÓ, Genaro R. *Notas sobre derecho y lenguaje*. 5. ed. Buenos Aires: Abeledo-Perrot, 2006, p. 27.

[114] WITTGENSTEIN, *Philosophische Untersuchungen*, § 80, tradução minha. Texto original: "... und sollen wir sagen, daß wir mit diesem Wort eigentlich keine Bedeutung verbinden, da wir nicht für alle Möglichkeiten seiner Anwendung mit Regeln ausgerüstet sind?"

[115] "... embora a maior parte dos conceitos empíricos admita casos fronteiriços, nem por isso se tornam inúteis, uma idéia que Hart estendeu aos conceitos legais, com o objetivo de combater o formalismo legal e o ceticismo

tão é que a maioria dos conceitos admite a existência de casos fronteiriços, que ficam em uma zona de penumbra.[116] No exemplo dado, há casos que não se sabe exatamente se podem ser chamados de "chuva" ou não. Há fenômenos que ficam entre "chuva" e "neve", ou entre "chuva" e "garoa", ou entre "chuva" e "gotas isoladas" etc. Outro aspecto que se deve observar é que, mesmo quando um conceito parece perfeitamente definido em relação a tudo o que se conhece, ele possui uma *potencialidade* de tornar-se vago frente a uma situação *inédita*. Conforme já dito, isso ocorre porque os conceitos possuem uma *textura aberta*.[117] Isso quer dizer que a extensão dos conceitos empíricos, por mais que pareça totalmente definida em um dado momento, não está fechada à aparição de casos que caiam na penumbra.[118] Os autores costumam dar exemplos fantásticos para ilustrar esse problema, justamente para frisar que os fenômenos *inusitados* representam um desafio aos conceitos existentes. Assim, Wittgenstein fala da cadeira que aparece e desaparece,[119] e Carrió exemplifica com um gato falante (adaptação de um exemplo de Waismann).[120] Em ambos os exemplos, ocorre uma dificuldade de saber se o novo fenômeno está ou não abrangido pelo conceito anterior.

Na verdade, a indeterminação *dos conceitos* é apenas uma das causas que podem levar a dificuldades interpretativas no momento da aplicação da sentença. Mesmo quando o problema não decorre dos conceitos, pode decorrer de estruturas linguísticas mais amplas, inclusive de um texto inteiro, que pode ter mais de um

---

quanto a regras." – GLOCK, Hans-Johann. *Dicionário Wittgenstein*. Trad. Helena Martins. Rio de Janeiro: Jorge Zahar, 1998, p. 127.

[116] "Nada pode eliminar essa dualidade de um núcleo de certeza e uma penumbra de dúvida quando estamos empenhados em colocar uma situação particular sob regras gerais." ("Nothing can eliminate this duality of a core of certainty and a penumbra of doubt when we are engaged in bringing particular situations under general rules.") – HART, Herbert L. A. *The concept of law*. 2nd edn with a postscript edited by Penelope A. Bulloch and Joseph Raz. Oxford: Clarendon Press, 1994, p. 119, tradução minha.

[117] Ver WAISMANN, Verifiability, p. 119.

[118] Diferentemente dos conceitos empíricos, há conceitos abstratos, como os da lógica e da geometria, que admitem determinação completa. Por exemplo, o conceito geométrico de "triângulo": polígono de três lados. Alguém poderia levantar o seguinte questionamento: *como seria possível afirmar que a maioria dos conceitos contém algum grau de indeterminação, se existe uma técnica legislativa que a doutrina denomina "uso de conceitos jurídicos indeterminados"*? Se quase todos os conceitos são indeterminados, qual seria o sentido da locução "conceitos indeterminados" empregada pela doutrina? Analisando a questão, penso que a doutrina reserva a locução "conceitos indeterminados" para aqueles conceitos que possuem um grau de indeterminação acima do ordinário, cuja aplicação depende dos valores de uma comunidade em determinado momento. São exemplos de conceitos indeterminados: "boa-fé" (CDC, art. 51, IV) ou "liberdade, igualdade, razoabilidade, equidade e devido processo legal" (CAPPELLETTI, Mauro. The 'mighty problem' of judicial review. *The judicial process in a comparative perspective*. Oxford: Clarendon Press, 1989, p. 150). Conceitos como esses dependem, para sua aplicação, de uma prévia determinação de certos elementos que não defluem do próprio conceito. Nesse sentido, vide BARACHO, José Alfredo de Oliveira. Teoria geral dos conceitos legais indeterminados. *Themis*: Revista da ESMEC, Fortaleza, v. 2, n. 2, p. 61-78, 1999, p. 69. A opção da doutrina, contudo, não é suficiente para infirmar minhas conclusões sobre o funcionamento da linguagem. Este livro não se propõe a fazer a defesa da nomenclatura empregada pelos juristas.

[119] WITTGENSTEIN, *Philosophische Untersuchungen*, § 80.

[120] CARRIÓ, *Notas sobre derecho y lenguaje*, p. 35.

significado frente ao sistema a que pertence ou, até mesmo, frente a valores integrantes de outros sistemas.[121]

Voltando ao problema da sentença, a pergunta que se faz é esta: a possibilidade de indeterminação quanto a fenômenos inéditos, ou casos fronteiriços, faz com que toda sentença seja obscura? Seria obscura, por exemplo, uma sentença que contivesse a palavra "chuva", só porque esta palavra possui certo grau de indeterminação? Creio que não. Basta lembrar que o pedido é formulado na mesma língua em que é proferida a sentença e, na maioria dos casos, utiliza conceitos que são utilizados por esta para julgá-lo. Desde que a sentença não utilize conceitos mais vagos que os utilizados no pedido – em um pedido bem formulado –, terá cumprido sua finalidade. Teremos um pedido resolvido. "Uma definição inexata não é aquela que deixa de satisfazer o fugaz ideal da determinabilidade, mas sim aquela que deixa de satisfazer os requisitos para compreensão em um dado contexto".[122] O intérprete pode ficar com uma margem de escolha a seu cargo, para que a sentença não seja tão rígida que possa vir a tornar-se inútil diante das menores variações no contexto em que será aplicada. Mas é preciso que haja um leque limitado de interpretações plausíveis, não antagônicas entre si e alcançáveis com segurança pelas partes envolvidas.[123] Se nem isso a sentença oferecer, estará em uma situação que não permite aplicação e nem mesmo interpretação *sensu stricto*.[124] Por outro lado, se garantido esse grau de determinabilidade, qualquer problema sobre o seu alcance em relação a casos fronteiriços, ou casos extraordinários que possam surgir, será uma questão atinente aos *limites objetivos da coisa julgada*.[125] Mas note-se bem: a decisão a esse respeito deve apenas resolver se um caso fronteiriço *x* está abrangido pela sentença. Caso ele não esteja, não cabe à atividade interpretativa dizer o que fazer em relação ao caso *x*. Ele poderá ser discutido em um novo processo.

1.2.10. Sentença como ato ilocutório

Até aqui tratei especialmente de situações de determinabilidade e indeterminabilidade de um texto no aspecto *semântico*. Tratarei agora de outra espécie de falta de sentido: aquela que ocorre no aspecto *pragmático*.[126] Esta também deixa o pedido irresoluto. O componente pragmático da língua, segundo a tripartição de

---

[121] Ver ALEXY, *Teoría de la argumentación jurídica*, p. 205ss e TWINING, William; MIERS, David. *How to do things with rules*. 4th edn. London: Butterworths, 1999, p. 179.
[122] GLOCK, *Dicionário Wittgenstein*, p. 128.
[123] Conforme TWINING; MIERS, *How to do things with rules*, p. 180.
[124] Sobre o tratamento para o caso, ver a Seção 2.2, adiante.
[125] Sobre o tratamento para o caso, ver a Seção 2.1, adiante.
[126] O pragmatismo, de acordo com Peirce, está interessado na função das ideias como guia *para a ação*. Ver PEIRCE, Charles Sanders. *Chance, love, and logic*: philosophical essays. Morris Raphael Cohen (editor). Lincoln, NE: University of Nebraska Press, 1998, p. 41. E, para Marcelo Dascal, "a tarefa da pragmática é o estudo do uso dos meios linguísticos (ou outros) por meio dos quais um falante transmite suas intenções comunicativas

Morris[127] (sintático, semântico, pragmático), refere-se ao significado dos enunciados em *contexto*, levando em conta a sua *força ilocutória* e a *situação dos interlocutores*.

Dois textos de mesmo sentido semântico podem ter sentidos pragmáticos diferentes.[128] Timothy Endicott cita o exemplo de um pedido como este: "por favor, visite-me às 5:00". O autor destaca que, dependendo do costume local, dos objetivos da visita e de outras circunstâncias, chegar às 5:05 pode contar ou não como atendimento do pedido.[129] Um texto pode ser perfeitamente claro em seus dizeres e, ainda assim, não ter qualquer significado diante da situação à qual se dirige. Se um cliente pede uma garrafa de água em um restaurante, e o garçom responde que os prazos de decadência estão previstos no Código Civil, sua afirmativa pode ser perfeitamente inteligível, mas não é bem-sucedida no que se refere à necessidade de uma resposta ao pedido do cliente. O julgamento de um recurso com fundamentos e decisão sobre a questão *y*, quando a questão trazida pelo recurso é *x*, normalmente terá apenas sentido semântico, sem ter sentido pragmático. No recurso especial n. 644.370/RS, por exemplo, o recorrente atacava um acórdão que vedava a contagem especial de tempo de serviço como professor *após determinada data*. O STJ, ao julgar o recurso, limitou-se a citar jurisprudência sobre diversas questões de direito que não tinham qualquer relação com o caso dos autos, como a dispensa de laudo pericial, a possibilidade de contagem recíproca e o direito adquirido a um fator de conversão. Essas questões não eram controvertidas e, a maioria delas sequer era aplicável ao caso dos autos. E a questão que precisava ser decidida (*a data* até a qual era possível a contagem especial) não foi decidida. O texto da decisão, escorreito do ponto de vista semântico, mostrou-se completamente destituído de sentido do ponto de vista pragmático.

Sentido semântico, sentido pragmático e requisitos não linguísticos são necessários para que um texto obtenha força ilocutória, isto é, para que ele desempenhe o ato que afirma desempenhar. Percebe-se, nos exemplos acima, que o uso concreto da linguagem possui uma dimensão que escapa da mera *comunicação* de ideias. Ele envolve muitas vezes também o *desempenho* de um ato. É geralmente atribuído a Austin o mérito de haver chamado a atenção para a relação entre a *linguagem* e o *desempenho* de atos, entre aqueles enunciados que *fazem algo* em comparação com aqueles que apenas *dizem algo*. Os enunciados que fazem algo são o que Austin chama de enunciados performativos (*performative utterances*). Com seu uso, realizam-se atos *ilocutórios*. Na terminologia de Austin, atos *ilocutórios* são os que realizam, ou tendem a realizar, pela fala ou escrita, aquilo

---

e um ouvinte as reconhece." (DASCAL, Marcelo. *Interpretação e compreensão*. Trad. Marcia Heloisa Lima da Rocha. São Leopoldo: Unisinos, 2006, p. 33).

[127] Ver MORRIS, Charles. *Signs, language and behavior*. New York: Prentice Hall, 1946, p. 218.

[128] Nesse sentido: DASCAL, *Interpretação e compreensão*, p. 38-39.

[129] Ver ENDICOTT, *Vagueness in law*, p. 50.

que eles próprios mencionam. Seu oposto seria o ato locutório, ou locucionário, o simples ato de *dizer algo*.[130] Segundo Austin, atos locucionários possuem *significado*, enquanto os atos ilocucionários possuem *força*. Eis alguns exemplos do próprio Austin:

> Suponha, por exemplo, que durante uma cerimônia de casamento eu diga, como se diz, "aceito" – (... tomar esta mulher como minha legítima esposa). Ou então, suponha que eu pise em seu dedo e diga "peço desculpas". Ou ainda, suponha que eu tenha uma garrafa de champanhe em minha mão e diga "eu confiro a este navio o nome de Queen Elizabeth". Ou suponha que eu diga "aposto seis *pence* com você como amanhã choverá". Em todos esses casos seria absurdo considerar aquilo que eu digo como uma descrição do desempenho da ação que já está, sem dúvida, concluída – a ação de apostar, ou batizar, ou desculpar-se. Deveríamos dizer em vez disso que, ao dizer o que eu faço, eu na verdade desempenho a ação. Quando eu digo "confiro a este navio o nome de Queen Elizabeth" eu não descrevo a cerimônia de batizado, eu de fato executo o batizado; e quando eu digo "aceito" (... tomar esta mulher como minha legítima esposa), eu não estou narrando um casamento, eu estou tomando parte nele.[131]

John Searle observa, porém, que essa distinção não funciona tão bem quanto parece. Quem formula uma proposição também pratica um ato ilocucionário: o ato de afirmar. Por outro lado, para *fazer algo* (ato ilocucionário) com as palavras, o *sentido* do que é dito determina a força do ato, ou seja, determina o tipo de ato que se está a praticar. Searle exemplifica com a seguinte declaração "Eu, por este ato, prometo que irei fazê-lo".[132] O sentido da frase determina que ela terá a força ilocucionária particular de uma *promessa*.

Essas observações aplicam-se perfeitamente à sentença judicial. A sentença judicial, tal qual a promessa, é um ato ilocucionário, isto é, um ato praticado com palavras. Mas a natureza e a validade desse ato dependem do significado das palavras. Se o juiz diz "condeno", a força do ato é uma. Se ele diz "indefiro a inicial", a força do ato é outra. Em ambos os casos, o que ele disse, ele fez. "Onde uma certa força é parte do sentido, onde o sentido unicamente determina uma força

---

[130] AUSTIN, J. L. *How to do things with words*: the William James Lectures delivered at Harvard University in 1955. Oxford: Clarendon, 1962, p. 94.

[131] AUSTIN, J. L. Performative utterances. In: *Philosophical Papers*. Edited by J. O. Urmson and G. J. Warnock. Oxford, UK: Oxford University Press, 1979, p. 235, tradução minha. Texto original: "Suppose, for example, that in the course of a marriage ceremony I say, as people will, 'I do' – (sc. take this woman to be my lawful wedded wife). Or again, suppose that I tread on your toe and say 'I apologize'. Or again, suppose that I have the bottle of champagne in my hand and say 'I name this ship the Queen Elizabeth'. Or suppose I say 'I bet you sixpence it will rain tomorrow'. In all these cases it would be absurd to regard the thing that I say as a report of the performance of the action which is undoubtedly done – the action of betting, or christening, or apologizing. We should say rather that, in saying what I do, I actually perform that action. When I say 'I name this ship the Queen Elizabeth' I do not describe the christening ceremony, I actually perform the christening; and when I say 'I do' (sc. take this woman to be my lawful wedded wife), I am not reporting on a marriage, I am indulging in it".

[132] SEARLE, John R. Austin on locutionary and illocutionary acts. *The Philosophical Review*, Duke University Press, v. 77, n. 4, p. 405-424, out. 1968, p. 407, tradução minha. Texto original: "I hereby promise that I am going to do it."

particular, não há dois atos diferentes (i.é, locucionário e ilocucionário) mas dois rótulos diferentes para um mesmo ato".[133]

Se a inicial pede a condenação do réu a um pagamento x, e a sentença expõe um brilhante tratado sobre a questão controvertida, mas não apresenta uma conclusão sobre como, na prática, as partes devem se portar após a sentença, então há ausência pragmática de significado e não ocorre o ato ilocucionário *sentença*. Em outras palavras, o ato não possui *força* de sentença.[134] Da mesma forma, se a inicial pede a condenação do réu a um pagamento x, e a sentença conclui "condeno o réu a pagar, mas sem pagar", seu *sentido* é obscuro, obscuridade decorrente de contradição, o que também impede a sua *força* ilocutória. Tentativas de praticar atos por meio de palavras nem sempre funcionam bem. Austin ressalta os defeitos (*infelicities*) ligados à pessoa ou às circunstâncias do ato.[135] Mas parece óbvio que, quando *dizer* algo é também *fazer* algo, o defeito no *dizer* pode fazer o ato falhar completamente. "Quando o enunciado é um fracasso (*misfire*), o procedimento que nos propomos invocar é impedido ou é arruinado: e nosso ato (casar etc.) é nulo ou sem efeito etc.".[136]

Um texto pode ter sentido (ser um ato locucionário) sem ter força (sem ser um ato ilocucionário). Por exemplo: o pedido de desculpas quando o interlocutor não está presente. Mas uma sentença judicial não pode ter força de sentença (ser um ato ilocucionário da espécie sentença de mérito) sem ter sentido, isto é, sem ser, ao mesmo tempo, um ato locucionário.[137] O juiz, quando diz "condeno", não está apenas descrevendo o que faz, está *condenando*. Mas é preciso saber *a que* e *a quem* ele condena, ou não haverá condenação. Para que o texto da sentença tenha sentido, não basta que ele seja claro em si, ele precisa ser claro no contexto do processo em que foi gerado. Se peço a condenação de Catão a entregar-me dois computadores, e o dispositivo da sentença diz que "ler e não entender é como não ler", o enunciado pode ser inteligível como asserção comum, mas não como sentença judicial. Na ausência de sentido, ocorre com a sentença judicial o que Austin cha-

---

[133] SEARLE, Austin on locutionary and illocutionary acts, p. 407, tradução minha. Texto original: "Where a certain force is part of the meaning, where the meaning uniquely determines a particular force, there are not two different acts but two different labels for the same act."

[134] Aqui falo em "força" no sentido da teoria de Austin, e não no sentido das "forças" da sentença, descritas por Pontes de Miranda. Em Austin, ter *força* é desempenhar efetivamente um papel. Em Pontes de Miranda, força é a eficácia preponderante em uma sentença (força de declaração, força de constituição, força de condenação, força de mandamento, força de execução), ainda que os seus efeitos não sejam imediatos ou possam vir a ser obstados. Ver AUSTIN, *How to do things with words*, p. 121 e PONTES DE MIRANDA, *Tratado das ações*, I, § 32, 2 e 4.

[135] Ver AUSTIN, *How to do things with words*, p. 18.

[136] AUSTIN, *How to do things with words*, p. 16, tradução minha. Texto de difícil tradução. Recomenda-se ao leitor ficar com o original: "When the utterance is a misfire, the procedure which we purport to invoke is disallowed or is botched: and our act (marrying, &c.) is void or without effect, &c."

[137] A tese da *ausência de força de sentença* em um texto incompreensível (ou em *situação de criação*, conforme terminologia utilizada neste livro) não se aplica às *questões* resolvidas para chegar a uma conclusão sobre o mérito, muito menos às meramente processuais. Quanto a elas, vale o quanto dito na Seção 2.4 sobre a *fundamentação*: a solução é a ação rescisória.

ma de *misfire* (literalmente, *falha na ignição* ou *falha no disparo*, por extensão, qualquer tipo de fracasso), a frustração da tentativa de alcançar um objetivo.[138]

1.2.11. Caracterização da sentença obscura

A obscuridade é a *qualidade daquilo que é de difícil ou impossível compreensão*. A clareza e a obscuridade definem-se com base na acessibilidade do *significado*. A sentença judicial pode conter uma certa dose de obscuridade, sem que isso viole as exigências do direito nos casos particulares.[139] Apesar de alguma imprecisão e da necessidade de posterior individuação do bem ou fixação da quantia, o texto das sentenças costuma conter elementos suficientes para interpretações razoáveis e confiáveis, que não surpreendam as partes. A dependência de liquidação e a dependência de interpretação coadunam-se perfeitamente com importantes deveres dos juízes: interpretar e tornar líquida a sentença. Mas há casos patológicos, nos quais há um insuperável fracasso comunicativo. O entendimento do que seja a ausência de significado é mais intuitivo do que teórico. Creio mesmo que seria impossível realizar uma explicação teórica completa desse fenômeno. Em vez disso, proponho-me a apresentar (a) um modelo pragmático de caracterização da sentença obscura e (b) um rol exemplificativo de causas de obscuridade.

Conforme Marcelo Dascal, "o conceito pragmático da clareza é o reverso do conceito pragmático da dúvida (razoável)".[140] Uma sentença judicial é clara se, para fins práticos, não gera dúvidas razoáveis. Para chegar a essa constatação, em um caso concreto, inicia-se pela interpretação *lato sensu* (compreensão de qualquer signo linguístico, ver 1.3.1). Nesse ponto, deve-se fazer o seguinte teste: "há alguma razão para se pensar que o sentido do texto não é o que se entende à primeira vista?". Se a resposta for negativa, então o texto está na situação de isomorfia, e a interpretação em *sensu stricto* (interpretação de expressões de sentido difícil, ver 1.3.1) não tem lugar. Segue-se a aplicação. Se a resposta for positiva, então é necessário fazer a interpretação *sensu stricto*. Examinam-se as diversas possibilidades interpretativas até chegar a uma em que a resposta à pergunta inicial seja negativa, isto é, até que não haja mais razão para pensar que o sentido do texto seja outro.

> Embora o círculo ou espiral da interpretação nunca chegue a um ponto final absoluto, ele prossegue de maneira suficientemente ordenada e convergente para fornecer uma base que – embora não seja completamente certa – é suficientemente sólida para todos os fins práticos.[141]

---

[138] Ver AUSTIN, *How to do things with words*, p. 12-24.
[139] Ver ENDICOTT, *Vagueness in law*, p. 197.
[140] DASCAL, *Interpretação e compreensão*, p. 360.
[141] DASCAL, *Interpretação e compreensão*, p. 360.

Contudo, se a interpretação *sensu stricto* falhar, isto é, se não for possível alcançar a resposta negativa à pergunta inicial, então se faz necessário um genuíno *ato criativo*. Esse é o caso patológico, no qual ocorre um insuperável fracasso comunicativo. Em outras palavras, chega-se à constatação pragmática de que uma sentença não admite interpretação quando qualquer sentido que se lhe atribua resulte de um genuíno ato de criação, entendido como tal aquele que não pode ser obtido, sem a deflagração de dúvidas razoáveis, a partir do texto da sentença.

A obscuridade, portanto, pode ou não ser superável por interpretação. Daí resulta uma classificação quanto à gravidade da obscuridade. Nesse aspecto, são *duas as espécies de sentenças obscuras*: (a) as com obscuridade superável e (b) as com obscuridade insuperável. Em ambas as espécies, cabe ainda a classificação da obscuridade quanto à sua extensão, isto é, quanto às partes da sentença atingidas pela obscuridade. Quanto à extensão, parece-me útil distinguir três situações, sem excluir a possibilidade de situações intermediárias: (1) obscuridade restrita à fundamentação, (2) obscuridade restrita a uma parte da decisão de mérito e (3) obscuridade geral.

Quando o sentido da sentença é alcançável mediante interpretação, as classificações da obscuridade quanto à sua extensão não atraem consequências práticas relevantes. Qualquer das combinações (a1, a2 e a3) poderá será interpretada, e a sentença poderá alcançar um sentido claro (situação de isomorfia, possibilidade de aplicação). Mas, quando a obscuridade é insuperável, é importante identificar as partes da sentença que tenham sido atingidas. No caso (b1) de obscuridade restrita à fundamentação, tem-se sentença com vício rescisório. No caso (b2) de obscuridade insuperável restrita à decisão de um dos pedidos, tem-se uma sentença *citra petita*. No caso (b3) em que a obscuridade seja insuperável e geral, e não permita entender a decisão nem como sentença do art. 267 e nem como sentença do art. 269, não existe juridicamente sentença. A defesa dessas afirmativas será feita na Parte II – Tratamento da sentença obscura passada em julgado.

Em um rol exemplificativo das causas que tornam o significado inacessível, pode-se mencionar as que seguem: defeito sintático,[142] defeito semântico,[143] superficialidade,[144] ambiguidade,[145] deficiência de detalhes ou incompletude,[146] vagueza

---

[142] Ver GARCÍA-CARPINTERO, Manuel. *Las palabras, las ideas y las cosas*. Barcelona: Ariel, 1996, p. 11 e BRANCO, António Horta. Sintaxe. In: BRANQUINHO, João; MURCHO, Desidério; GOMES, Nelson Gonçalves. *Enciclopédia de termos lógico-filosóficos*. São Paulo: Martins Fontes, 2006, p. 704.

[143] Ver DASCAL, *Interpretação e compreensão*, p. 50-53; GARCÍA-CARPINTERO, *Las palabras, las ideas y las cosas*, p. 11 e ECO, *Semiótica e filosofia da linguagem*, p. 82-84.

[144] AUSTIN, J. L. *Sense and sensibilia*. London: Clarendon Press, 1962, p. 126.

[145] ENDICOTT, *Vagueness in law*, p. 54.

[146] Ver AUSTIN, *Sense and sensibilia*, p. 38.

excessiva,[147] defeito lógico (como raciocínio confuso[148] ou contraditório),[149] obscuridade pragmática.[150]

Ressalto que a consequência jurídica da inacessibilidade do sentido é a *inexistência da norma*. Nesse sentido, diz Hans Kelsen que o "sem sentido [é] algo que não é sequer um ato cujo sentido subjetivo possa ser interpretado como sentido objetivo. Logo, não existe qualquer norma objetivamente válida".[151] A existência da norma não é a mera existência do ato normativo, mas "a existência de um sentido (ou do conteúdo do sentido), do sentido de um fato, do real ato de estabelecimento".[152] Carl Schmitt – referindo-se a leis obscuras – afirma que "toda instância que coloca, autenticamente, um conteúdo legal duvidoso fora de dúvida, atua no caso como legislador".[153] O capítulo em que se encontra essa afirmação

---

[147] "Na [visão] de Peirce, nossa linguagem sempre será vaga. A vagueza é prejudicial apenas quando deixa a questão em apreço obscura demais para que seja respondida." Texto original: "On Peirce's, our language will always be vague. Vagueness is harmful only when it leaves the question at hand too unclear to be answered." – WILLIAMSON, *Vagueness*, p. 46, tradução minha. Ver também ENDICOTT, *Vagueness in law*, p. 202-203.

[148] Por isso é que Locke recomenda aos interlocutores que, mesmo que tenham dificuldades de expressão, mantenham sempre em mente, com clareza, a *ideia* que desejam expressar: "quando alguém usa um termo qualquer, *pode ter em sua mente uma determinada ideia* da qual produz um signo, e à qual *deve mantê-lo ligado de maneira estável* durante aquele discurso presente. Onde alguém não faz ou não pode fazer isso, em vão pretende esclarecer ou distinguir ideias: é óbvio que as suas [ideias] não são [claras nem precisas]; e daí não se pode esperar nada exceto *obscuridade e confusão*, ..." ("when any one uses any term, he may have in his mind a determined idea which he makes it the sign of, and to which he should keep it steadily annexed during that present discourse. Where he does not or cannot do this, he in vain pretends to clear or distinct ideas: it is plain his are not so; and therefore there can be expected nothing but obscurity and confusion, ...".) – LOCKE, *An essay concerning human understanding*, p. XV, tradução minha, grifos meus.

[149] "O que se deve fazer, se e quando a contradição aparece como um fato existente na realidade do pensar e do falar? Duas coisas. Primeiro, é preciso perceber e, mais do que isso, reconhecer que o Princípio de Não-Contradição em sua versão universalmente válida não significa uma impossibilidade lógico-modal, mas tão somente um "dever-ser"; que não se trata, aqui, de um operador lógico-modal tradicional e, sim, de um operador deôntico. Segundo, é preciso atacar o problema e passar ao trabalho de elaboração lógica da contradição, isto é, é preciso fazer as devidas distinções. Pois a contradição de fato existente não é algo que possa ficar assim como ela está: se isso ficasse simplesmente como está, o pensar e o falar transformar-se-iam em pura e irresponsável bobagem. Por isso é que é preciso, no movimento processual do pensar e do falar, trabalhar a contradição, isto é, fazer as distinções necessárias: onde há contradição – e um dos lados não elimina simplesmente o outro –, há que se fazer as devidas distinções. Isso nos foi ensinado por Platão e Aristóteles. Assim e só assim pode-se superar Parmênides e Zenão de Eléa e compreender, sem incorrer em contradição e sem entrar no reino do absurdo, a multifária unidade do movimento e das coisas que estão em movimento. Também os mestres-pensadores da Idade Média assim entenderam a questão e assim a resolveram, fazendo disso a coluna vertebral da argumentação filosófica, como se vê na própria estrutura da *disputatio scholastica*. Como a contradição tem que ser trabalhada e superada, por isso é que se devem fazer as necessárias distinções. E quem não as fizer não pode continuar participando do discurso e fica rebaixado ao nível de planta." – CIRNE-LIMA, Carlos R. V. *Sobre a contradição*. Porto Alegre: EDIPUCRS, 1993, p. 66-67.

[150] Ver ENDICOTT, *Vagueness in law*, p. 50-54 e DASCAL, *Interpretação e compreensão*, p. 50-53 e 360-362.

[151] KELSEN, *Teoria pura do direito*, p. 231. Texto original e integral: "Wenn weder die eine noch die andere Interpretation möglich ist, schreibt der Gesetzgeber etwas Sinnloses vor, liegt ein sinnloser Normsetzungsakt und sohin überhaupt kein Akt vor, dessen subjektiver Sinn als sein objektiver Sinn gedeutet werden kann, und sohin liegt keine objektiv gültige Rechtsnorm vor;" (KELSEN, *Reine Rechtslehre*, p. 211).

[152] KELSEN, *Teoria geral das normas*, p. 216.

[153] SCHMITT, Carl. *O guardião da constituição*. Trad. Geraldo de Carvalho. Belo Horizonte: Del Rey, 2007, p. 67.

possui este título: "Estipulação normativa do conteúdo de uma norma constitucional duvidosa em seu conteúdo é, no caso, norma constitucional e não justiça".[154]

Com a sentença ocorre o mesmo: *sentença incompreensível é sentença juridicamente inexistente* e o ato de estipular oficialmente o seu conteúdo é criação de sentença, e não interpretação. Não é possível transigir, ou ceder espaço, nesse ponto a teses artificiais que consideram juridicamente existente uma sentença pela simples prolação de um texto por autoridade investida de jurisdição.[155] A consequência prática da impossibilidade de interpretação *stricto sensu* não pode ser outra que a permanência, incólume, do direito a uma sentença, no mesmo processo, a ser proferida por quem tinha o dever de proferi-la (de forma compreensível) e deixou de fazê-lo.[156]

O juiz que atribuir sentido a uma sentença que não seja interpretável estará sentenciando originalmente e não aplicando ou interpretando a sentença anterior. Na mesma linha, Eduardo Talamini considera como casos de *"sentença" sem dispositivo* (o que não seria realmente uma sentença),[157] entre outros, (a) o da sentença com dispositivo ilegível[158] e (b) o da sentença com "uma ilogicidade que afeta a própria compreensão do pretenso comando".[159]

1.2.12. Questões em aberto

Nesta seção, tratei de questões ligadas ao *significado* e à *obscuridade*. Ainda não tratei, ao menos não de forma fundamentada, dos graus de obscuridade e das diferentes atividades jurídicas requeridas para o seu tratamento. Na próxima seção, cuidarei desses temas. Para falar sobre isso, será preciso distinguir entre (a) sentenças obscuras não interpretáveis (casos vistos nesta seção), (b) sentenças obscuras interpretáveis, e (c) sentenças claras (mas nunca imunes à aparição de casos fronteiriços). Veremos que a solução não é uma só. Será preciso identificar (a) os casos em que a atividade interpretativa do juiz que aplica a sentença é suficiente, e (b) os casos que requerem uma atividade *criadora* de sentença.

---

[154] SCHMITT, *O guardião da constituição*, p. 55.

[155] Considera tratar-se de caso de mera *ineficácia*, por exemplo, SANTOS, Moacyr Amaral. *Primeiras linhas de direito processual civil*. 21. ed. São Paulo: Saraiva, 2003, v. III, p. 21.

[156] Esta solução encontra-se desenvolvida, em detalhes, na seção 2.2.

[157] Conforme TALAMINI, *Coisa julgada e sua revisão*, p. 309. No mesmo sentido: LOPES DA COSTA, Alfredo Araújo. *Direito processual civil brasileiro*, vol. 3. Rio de Janeiro: Forense, 1959, p. 31 e WAMBIER, *Nulidades do processo e da sentença*, p. 294-295.

[158] TALAMINI, *Coisa julgada e sua revisão*, p. 312.

[159] TALAMINI, *Coisa julgada e sua revisão*, p. 315.

1.3. Interpretação, criação e aplicação

O fenômeno da obscuridade do texto comporta graus[160] que geram resultados diversos no tratamento da sentença judicial transitada em julgado ou supostamente transitada em julgado. A partir de um certo grau de obscuridade, a sentença não resolve o pedido (esse grau foi identificado na seção anterior). Mas há graus menos severos, que permitem a *interpretação* do texto e *aplicação* da sentença.

Nesta seção serão examinadas as noções de interpretação, criação e aplicação. Nas Seções seguintes, defenderei as soluções que julgo mais adequadas para cada grau de obscuridade. Com isso, o cerne de minha tese estará formado e as seções posteriores serão dedicadas, apenas, ao exame de algumas questões específicas complementares, escolhidas por sua relevância.

1.3.1. Interpretação

Diversas noções de "interpretação" disputam espaço no Direito e na Filosofia. Por trás de cada noção de "interpretação" jurídica, estão noções rivais sobre o próprio Direito. Para os propósitos deste estudo, é necessário e suficiente indicar cinco noções correntes de "interpretação", revelar seus pressupostos e indicar qual delas é mais útil para a solução dos problemas ora investigados. Todavia, não é adequado falar de uma noção que seja a *verdadeira*, pois as discussões sobre o significado *verdadeiro* das palavras são geralmente estéreis. Para evitá-las, basta distinguir os significados correntes e identificar aquele com que a palavra será empregada.

Considero importantes para este estudo as seguintes concepções:

a) Interpretação natural.[161] Nesse sentido, a interpretação é a atividade de extrair um conhecimento útil *a partir de um estado de coisas natural (ou não intencional)*. Quando se diz, por exemplo, "aquelas manchas não significavam nada para mim, mas o médico as interpretou como sarampo",[162] ou quando o CPC

---

[160] Ver BARBOSA MOREIRA, *Comentários ao código de processo civil*, p. 551.
[161] "Natural sense", na expressão de Grice, que a contrapõe a "nonnatural sense", para distinguir os sentidos do termo "mean". Ver GRICE, H. P. Meaning. *The Philosophical Review*, Duke University Press, vol. 66, n. 3, p. 377-388, Jul. 1957, p. 378.
[162] Adaptação de um exemplo de GRICE, Meaning, p. 377.

fala que "o juiz irá ao local, onde se encontre a pessoa ou coisa, quando ... julgar necessário para ... interpretação dos fatos que deva observar" (art. 442), ou quando um economista fala em "interpretar sinais do mercado", o termo está sendo utilizado no sentido de *conjectura sobre fatos desconhecidos com base em fatos conhecidos*, e não no de *investigação do significado de uma obra humana*.

As próximas três concepções pertencem a uma classificação de Jerzy Wróblewski, e poderiam ser agrupadas sob o rótulo "cultural" (ou "intencional" ou "nonnatural sense"):

b) Interpretação *sensu largissimo*. Interpreta-se qualquer coisa criada pelo homem. Uma estátua, uma ferramenta, um livro, possuem em comum a qualidade de ser inteligíveis como produtos intencionais, aos quais é possível atribuir algum valor (sentido, significado). A interpretação, nesse sentido, "se define como a compreensão de um objeto na qualidade de fenômeno cultural".[163]

c) Interpretação *sensu largo*. Interpreta-se qualquer expressão linguística, seja clara ou obscura. Conforme Wróblewski, a interpretação, nessa acepção, "significa compreensão de qualquer signo linguístico".[164] Mas ele lembra que, antes que algo seja identificado como um signo linguístico, é necessário que seja feita a sua interpretação em *sensu largissimo*.

d) Interpretação *sensu stricto*. Interpretam-se expressões de sentido difícil, obscuro, duvidoso. Wróblewski observa que existem dois tipos de situação normalmente verificados na comunicação diária: "ou bem a compreensão direta de uma forma de expressão é suficiente para fins de comunicação concreta, ou bem existem dúvidas que se eliminam mediante a interpretação".[165]

e) Interpretação das formas lógicas.[166] Na lógica simbólica, interpretar é encontrar aplicações para conceitos abstratos.[167] Uma vez que as expressões da lógica simbólica descrevem apenas relações entre conceitos abstratos, comunicam apenas formas, e não conteúdos, qualquer vinculação de um referente a um símbolo lógico será uma interpretação.[168] O trabalho do intérprete, nesse caso, consiste em identificar *tipos de coisas* às quais uma certa forma seja aplicável.

---

[163] WRÓBLEWSKI, *Constitución y teoría general de la interpretación jurídica*, p. 21, tradução minha. Texto da versão espanhola: "... se define como la comprensión de un objeto en tanto que fenómeno cultural."

[164] WRÓBLEWSKI, *Constitución y teoría general de la interpretación jurídica*, p. 21, tradução minha. Texto da versão espanhola: "... significa comprensión de cualquier signo lingüístico."

[165] WRÓBLEWSKI, *Constitución y teoría general de la interpretación jurídica*, p. 22-23, tradução minha. Texto da versão espanhola: "o bien la comprensión directa de un lenguaje es suficiente para fines de comunicación concreta, o bien existen dudas que se eliminan mediante la interpretación."

[166] Para uma teoria da interpretação das formas lógicas, ver LARSON, Richard K.; LUDLOW, Peter. Interpreted logical forms. In: LUDLOW, Peter (ed.). *Readings in the philosophy of language*. Cambridge, Mass.: The MIT Press, 1997, p. 993-1039.

[167] Ver LANGER, Susanne K. *An introduction to symbolic logic*. 3rd edn. New York: Dover, 1967, p. 37.

[168] Por exemplo: no argumento "p → q, p ← q", *p* pode ser interpretado como qualquer coisa, inclusive como uma asserção ou teoria completa, e o mesmo pode-se dizer de *q*. Assim, caso interpretássemos *p* como "existem maçãs verdes" e *q* como "meu time vencerá o campeonato", o argumento "Se existem maçãs verdes então meu time vencerá o campeonato. Existem maçãs verdes. Logo, meu time vencerá o campeonato." seria válido.

A interpretação jurídica não é interpretação no *sentido lógico*, pois para que haja direito é necessário que seja possível que ele seja *seguido*. Ora, para que algo seja seguido é necessário que *tenha conteúdo* e a linguagem lógica não tem. Com isso, pretendo apenas afastar o risco de que se entenda a interpretação jurídica em uma acepção inadequada, tendo em vista os diferentes graus de liberdade presentes em cada espécie de interpretação.[169]

Autores que falam que "toda a aplicação de uma regra é também uma interpretação",[170] utilizam a expressão em seu sentido largo. Frederick Schauer, por exemplo, afirma que a interpretação está sempre presente, embora algumas vezes não estejamos conscientes disso.[171] A linguagem comum (que adota o *sensu stricto*) seria enganosa, por ocultar esse fenômeno.[172] É comum, também, quando está presente o *sensu largo*, a formulação de sérias críticas aos brocardos "in claris cessat interpretatio" e "clara non sunt interpretanda".[173] Carlos Maximiliano, por exemplo, diz que o famoso brocardo não passa de "afirmativa sem nenhum valor científico, ante as ideias triunfantes na atualidade"[174] e que "todas as frases jurídicas aparecem aos modernos como suscetíveis de interpretação".[175]

Considero, porém, perfeitamente possível falar em interpretação *sensu stricto*.[176] Para entender bem o sentido estrito de interpretação, é útil lembrar a figura do *interpres*. Ele era um mediador em negócios entre pessoas que não falavam a mesma língua. Como nenhum dos negociantes conhecia a língua do outro, cada um dizia um preço e o *interpres* transmitia a proposta, já traduzida e explicada, ao outro. Por estar entre dois preços (*inter-pretium*), chamava-se *interpres*.[177] Quan-

---

[169] Conforme Martin Stone, "abertamente, poucos teóricos iriam tão longe a ponto de celebrar uma imagem do direito como um recipiente vazio esperando para ser preenchido por qualquer conteúdo que seja derramado dentro dele pela legislação judicial." ("admittedly, few theorists would go so far as to celebrate an image of law as an empty vessel waiting to be filled by whatever content is poured into it through judicial legislation") – STONE, Martin. Focusing the law: what legal interpretation is not. In: MARMOR, Andrei (ed.). *Law and interpretation*: essays in legal philosophy. Oxford: Clarendon Press, 1997, p. 33, tradução minha.

[170] SCHAUER, Frederick. *Playing by the rules*. Oxford: Clarendon Press, 1992, p. 207, tradução minha. Texto original: "... every application of a rule is also an interpretation."

[171] Ver SCHAUER, *Playing by the rules*, p. 207.

[172] Ver SCHAUER, *Playing by the rules*, p. 207.

[173] Ver WRÓBLEWSKI, *Constitución y teoría general de la interpretación jurídica*, p. 23-24.

[174] MAXIMILIANO, Carlos. *Hermenêutica e aplicação do direito*. 19. ed. Rio de Janeiro: Forense, 2005, p. 27.

[175] MAXIMILIANO, *Hermenêutica e aplicação do direito*, p. 29. Para comprovar essa afirmação, ele cita trinta e três renomados autores brasileiros, alemães e italianos que rejeitam os brocardos citados.

[176] O termo é empregado em sentido estrito, por exemplo, em: BOUVIER, *A law dictionary*, p. 709; DASCAL, *Interpretação e compreensão*, p. 353; DUMMETT, *A nice derangement of epitaphs*; p. 464; HESSE, *Elementos de direito constitucional...*, p. 53; HONORÊ, *About law*, p. 87; LARENZ, *Metodologia da ciência do direito*, p. 439; SPAAK, *Legal positivism, anti-realism, and interpretation of statutes*, p. 128; STONE, *Focusing the law*, p. 35 e WRÓBLEWSKI, *Constitución y teoría general de la interpretación jurídica*, p. 22-23.

[177] Conforme relata Plínio, apenas na colônia grega de Dioscurias havia mais de 130 pessoas trabalhando como intérpretes para os mercadores romanos: "et postea a nostris CXXX interpretibus negotia gesta ibi." (PLÍNIO, o velho. *Naturalis historiae libri XXXVII*. Stutgard: Stereo, 1967-1970, Livro VI, § 15).

do os negociantes falavam a mesma língua, o *interpres* era desnecessário.[178] Essa imagem pode ser transferida para a interpretação de textos em uma mesma língua. "Assim como nesse caso se ultrapassa a barreira do idioma estrangeiro, essa mesma mediação se requer *quando aparecem obstáculos* à compreensão na mesma língua".[179] Poderíamos dizer que, em qualquer texto no qual seja necessária e possível a interpretação, deve-se alcançar um ponto a partir do qual fique claro o que o texto demanda na situação concreta, um momento em que, para usar a expressão de Wittgenstein, nos sintamos "em casa" com o texto. Nesse momento já não há lugar para a interpretação (no sentido estrito). A explicação de Wittgenstein, a respeito desse aspecto, parece-me perfeita:

> O que ocorre não é que esse símbolo não possa ser objeto de interpretação posterior, mas isto: eu não o interpreto. Eu não interpreto porque me sinto em casa na imagem presente. Quando interpreto, subo de um nível de pensamento para outro.[180]

Note-se bem: não é que um texto, claro para uma determinada situação concreta, não possa exigir *interpretação* diante de uma situação futura. Aqueles que afirmam que, *obscuras ou claras, todas as frases são suscetíveis de interpretação*, parecem estar se referindo a uma noção de clareza puramente verbal, e não à situação de clareza contextual, diante de um caso concreto. É óbvio que um texto verbalmente claro pode, diante do caso concreto, levar o aplicador à perplexidade, especialmente porque o ordenamento jurídico pode conter outros dispositivos com alguma importância para o caso concreto. A necessidade de interpretação, no sentido estrito, é algo que se avalia diante do caso concreto, e não um rótulo que se inscreve em um texto indicando sua permanente interpretabilidade ou ininterpretabilidade.[181] Martin Stone ressalta que a noção estrita de interpretação é também a mais utilizada nas ocupações cotidianas.

> Em nossas ocupações cotidianas encontramos um uso mais específico da noção de interpretação. Se, em resposta à pergunta do garçom, você assente com a cabeça e ele retira o seu prato, ninguém tomaria como um sinal de sofisticação teórica o fato de você fazer a se-

---

[178] Desde os primórdios, o termo designa também qualquer *tradutor*, conforme corretamente observado por Gadamer: "Isso se ajustava ao sentido literal da palavra *interpres*, que designava o falante intermediário e significava por isso a função originária do intérprete que medeia entre interlocutores de diferentes idiomas e une com seu discurso mediador aos que estão separados." ("Esto se ajustaba al sentido literal de la palabra *interpres*, que designa al hablante intermediario y significaba por eso la función originaria del intérprete que media entre interlocutores de diferentes idiomas y une con su discurso mediador a los que están separados.") – GADAMER, *Verdad y método II*, p. 337, tradução minha. Atualmente, o termo possui uma diversidade de significados, em relação aos quais não faz sentido dizer que um seja mais legítimo que os outros.

[179] GADAMER, *Verdad y método II*, p. 338, grifo meu, tradução minha. Texto da versão espanhola: "Así como en ese caso se transpasa la barrera del idioma extranjero, esa misma mediación se requiere cuando aparecen obstáculos de comprensión en la misma lengua".

[180] WITTGENSTEIN, Ludwig. *Zettel*. Translated by G. E. M. Anscombe. 2nd edn. Oxford: Blackwell, 1998, § 234, tradução minha. Texto da versão inglesa: "What happens is not that this symbol cannot be further interpreted, but: I do no interpreting. I do not interpret, because I feel at home in the present picture. When I interpret, I step from one level of thought to another".

[181] Noção que, me parece, os que falam em interpretação no sentido *largo* pretendem combater, mas que não é uma noção inerente ao uso *estrito*.

guinte observação: "Veja, ele *interpreta* o meu gesto como eu quis".Ele entende o seu gesto sem interpretá-lo? Aqui parece melhor dizer que falar de interpretação não é bem justificado sem a presença de algum tipo de dúvida, algo que torne plausível entender o seu gesto de outra maneira.[182]

1.3.2. Situações geradas pelo texto

Minha opção pelo *sensu stricto* decorre dos objetivos da presente investigação. Reconheço que pode haver casos em que o *sensu largo* seja mais adequado. Mas, nesta investigação, trata-se justamente de inserir distinções entre situações que ocorrem no momento em que a sentença (um texto) deve vir a regular a conduta das partes e as decisões posteriores, de outros juízes. Caso adotasse o *sensu largo*, teria de introduzir uma terminologia que diferenciasse internamente tipos de interpretação. Utilizando a noção estrita, diferencio três situações, sendo que apenas uma delas se chama situação de interpretação:

1ª) Situação de isomorfia.[183] Também poderia ser chamada de situação de aplicação ou situação de transparência. Nela a compreensão se dá naturalmente, sem maiores esforços. Quando a situação é de isomorfia, percebe-se imediatamente a ideia comunicada, sem que se tenha de dar atenção à formulação linguística. Conforme Michael Dummett, esta é a situação normal da comunicação. Nela o ouvinte simplesmente ouve e entende.[184] Em direito, essa situação ocorre nos casos em que "não há dúvidas de interpretação e não se discute nenhum problema referente ao significado das regras utilizadas".[185]

2ª) Situação de interpretação. Situação concreta em que surgem controvérsias sobre o significado de um texto. "A interpretação se torna necessária onde o sentido de um texto não se deixa compreender imediatamente",[186] na prática da aplicação. Com isso quero dizer que a situação de interpretação se verifica diante de um desacordo atual, efetivo, e não meramente potencial, sobre o significado

---

[182] STONE, *Focusing the law*, p. 35, tradução minha. Texto original: "In our everyday affairs we encounter a more discriminating use of the notion of interpretation. If, in response to the waiter's inquiry, you nod and he takes your plate away, no one would count it a mark of your theoretical sophistication if you were to remark: 'See, he interprets my gesture as I intended it.' Does he understand your gesture without interpreting it? Here it seems best to say that talk of interpretation is not well motivated without the presence of some kind of doubt, something that makes it plausible to understand your gesture otherwise."

[183] Denominação adotada por WRÓBLEWSKI, *Constitución y teoría general de la interpretación jurídica*, p. 23, a partir de Maakkonen e Gottlieb.

[184] Ver DUMMETT, Michael. A nice derangement of epitaphs: comments on Davidson and Hacking. In: LEPORE, E. (ed.). *Truth and interpretation: perspectives on the philosophy of Donald Davidson*. Cambridge, Mass.: Blackwell, 1986, p. 471.

[185] WRÓBLEWSKI, *Constitución y teoría general de la interpretación jurídica*, p. 23, tradução minha. Texto da versão espanhola: "... no hay dudas de interpretación y no se discute ningún problema referente al significado de las reglas utilizadas".

[186] GADAMER, *Verdade e método I*, p. 441.

de um texto, como o de uma sentença judicial.¹⁸⁷ O discurso do intérprete, quando bem sucedido, deve resultar na *situação de isomorfia*.¹⁸⁸

3ª) Situação de criação. Também poderia ser chamada de situação de integração ou de construção. Nela, o significado que se extrai do texto é insuficiente para a regulação da situação que demanda uma solução.¹⁸⁹ Nessa situação, um conteúdo normativo precisa ser criado.¹⁹⁰ Um dos objetivos da presente investigação é dizer *se*, *como*, *por quem* e *quando* se poderá criar uma norma de conduta para o caso concreto nos casos em que uma sentença anterior já começou a fazê-lo, mas falhou (houve um *misfire*, na expressão de Austin).

Essas três situações estão representadas na figura abaixo. A interpretação *sensu largo* cobriria toda a extensão da imagem. A interpretação *sensu stricto*, aqui adotada, cobre apenas a área central.

isomorfia　　　　　**interpretação**　　　　　**criação**

É impossível traçar, em abstrato, uma linha de separação entre cada uma das situações.¹⁹¹ Justamente por isso são denominadas "situações", pois é na sua ocorrência concreta que se verificará se é ou não *necessário* o esforço interpretativo (interpretação/isomorfia) e se esse esforço é ou não *suficiente* para chegar a um resultado (interpretação/criação). Esse ponto é corretamente abordado por Wróblewski, quando afirma que ...

> (...) a situação de dúvida (situação de interpretação) e a de *claritas* (situação de isomorfia) dependem de atos concretos de comunicação e não podem ser consideradas *in abstracto*. O mesmo texto é claro ou duvidoso segundo os contextos concretos de seu uso. A claridade é, portanto, uma noção pragmática enlaçada com alguns traços semânticos da linguagem legal interpretada. Dá a impressão de que alguns dos argumentos dirigidos contra a interpretação *sensu stricto* estão conectados com a carência de uma concepção pragmática de

---

¹⁸⁷ Ver STONE, *Focusing the law*, p. 36.

¹⁸⁸ "O intérprete não tem outra função que a de desaparecer uma vez alcançada a compreensão." ("El intérprete no tiene otra función que la de desaparecer una vez alcanzada la comprensión.") – GADAMER, *Verdad y método II*, p. 338, tradução minha.

¹⁸⁹ A Seção anterior é dedicada a essa situação.

¹⁹⁰ Conforme Kelsen, o "processo judicial, em que é verificado o fato condicionante da sanção" não é "um processo de conhecimento jurídico mas um processo de produção jurídica" – KELSEN, *Teoria pura do direito*, p. 268. No original: "Obgleich das Gerichtsverfahren, in dem die die Sanktion bedingende Tatsache festgestellt wird, kein Rechtserkenntnis-, sondern ein Rechtserzeugungsverfahren ist ..." – KELSEN, *Reine Rechtslehre*, p. 247.

¹⁹¹ Ver RAZ, Joseph. *The authority of law*: essays on law and morality. Oxford: Oxford University Press, 1979, p. 208 e TWINING; MIERS, *How to do things with rules*, p. 158-159.

clareza e parecem expressar um postulado ligado à ideia de que todo texto legal deveria ser interpretado.[192]

É também a concepção pragmática que nos indica a existência da *situação de criação*, uma situação em que a interpretação do texto não é suficiente para indicar a solução que o caso concreto demanda. Já foi visto na seção anterior como um texto, mesmo que seja claro semanticamente, pode ser incompreensível pragmaticamente: tudo depende de ele ser ou não uma resposta à pergunta feita. Logo, sempre que ocorrer um hiato entre (a) a informação que a pergunta requer e (b) a resposta que o texto oferece, a resposta efetiva dependerá de criação (ou integração) e não de interpretação *sensu stricto*.

Uma distinção entre as situações em que a sentença é suscetível de interpretação (o que denomino *situação de interpretação*) e aquelas em que a sentença é insuscetível de esclarecimento por interpretação (o que denomino *situação de criação*) foi adequadamente descrita por Karl Larenz, na seguinte passagem:

> Não raras vezes surgem contradições ou lacunas na cadeia de fundamentação. Então há-de perguntar-se se existe, adentro dos limites do sentido literal possível e do contexto significativo, uma interpretação possível que elimine a contradição e supere as lacunas. Se é este o caso, e resulta deste modo um sentido racional, a sentença deve ser interpretada nessa conformidade. Pois que, em caso de dúvida, tem que se partir de que o tribunal, mesmo quando a fundamentação é deficiente, pensou consequentemente, intentou uma conexão de ideias sem lacunas. Se não for possível, por via da interpretação – adentro daqueles limites que foram indicados –, eliminar a contradição e complementar o passo intermédio que falta da conexão de ideias, esta constatação é já sinónimo de uma crítica da sentença.[193]

É preciso esclarecer como essa distinção (situação de criação/situação de interpretação) deve ser entendida (1º) quando se tratar de interpretação das *leis* e (2º) quando se tratar de interpretação da *sentença* judicial. A interpretação das leis e a das sentenças têm especial importância no *raciocínio jurídico judicial*, ou seja, quando se trata de resolver de forma fundamentada uma controvérsia judicial. Em ambos os casos, o "texto" a ser considerado não é apenas o do dispositivo legal aplicável ou o da sentença cujo cumprimento esteja sendo exigido. O "texto" a ser considerado é *todo o direito*.[194] Para tratar da interpretação jurídica em geral, seria necessário examinar aqui diversas concepções sobre o que seria *todo o direito*.

---

[192] WRÓBLEWSKI, *Constitución y teoría general de la interpretación jurídica*, p. 24-25, tradução minha. Texto da versão espanhola: "... la situación de duda (situación de interpretación) y la de claritas (situación de isomorfia) dependen de actos concretos de comunicación y no pueden ser consideradas in abstracto. El mismo texto es claro o dudoso según los contextos concretos de su uso. La claridad es, por tanto, una noción pragmática enlazada con algunos caracteres semánticos del lenguaje legal interpretado. Da la impresión de que algunos de los argumentos dirigidos contra interpretación sensu stricto están conectados con la carencia de una concepción pragmática de claridad y parecen expresar un postulado ligado a la idea de que todo texto legal debería ser interpretado".

[193] LARENZ, Karl. *Metodologia da ciência do direito*. Trad. José Lamego. 3. ed. Lisboa: Fundação Calouste Gulbenkian, 1997, p. 506-507.

[194] "Este é um velho critério (*insight*): ao aplicar uma norma, a totalidade de *todas* as normas jurídicas é aplicada." ("This is an old insight: by applying a norm the totality of *all* legal norms is applied.") – KAUFMANN, Arthur. Preliminary remarks on a legal logic and ontology of relations. In: NERHOT, Patrick (ed.). *Law, interpretation, and reality*. Dordrecht: Kluwer, 1990, p. 114, tradução minha, grifos no original.

Mas, como meu objeto de investigação é apenas a sentença judicial, creio que isso não será necessário. Quando se trata da sentença, embora também se deva ter presente "todo o direito", é o próprio direito que coloca a sentença em um outro nível normativo: o de norma concreta. Mas note-se que a norma concreta que nasce com a sentença não costuma conter as regras de sobredireito sobre a própria sentença, sobre a coisa julgada ou sobre os trâmites executivos. Resultado: essas normas devem ser buscadas *em todo o direito*, mas as normas concretas, referentes à relação jurídica de direito material, ou a alguns dos seus aspectos, não podem ser buscadas fora da sentença, pelo menos não com *autoridade* de coisa julgada.[195] Se elas não estiverem contidas na sentença, somente poderão vir a existir mediante criação.

Temos, portanto, que das três situações (isomorfia, interpretação e criação), duas delas (interpretação e criação) caem sob o conceito de *sentença obscura*. O fenômeno da sentença obscura requer, portanto, dois tratamentos distintos, conforme a situação seja de *interpretação da sentença* ou *criação de sentença*. Esses dois tratamentos serão examinados nas próximas seções.

O que deve restar claro, do exposto nesta seção, é que quando a situação é de criação, não se pode simplesmente supri-la por interpretação. Penso que, dessa forma, evitam dois erros comuns e igualmente perigosos: (a) o de pensar que todo texto é indeterminado e por isso deve ser interpretado; e (b) o de pensar que todo texto tem um sentido e por isso pode ser interpretado. Na prática judicial: não compete ao juiz da fase de cumprimento – e essa fase não apresenta o procedimento adequado para – criar comandos sentenciais onde eles não existam, por mais necessários que sejam. Aqui se poderia objetar que a interpretação sempre inclui uma parcela de criação. Enfrentarei essa objeção na próxima seção, referente ao procedimento na situação de interpretação.

---

[195] Ver, sobre os limites da interpretação de sentença, PONTES DE MIRANDA, *Comentários ao código de processo civil*, IX, p. 380-381; SANTANGELI, *L'interpretazione della sentenza civile*, p. 91-118; NASI, Antonio. Interpretazione della sentenza. In: *Enciclopedia del diritto*. [Milano]: Giuffrè, 1972, v. XXII, p. 293-309 e BETTI, Emilio. *Interpretazione della legge e degli atti giuridici*: teoria generale e dogmatica. Milano: Giuffrè, 1949, p. 118-122, 251-271.

2. Tratamento da sentença obscura

2.1. Procedimento na situação de interpretação

Sentenças há que, por maior que seja o esforço e a sagacidade do intérprete, não permitem que delas se extraia – na expressão da doutrina italiana – *"il senso precettivo"*.[196] Essas estão no que chamo de *situação de criação* e delas tratarei na próxima seção. Quanto às demais: ou podem ser aplicadas sem maiores dificuldades, ou precisam ser interpretadas para fins de aplicação. Tratarei destas últimas nesta seção.

A sentença que demanda interpretação pode ser terminativa (CPC, art. 267) ou definitiva (art. 269). A própria classificação em uma ou outra categoria pode depender de esforço interpretativo. É o que ocorre, por exemplo, quando o juiz diz extinguir o processo sem julgamento do mérito, mas o que faz na prática é julgar o mérito.[197] Quando a conclusão é de que a sentença é terminativa, não há muito mais a examinar, por isso continuarei concentrando a atenção sobre os problemas referentes à sentença definitiva.

Na seção anterior, busquei estabelecer o conceito de sentença em situação de interpretação. Na presente seção, procuro descrever o tratamento que deve ser dispensado à sentença judicial que se encontra nessa situação.

2.1.1. Competência para interpretar a sentença

A situação de interpretação, quando referida à sentença judicial transitada em julgado, constitui desafio às partes às quais a sentença é endereçada e ao juiz encarregado de fazer com que a sentença seja corretamente cumprida. Poderiam as partes, encontrando-se em dúvida sobre a forma correta de cumprir o julgado, recorrer ao órgão judicial *prolator do capítulo obscuro*, para que esclarecesse o

---

[196] *V.g.* SANTANGELI, *L'interpretazione della sentenza civile*, p. 154.
[197] Ver TESHEINER, José Maria Rosa. *Eficácia da sentença e coisa julgada no processo civil*. São Paulo: RT, 2001, p. 19-30; BARBOSA MOREIRA,, José Carlos. Correlação entre o pedido e a sentença. *Revista de Processo*, n. 83, p. 207-215, jul.-set. 1996, p. 210 e STF, RE 94.717/PR, Min. Cunha Peixoto, 1ª T., DJ 13-11-1981.

seu significado? Digamos que o ponto obscuro esteja em um acórdão do STJ. Poderiam as partes, após o trânsito em julgado, solicitar ao STJ que esclarecesse o exato alcance da decisão? A resposta para essas questões, quando referentes a uma decisão na *situação de interpretação*, é *negativa*.

Em todo processo são sempre discerníveis as atividades de *formação* da sentença e de *aplicação* da sentença (afirmativa válida também para as liminares e sua aplicação). Mesmo quando entrelaçados, em processos sincréticos, esses dois momentos são sempre identificáveis. Mesmo nos países onde o sistema judicial não permite que o processo passe por muitos órgãos judiciais diferentes, e até mesmo onde os processos são decididos em um único grau de jurisdição, ainda assim existe uma diferença conceitual entre proferir uma decisão e fazê-la ser cumprida.[198] O meu ponto aqui é este: encerrado o momento da formação da sentença, ela não pode mais ser revolvida; todo o trabalho subsequente consiste na sua interpretação (se necessário) e na sua aplicação. A sentença que transita em julgado, embora em situação de interpretação, é suficiente para pôr fim à fase de conhecimento. Transitada em julgado a sentença, ela deve ser cumprida voluntariamente ou compulsoriamente.

O cumprimento compulsório, no direito brasileiro, é conduzido por um juiz. O juiz competente é indicado pela lei (CPC, arts. 86, 475-P e 575).[199] As suas decisões, referentes ao cumprimento da sentença, estão sujeitas a toda uma nova cadeia recursal.

Voltando à questão formulada acima, é por isso que o STJ não pode, diretamente, realizar uma interpretação autêntica da sua decisão integrante da sentença.[200] Esse tribunal somente chegará a se pronunciar caso, na fase de cumprimento, chegar até ele um recurso das decisões proferidas nos graus de jurisdição inferiores. Diferente é o caso da sentença que, por ininteligibilidade do texto, ainda não seja juridicamente existente. Quanto a esta será necessário *criar* sentença, e não simplesmente interpretá-la (tema da Seção 2.2, adiante).

Cabe fundamentar melhor essas afirmativas. Poder-se-ia perguntar *com base em que* se afirma que o fim da fase cognitiva[201] impede que o juiz da fase cognitiva

---

[198] Claro que esta tese não possui a mesma importância e utilidade quando aplicada a processos em que um único juiz decide tudo e também impõe o cumprimento das suas decisões.

[199] A *reclamação* para garantia da autoridade das decisões do STF e STJ (CRFB/1988, arts. 102, I, *l* e 105, I, *f*) constitui uma exceção à exclusividade da competência do juiz da fase de cumprimento para interpretar uma decisão transitada em julgado. Ela tem lugar justamente quando o juiz da fase de cumprimento não observa a decisão superior. Cabe, então, ao próprio tribunal que proferiu a decisão final fazer com que o juiz da fase de cumprimento a observe. Nesse procedimento, pode ser necessário que o tribunal superior interprete a sua decisão anterior.

[200] Exceto na obscuridade decorrente de *erro material*, nas situações examinadas na Seção 2.3.

[201] Entendo que a redação atual do CPC permite, inclusive, que algumas partes do mérito sejam decididas em momento anterior a outras, mas essa discussão não é relevante aqui. Sobre o tema, ver DINAMARCO, Cândido Rangel. Capítulos de Sentença. 2. ed. São Paulo: Malheiros, 2006, p. 118-120; SICA, Heitor Vitor Mendonça. Algumas implicações do novo conceito de sentença no processo civil, de acordo com a lei n. 11.232/2005. In: CARMONA, Carlos Alberto (coord.). *Reflexões sobre a reforma do Código de Processo Civil*. São Paulo: Atlas, 2007, p. 186-209; TESHEINER, José Maria Rosa et al. *Nova sistemática processual civil*. Caxias do Sul:

interprete a sentença.[202] Se alguém deve interpretar autoritativamente a sentença, que diferença faz que seja um juiz ou outro juiz? O direito positivo brasileiro não estabelece, de forma explícita, que seja o juiz da fase de cumprimento da sentença o responsável pela sua interpretação.[203] O CPC diz que lhe compete verificar a *certeza* da obrigação. Ausente o requisito da *certeza*, o juiz não dará prosseguimento ao cumprimento da sentença (CPC, arts. 580, 586 e 618, I). Isso confirma a classificação defendida na presente tese, de que uma tal sentença estaria, ainda, em *situação de criação*. Mas caso o juiz entenda presente o requisito da certeza (bem como os demais requisitos), dará prosseguimento ao cumprimento da sentença.[204] Contudo, mesmo que o juiz tenha concluído pela certeza da sentença, isso não impede que as partes discordem quanto ao conteúdo sentencial. A divergência levará, normalmente, a impugnações ou embargos à execução (a possibilidade de uma *ação autônoma com pedido de interpretação* será examinada na Seção 2.5). Temos aqui uma sentença em *situação de interpretação*. O CPC atribui ao juiz da fase de cumprimento competência para decidir as impugnações ou os embargos à execução (arts. 475-L e 741). Essa decisão consiste, em um grande número de casos, em interpretação da sentença, para solucionar uma controvérsia em torno do seu significado. Os artigos referentes à fase de cumprimento da sentença (art. 475-B, verificação de cálculo, arts. 475-C a 475-H, liquidação de sentença,

---

Plenum, 2006, p. 39-46; MITIDIERO, *Processo civil e estado constitucional*, p. 53; CALMON DE PASSOS, José Joaquim. Capítulo XIX – A lei n. 11.232, de 22 de dezembro de 2005. Questionamentos e perplexidades (a montanha que pariu um rato). In: TESHEINER, José Maria *et alii* (orgs.). *Instrumentos de coerção e outros temas de direito processual civil*. Rio de Janeiro: Forense, 2007, p. 100ss e PORTO, *Comentário ao código de processo civil*, p. 204ss.

[202] Não me refiro, aqui, a um impedimento à *pessoa* do juiz, mas à sua atuação na qualidade de juiz da fase cognitiva.

[203] No CPC italiano a situação é similar. No Projeto Liebman era diferente: havia reconhecimento explícito, ao "juiz da execução ... do poder de resolver ... a dificuldade ... relativa à individuação das partes legítimas ou do bem objeto da execução, à interpretação do título executivo e, em geral, à modalidade da execução." ("... giudice dell'esecuzione ... del potere di risolvere ... le difficoltà ... relative alla individuazione delle parti legittimate o dei beni oggetto dell'esecuzione, all'interpretazione del titolo esecutivo e, in genere, alle modalità dell'esecuzione.") – n. 17 do Projeto, citado por SANTANGELI, *L'interpretazione della sentenza civile*, p. 324, tradução minha. Por outro lado, diversas cortes internacionais admitem que o próprio tribunal prolator da decisão a interprete. Por exemplo: (a) Corte Interamericana de Direitos Humanos: "Art. 67. A sentença da Corte será definitiva e *inapelável*. Em caso de *divergência sobre o sentido ou alcance* da sentença, *a Corte interpretá-la-á*, a pedido de qualquer das partes, desde que o pedido seja apresentado dentro de noventa dias a partir da data da notificação da sentença." (*Convenção Americana de Direitos Humanos*, grifos meus); (b) Corte Internacional de Justiça: "Art. 98. 1. No caso de disputa sobre o significado ou o alcance de uma decisão, *qualquer parte pode propor uma demanda para sua interpretação*, quer o procedimento original tenha sido iniciado através de um requerimento ou através de uma notificação de um acordo especial." ("In the event of dispute as to the meaning or scope of a judgment *any party may make a request for its interpretation*, whether the original proceedings were begun by an application or by the notification of a special agreement.") – *Rules of Court*, tradução minha, grifos meus; (c) Tribunal de Justiça da Comunidade Europeia: "Artigo 43. Em caso de dúvida sobre o sentido e o alcance de um acórdão, cabe ao Tribunal interpretá-lo, a pedido de uma parte ou de uma Instituição das Comunidades que nisso demonstre interesse." (*Estatuto do Tribunal de Justiça*, anexo ao Tratado da União Europeia).

[204] Na redação atual do CPC brasileiro, o *cumprimento de sentença* é gênero que abrange: (a) o cumprimento voluntário não judicializado; (b) a efetivação da tutela específica na forma dos arts. 461 e 461-A; (c) a execução direta na forma dos arts. 475-I a 475-R; e (d) a execução *ex intervallo*, esta somente contra a Fazenda Pública (art. 730).

art. 475-L, julgamento de impugnações, art. 475-P e 575, processamento, art. 741, julgamento de embargos à execução) conferem, implicitamente, ao juiz da fase de cumprimento o poder e o dever de interpretar a sentença.[205]

Com exceção dos casos de obscuridade decorrente de erro material, o art. 463 do CPC impede que a sentença em *situação de interpretação* possa, após o trânsito em julgado, ser esclarecida pelo juiz que a proferiu.[206] E são os diversos artigos referentes à fase de cumprimento que autorizam, em idêntica situação, que o juiz dessa fase esclareça o sentido da sentença. O direito confere a um segundo juiz a competência para interpretar a sentença e impede que o mesmo juiz que a proferiu possa, em momento posterior ao dos embargos de declaração, esclarecer-lhe o significado.[207] Conforme Taruffo, isso ocorre porque, uma vez produzida a sentença, ela se objetiva no texto e se despersonifica, de modo a não poder ser modificada ou integrada pelo seu autor.[208] Seguindo o raciocínio de Taruffo, poderíamos dizer que, uma vez dada a sentença, *já não importa mais quem foi o seu autor* (um determinado juiz): ela agora é *simplesmente uma sentença do Judiciário*. Sendo assim, desnecessário e inviável qualquer forma de reenvio ao juiz prolator da sentença, para esclarecimento.

2.1.2. Como interpretar a sentença (limites processuais)

Não está entre os objetivos deste estudo tratar dos *métodos* de interpretação.[209] O objeto deste estudo é processual, e não hermenêutico. Mas sempre há pontos de cruzamento. Um deles refere-se aos limites da atuação do intérprete de um objeto tão singular como é a sentença judicial transitada em julgado. Duas são as fronteiras que delimitam a atividade do intérprete: o objeto e o resultado. O *objeto* (a sentença) precisa ser *interpretável*, ou seja, compreensível. O objeto da interpretação "são textos com sentido".[210] O *resultado* da interpretação deve buscar o *sentido* do que foi decidido na sentença interpretável. Não basta o respeito ao limite negativo representado pela extensão máxima dos termos do *texto*, pois isso ainda permitiria usá-lo "como se fosse uma bola de cristal com a qual

---

[205] A jurisprudência dos tribunais brasileiros é pacífica nesse sentido. A título exemplificativo, conferir os seguintes precedentes: STJ, REsp 344.838/MG, Ministro Castro Filho, 3ª T., DJ 19-5-2003 e REsp 13.746/PR, Relator para o acórdão Min. Waldemar Zveiter, 3ª T., DJ 13-4-1992.

[206] Novamente registro que não me refiro, aqui, a um impedimento à pessoa do juiz, mas apenas à sua atuação na qualidade, na função, de prolator da sentença.

[207] Ver SANTANGELI, *L'interpretazione della sentenza civile*, p. 438.

[208] Ver TARUFFO, *La motivazione della sentenza civile*, p. 32-34.

[209] Para esse fim, em relação especificamente à interpretação de sentença, ver: PONTES DE MIRANDA, *Comentários ao código de processo civil*, IX, p. 380-381; SANTANGELI, *L'interpretazione della sentenza civile*, p. 91-118; NASI, Antonio. Interpretazione della sentenza. In: *Enciclopedia del diritto*. [Milano]: Giuffrè, 1972, v. XXII, p. 293-309 e BETTI, Emilio. *Interpretazione della legge e degli atti giuridici*: teoria generale e dogmatica. Milano: Giuffrè, 1949, p. 118-122, 251-271.

[210] GADAMER, *Verdade e método I*, p. 355.

podemos ver qualquer coisa que queremos".[211] A mera exploração dos limites do *texto* deixaria de ser interpretação para ser alguma outra coisa,[212] e conforme o caso, violaria a *coisa julgada* e o *devido processo legal*. Tentarei definir de modo mais preciso essas duas linhas que traçam os limites da atividade de interpretar a sentença judicial transitada em julgado.

Considerações sobre o objeto interpretável. A sentença não é interpretável quando seu texto não indica, com razoável segurança, a solução para os pedidos formulados na fase de conhecimento. Já discorri sobre esses casos na Seção 1.2, e a solução para eles é proposta na Seção 2.2, adiante. O intérprete da *sentença* judicial ininteligível não tem a mesma liberdade do intérprete diante de uma *lei* ininteligível. No caso da lei, se o legislador não conseguiu expressar-se, não é por isso que o juiz deixará de decidir o caso concreto, à luz do ordenamento existente e, até mesmo, criando soluções para os casos não previstos.[213] No caso da sentença, o pedido que recebe uma sentença ininteligível permanece irresoluto (CPC, art. 468: "A sentença, que julgar total ou parcialmente a lide, tem força de lei nos limites da lide e das *questões decididas*"), logo, as partes permanecem com direito a uma sentença.[214]

Não restam dúvidas sobre a possibilidade fática de que sentenças incompreensíveis existam (o mesmo aplica-se analiticamente para qualquer *capítulo* da

---

[211] TRIBE; DORF, *Hermenêutica constitucional*, p. 17.

[212] Como, por exemplo, a *adaptação*, a *releitura* ou a *paródia*. Sobre atividades "superinterpretativas", assemelhadas à interpretação, mas que com ela não se confundem, ver ECO, Umberto *et alii*. *Interpretation and overinterpretation*: interpretation terminable and interminable. Cambridge: University Press, 1992. Confira-se esta interessante ilustração trazida pelo autor, com grifos meus: "Alguém pode levar isso ao seu limite e afirmar que há uma relação entre o advérbio 'while (enquanto)' e o substantivo 'crocodile (crocodilo)' porque – ao menos – ambos aparecem na sentença que acabei de proferir. Mas *a diferença entre a interpretação sadia e a interpretação paranoica* está em reconhecer que essa relação é mínima, *e não, ao contrário, em deduzir desse relacionamento mínimo o máximo possível*." ("One may push this to its limits and state that there is a relationship between the adverb 'while' and the noun 'crocodile' because – at least – they both appeared in the sentence that I have just uttered. But *the difference between sane interpretation and paranoiac interpretation* lies in recognizing that this relationship is minimal, *and not, on the contrary, deducing from this minimal relationship the maximum possible*.") – ECO, *Interpretation and overinterpretation*, p. 48, tradução e grifos meus.

[213] Mesmo em relação à aplicação *da lei*, há quem discorde que os juízes tenham esse poder. Ver VERMEULE, Adrian. *Judging under uncertainty*: an institutional theory of legal interpretation. Cambridge, Mass.: Harvard, 2006, p. 54-55 e 183-184 (estudo com foco na *common law*).

[214] O direito a uma sentença não é posto em dúvida no direito brasileiro. Alvaro de Oliveira o descreve com precisão: "A situação subjetiva garantida nos diversos incisos do art. 5º da Constituição brasileira traduz-se, portanto, no *poder de exigir do órgão judicial* o desenvolvimento completo de suas atividades, tanto instrutórias, necessárias para a cognição da demanda judicial, quanto decisórias, com *emissão de um pronunciamento processual ou de mérito sobre o objeto da pretensão processual*." – ALVARO DE OLIVEIRA, *Teoria e prática da tutela jurisdicional*, p. 84, grifos meus. Nesse sentido, são corretamente mencionados os incisos XXXV, XXXVII, LIII, LIV, LV e LVI do art. 5º da Constituição brasileira. Mas cabe anotar que o direito português é mais explícito do que o brasileiro quanto ao direito a uma sentença que decida sobre os pedidos formulados. Diz o CPC português, em seu art. 2º, § 1º: "A protecção jurídica através dos tribunais implica o *direito de obter*, em prazo razoável, *uma decisão judicial que aprecie, com força de caso julgado, a pretensão* regularmente deduzida em juízo, bem como a possibilidade a fazer executar." (grifos meus). Ver também SANTOS, *Sobre el derecho a la tutela jurisdiccional*, p. 20-25.

sentença).²¹⁵ As divergências, na doutrina e na jurisprudência, limitam-se à questão do seu enquadramento jurídico.

Entendo que decisões dessa espécie estão fora do campo de atividade do intérprete. Mas antes de sabê-lo, o intérprete terá de *tentar* interpretar o texto. Alguns autores chamariam de *interpretação* também essa tentativa. O importante, nesse ponto, não é se a atividade de tentar interpretar também se insere no conceito de interpretação: o que é preciso salientar é que, diante da impossibilidade de essa atividade (seja qual for o seu nome) chegar a um resultado honesto e razoável, o juiz não deve *inventar* um resultado. Ele deve reconhecer a deficiência do texto e abster-se de adivinhações. O juiz não é um *altosacerdote*, com poderes sobrenaturais que lhe permitam ver significados que estão ocultos aos demais mortais,²¹⁶ ²¹⁷ em *sentenças com defeitos cruciais de redação*.

Considerações sobre o resultado da interpretação. Um dos pilares do direito processual é que a coisa julgada é imutável. Por outro lado, constitui lugar-comum na hermenêutica jurídica, e na própria teoria do direito, dizer que as normas sofrem *mudanças* à medida que são *interpretadas*.²¹⁸ Os dois postulados parecem ser inconciliáveis. Teremos de decidir qual dos dois é falso ou, se nenhum deles for, explicar como eles podem coexistir.

O segundo postulado dirige-se especialmente à interpretação da *constituição*, das *leis* e dos *precedentes*, estes últimos especialmente nos sistemas de *common law*, mas não apenas ali.²¹⁹ A interpretação dessas fontes costuma estar associada,²²⁰ e algumas vezes até equiparada,²²¹ à *argumentação jurídica*. Não é minha intenção me aprofundar em questões referentes à interpretação jurídica em geral, pois aqui trato de um ato jurídico específico: a sentença judicial. Nada obstante,

---

[215] "Conceituam-se [os capítulos de sentença] como *as partes em que ideologicamente se decompõe o decisório de uma sentença ou acórdão, cada uma delas contendo o julgamento de uma pretensão distinta.*" – DINAMARCO, Cândido Rangel. *Instituições de direito processual civil*, v. III. São Paulo: Malheiros, 2001, p. 663, grifos do autor. Ver também: BARBOSA MOREIRA, *Comentários ao código de processo civil*, p. 355; CRUZ E TUCCI, José Rogério. *Lineamentos da nova reforma do CPC*. São Paulo: RT, 2002, p. 51 e DINAMARCO, Cândido Rangel. *Capítulos de sentença*. 2. ed. São Paulo: Malheiros, 2006, p. 41-46

[216] Devo essa comparação do juiz com um *high-priest* a LLOYD, Dennis; FREEMAN, Michael D. A. *Introduction to jurisprudence*. 6ᵗʰ edn. London: Sweet & Maxwell, 1994, p. 1255ss.

[217] A Suprema Corte das Filipinas afastou, em 2006, um juiz, integrante da Corte, que confessou que decidia com base em *consulta a duendes*. Os advogados estavam reclamando do grande número de *decisões absurdas*. Ver: FILIPINO 'dwarf' judge loses case. *BBC News*, 18 ago. 2006.

[218] Especialmente para o Realismo Norte-Americano e os *Critical Legal Studies*. Exemplo do entendimento dessas escolas: "... a própria regra está sempre no processo de reinterpretação quando é aplicada. É a interpretação que nos dá a regra, não o contrário." ("... the rule itself is always in the process of reinterpretation as it is applied. It is interpretation that gives us the rule, not the other way around.") – Drucilla Cornell cit. por STONE, *Focusing the law*, p. 41, tradução minha.

[219] Ver DICKSON, Julie. Interpretation and coherence in legal reasoning. *The Stanford Encyclopedia of Philosophy* (Fall 2008 Edition), Edward N. Zalta (ed.). Disponível em: <http://plato.stanford.edu/archives/fall2008/entries/legal-reas-interpret/>. Acesso em: 15 jun. 2008, 2.1.

[220] Ver MACCORMICK, Neil. *Legal reasoning and legal theory*. New York: Oxford, 1994, p. 195; MARMOR, *Law and interpretation*, 1-154 e ALEXY, *Teoría de la argumentación jurídica*, p. 225.

[221] Ver DWORKIN, Ronald. Law as interpretation. *Texas Law Review*, 60, p. 540-549, 1982.

algumas palavras devem ser ditas sobre esse tema, a fim de revelar os pressupostos do segundo postulado. O primeiro aspecto a se ressaltar é que, quando se equipara a interpretação à totalidade da argumentação jurídica, se está empregando o termo em um sentido muito amplo. Dessa forma, o termo *interpretação* oculta, ou abrange, uma série de outras atividades de natureza diversa da interpretação *sensu stricto*. Se, por exemplo, em um caso concreto, o juiz precisa recorrer à moral para decidir a controvérsia, e se isso for também chamado de *interpretação* do direito, é evidente que o leque de peculiaridades que cada caso comporta pode levar à crença de que a norma muda a cada decisão (ou a cada interpretação, conforme diriam os que fazem a mencionada equiparação). Esse aspecto foi sublinhado por Alf Ross:

> A despeito de ser a tarefa de administrar justiça muito mais ampla do que a de interpretar a lei, no autêntico sentido desta expressão, é, não obstante, comum usar a palavra interpretação para designar a atividade integral do juiz que o conduz à decisão, inclusive sua atividade crítica, inspirada por sua concepção dos valores jurídicos, que emerge a partir de atitudes que transcendem o mero respeito pelo texto da lei. Este uso lingüístico responde ao desejo de *ocultar a função criadora* do juiz, preservando a aparência de que ele não passa de um porta-voz da lei. O juiz não admite abertamente, portanto, que deixa o texto da lei de lado. Graças a uma técnica de argumentação que foi desenvolvida como ingrediente tradicional da administração da justiça, o juiz aparenta que por meio de várias conclusões, sua decisão pode ser deduzida da verdadeira interpretação da lei.[222]

No contexto da argumentação jurídica, há autores que dão à interpretação um papel maior ou menor. Para Dworkin, a decisão judicial sempre decorre de interpretação, pois não haveria lacunas no direito, uma vez que quando o juiz recorre à moral ou à política para uma decisão jurídica, estaria, ainda assim, raciocinando sobre o direito.[223] Outros, como Kelsen, Hart e Raz consideram que nem tudo pertence ao domínio jurídico e quando a decisão de um caso judicial depende do recurso a elementos que não são jurídicos, o juiz está criando, ou preenchendo uma lacuna, de uma forma permitida pelo direito (naqueles sistemas em que o juiz não pode deixar de decidir).[224]

O que ocorre na prática pode ser descrito, de modo esquemático, mais ou menos assim: o juiz percebe que os novos tempos requerem novas normas, mas o legislador não as providenciou; logo, o juiz entende que terá de dar às normas existentes uma *interpretação* que as torne adequadas para os novos tempos. O que não se percebe, ou se evita dizer, é que muitas vezes a norma nova já não tem quase mais nada da norma original: foi construída – legitimamente ou não – de retalhos das mais diversas áreas do conhecimento humano, e costurada com

---

[222] ROSS, *Direito e justiça*, p. 169, grifo meu.

[223] Ver DWORKIN, Ronald. *Taking rights seriously*. Cambridge, Mass.: Harvard University Press, 1977, p. 31-39 e 68-71; DWORKIN, Ronald. *Law's empire*. Cambridge, Mass.: Belknap, 1986, p. 255 e DWORKIN, Law as interpretation, p. 527.

[224] Nesse sentido: KELSEN, *Reine Rechtslehre*, p. 250; HART, *The concept of law*, p. 124 e RAZ, *The authority of law*, p. 53-77.

os valores do juiz. *Interpretar*, em um sentido usual, não é alterar, mas apenas *descobrir o sentido e expô-lo em termos mais claros*. A interpretação de uma regra não deve levar à inversão do seu sentido. Infelizmente o conceito de interpretação vem recebendo um tratamento tão elástico que sob ele são postos fenômenos das mais diversas espécies. A questão não é meramente terminológica. Há coisas que se pode fazer com uma sentença e outras não, não importando os nomes que se dê a elas.

Na maioria das vezes, o que se chama de "alteração da norma em razão de nova interpretação" não passa de: (1) criação de uma norma individual para um caso *não contemplado* pela norma genérica, com invocação da norma genérica como fundamento[225] (refiro-me à integração de lacunas) e aquisição de generali-

---

[225] Cabe lembrar que o conceito de *construction*, básico para a teoria jurídica anglo-americana, abrange (dentre outras coisas) a *integração de lacunas*, o que é algo mais do que simples *interpretação*. Também em sistemas de *civil law* acontece de autores falarem em *interpretação criativa* quando se referem à *integração de lacunas*. Ver, por exemplo, CANARIS, Claus-Wilhelm. *Pensamento sistemático e conceito de sistema na ciência do direito*. 2. ed. Trad. A. Menezes Cordeiro. Lisboa: Fundação Calouste Gulbenkian, 1996, p. 207-216. Reconheço que muitas vezes esses conceitos são tratados como sinônimos, mas é possível também um emprego mais preciso, que leve em conta os tipos de atos que são praticados sob cada denominação, em cada sistema jurídico. Para uma abordagem dessas questões, ver especialmente WHITTINGTON, Keith. *Constitutional construction*: divided powers and constitutional meaning. Cambridge, Mass.: Harvard University Press, 1999. Na integração de lacunas, o juiz exerce poder criativo, conforme lição de Carbonnier, lembrada por Nerhot: "O problema geral – que pode reconciliar nossas duas visões – consiste em fazer o princípio da separação dos poderes como tradicionalmente definido por mais de um século na doutrina francesa e o princípio do poder criativo do juiz compatíveis com base em uma concepção do direito como algo sistêmico, mesmo que apresentando lacunas. É dessa forma que devemos entender o que J. Carbonnier diz, sob o título 'analogia ou extensão analógica', no sentido de que este é um processo que é 'mais do que uma interpretação' (e portanto uma explícita referência a um possível poder criativo do juiz), pois o ponto é 'estender o direito a áreas ou casos a respeito dos quais ele não tenha disposto' (a referência explícita aqui é à teoria do direito como um sistema com lacunas). Graças às referências bibliográficas fornecidas por ele, e às anotações que as acompanham, podemos deduzir a natureza desse poder criativo. Ele requer que se mantenha intacta a ideia da separação dos poderes e portanto da legislatura como única competente para realmente criar direito. A analogia é, diz Carbonnier, um meio 'que os intérpretes usam para estender o direito por imitação: do caso disciplinado pelo texto, a solução é estendida ao caso que não está disciplinado mas é similar. A analogia, é geralmente analisada como um mecanismo rigorosamente lógico.' Essa criação é uma 'imitação' do que o legislador pensou e intencionou; portanto ela é, se não completamente passiva, ao menos sujeita ao poder legislativo (imitação do caso 'similar')." ("The general problem – which can reconcile our two views – consists in making the principle of separation of powers as traditionally defined for over a century in French doctrine and the principle of the judge's creative power compatible on the basis of a conception of the law as systemic, even though having *lacunae*. This is how we must understand what J. Carbonnier says, under the title 'analogy or analogical extension', to the effect that this is a process that is 'more than an interpretation' (and accordingly an explicit reference to a possible creative power of the judge), because the point is to 'extend the law to areas or cases that it has not provided for' (the explicit reference here being to the theory of law a system with *lacunae*). Thanks to the bibliographical references provided by him, and to the accompanying annotations, we can deduce the nature of this creative power. It claims to maintain intact the idea of the separation of powers and accordingly the legislature as solely competent to really create law. Analogy is, Carbonnier says, a means 'that interpreters use to extend the law by imitation: from the case provided for by the text, the solution is extended to a case that is not provided for but is similar. Analogy is generally analysed as a rigorously logical mechanism'. This creation is an 'imitation' of what the legislator has thought and intended; accordingly it is, if not completely passive, at least subject to the legislative power (imitation of the 'similar' case).") – NERHOT, Patrick. *Law, writing, meaning: an essay in legal hermeneutics*. Transl. Ian Fraser. Edinburgh: Edinburgh University Press, 1992, p. 9, tradução minha. Pontes de Miranda fala em *aplicação* do direito que se revela no momento: "Não há só aplicação do direito preexistente. Aplica-se, também, o direito que se revela no momento" – PONTES DE MIRANDA, *Comentários ao código de processo civil*, I, p. XXVIII. Entendimento similar pode ser en-

dade por força do precedente, se ele for suficiente para tanto;[226] (2) alteração legislativa indireta da norma: outros dispositivos mudaram, trazendo consequências inclusive para dispositivos que não sofreram alteração textual;[227] (3) identificação de novos casos que se inserem nos termos propositalmente vagos utilizados pelo legislador,[228] percepção de mudanças no mundo em que a norma precisa ser aplicada.[229]

Note-se que essas teorias sempre se referem à interpretação *para chegar a uma sentença* de mérito, ou seja, a interpretação que integra o raciocínio jurídico que dará a solução para o caso concreto. Na fase de conhecimento, o mesmo juiz deve, legitimamente, interpretar *e também criar*, pois não pode deixar de decidir. Embora se possa discutir se o fenômeno é realmente de criação (como faz Dworkin), o certo é que não há maiores problemas em que o juiz da fase de conhecimento crie um conteúdo normativo direcionado à solução do caso concreto. Essa possibilidade é expressa no direito brasileiro. Assim dispõe o CPC, art. 126: "O juiz não se exime de sentenciar ou despachar alegando lacuna ou obscuridade da lei. No julgamento da lide caber-lhe-á aplicar as normas legais; não as havendo, recorrerá à analogia, aos costumes e aos princípios gerais de direito". E também a LICC, art. 4º: "Quando a lei for omissa, o juiz decidirá o caso de acordo com a analogia, os costumes e os princípios gerais de direito." Assim também ocorre em diversos outros países. Na França, por exemplo, desde o Código Napoleão vigora o seguinte dispositivo: "Art. 4º O juiz que se recusar julgar a pretexto do silêncio, da obscuridade ou da insuficiência da lei poderá ser processado como

---

contrado em ALCHOURRÓN; BULYGIN, *Introducción a la metodología de las ciencias jurídicas y sociales*, p. 217-222. No presente estudo, reservo o termo "aplicação" para os casos de normas preexistentes.

[226] Para uma classificação dos precedentes quanto à sua aptidão para produzir normas genéricas, ver KEMMERICH, Clóvis Juarez. Alteração jurisprudencial para o futuro no direito brasileiro. *Segmentos*. Faculdade de Teixeira de Freitas. Ano 1, n. 1, p. 5-14, dez. 2007.

[227] Ver ENGISCH, Karl. *Die Einheit der Rechtsordnung*. Heidelberg: C. Winter, 1935, p. 26.

[228] Conforme Herbert Hart, "a textura aberta do direito significa que *há, na verdade, áreas de conduta em que muitas coisas devem ser deixadas para serem desenvolvidas pelos tribunais ou pelos funcionários*, os quais determinam o equilíbrio, à luz das circunstâncias, entre interesses conflituantes que variam em peso, de caso para caso. ... Aqui, na franja das regras e no campo deixado em aberto pela teoria dos precedentes, *os tribunais preenchem uma função criadora de regras* que os organismos administrativos executam de forma centralizada na elaboração de padrões variáveis. ... Em qualquer sistema jurídico, deixa-se em aberto um vasto e importante domínio para o exercício do poder discricionário pelos tribunais e por outros funcionários, ao tornarem precisos padrões que eram inicialmente vagos, ao resolverem as incertezas das leis ou ao desenvolverem e qualificarem as regras comunicadas, apenas de forma imperfeita, pelos precedentes dotados de autoridade." – HART, Herbert L. A. *O conceito de direito*. Trad. A. Ribeiro Mendes. 2. ed. Lisboa: Fundação Calouste Gulbenkian, 1996, p. 148-149, grifos meus. Texto original: "The open texture of law means that *there are, indeed, areas of conduct where much must be left to be developed by courts or officials* striking a balance, in the light of circumstances, between competing interests which vary in weight from case to case. ... Here at the margin of rules and in the fields left open by the theory of precedents, *the courts perform a rule-producing function* which administrative bodies perform centrally in the elaboration of variable standards. ... In every legal system a large and important field is left open for the exercise of discretion by courts and other officials in rendering initially vague standards determinate, in resolving the uncertainties of statutes, or in developing and qualifying rules only broadly communicated by authoritative precedents" – HART, *The concept of law*, p. 135-136, grifos meus.

[229] Ver ENGISCH, *Introdução ao pensamento jurídico*, p. 287.

culpado por denegação de justiça".[230] E na Suíça vigora uma norma que determina que, na ausência de disposição legal ou costumeira, o juiz decida *como se ele fosse o legislador*.[231]

A necessidade de que o juiz decida os mais diversos casos que possam surgir, aliada a um emprego do termo interpretação em *sensu largissimo*, como o verdadeiro *método das ciências do espírito*, induz ao erro de se pensar que também na condução do cumprimento da sentença é dado ao juiz fazer aquilo que ele faz quando da prolação da sentença. O erro ocorre por não se perceber que o juiz que *prolata a sentença* está investido em (pelo menos) *três funções* diferentes, em relação ao ordenamento jurídico: aplicar, interpretar e *criar*, se necessário.[232] Essas três funções correspondem basicamente às situações de isomorfia, interpretação e criação, já descritas na Subseção 1.3.2. Mas o juiz que *aplica a sentença* transitada em julgado está investido em apenas *duas* dessas funções: a de aplicar (os comandos da sentença) e a de interpretar os comando da sentença, caso necessário. Não lhe cabe *criar* comandos *para* a sentença. Em relação à interpretação da *sentença* judicial transitada em julgado, não vigora uma regra como a do art. 4º da LICC, mas sim, as do respeito à coisa julgada (CRFB/1988, art. 5º, XXXVI e CPC, art. 467) e da necessidade do devido processo legal para criação de novos conteúdos protegidos pela coisa julgada (CRFB/1988, art. 5º, LIV).

Mesmo que não se fale de *objetividade* da interpretação, é preciso reconhecer que há limites. Há coisas que não podem ser feitas a título de interpretação. "Se tudo se mostra hermeneuticamente possível", alerta Alexandre Pasqualini,

> (...) então, *a fortiori*, raciocinar ou dialogar se tornou uma bizarra aventura, onde as palavras vagueiam no eterno labirinto das leituras erráticas. Não havendo nem o reflexo temporalizado do fio de Ariadne, o intérprete se moveria de um sem-sentido para outro, como se fora a mosca wittgensteiniana condenada, no *medium* da linguagem, a jamais descobrir a saída da garrafa sem quebrá-la. As pessoas falam ou escrevem, porém o sentido do que escrevem ou falam dependeria tão-somente do arbítrio voluntarista dos leitores. Mas quando tudo significa tudo, nada significa nada.[233]

---

[230] Código Civil francês, art. 4º, tradução minha. Texto original: "Le juge qui refusera de juger, sous prétexte du silence, de l'obscurité ou de l'insuffisance de la loi, pourra être poursuivi comme coupable de déni de justice."

[231] Ver ZGB, art. 1º.

[232] "... o tribunal recebe poder ou competência para produzir, para o caso que tem perante si, uma norma jurídica individual cujo conteúdo não é de nenhum modo predeterminado por uma norma geral de direito material criada por via legislativa ou consuetudinária. Neste caso, o tribunal não aplica uma tal norma geral, mas a norma jurídica que confere ao tribunal poder para esta criação *ex novo* de direito material." – KELSEN, *Teoria pura do direito*, p. 271. Texto original: "... das Gericht ermächtigt ist, für den ihm vorliegenden Fall eine individuelle Rechtsnorm zu erzeugen, deren Inhalt in keiner Weise durch eine im Wege der Gesetzgebung oder Gewohnheit erzeugte generelle Norm materiellen Rechts vorausbestimmt ist. In diesem Falle wendet das Gericht keine solche Rechtsnorm an, sondern das Gericht zu dieser Neuschaffung materiellen Rechts ermächtigende Rechtsnorm an." – KELSEN, *Reine Rechtslehre*, p. 249.

[233] PASQUALINI, Alexandre. *Hermenêutica e sistema jurídico*: uma introdução à interpretação sistemática do direito. Porto Alegre: Livraria do Advogado, 1999, p. 40.

Mesmo quando se trata de interpretar a Constituição, composta de normas abstratas e gerais e vigente por longos períodos, é preciso reconhecer que há limites. Caso o art. 44 da CRFB/1988, "O Poder Legislativo é exercido pelo Congresso Nacional ...", viesse a ser interpretado como "todas as leis devem ser emitidas pelo Presidente da República ou pelo Supremo Tribunal Federal, cabendo ao Congresso apenas a sua regulamentação", não se poderia dizer que isso ainda seria uma "interpretação". Caso a interpretação não respeite limites, a constituição torna-se algo inútil, e, no dizer da Raz, "pode ser lida para significar o mesmo que Hamlet de Shakespeare".[234] O mesmo pode-se dizer da interpretação da sentença judicial.

A interpretação (*sensu stricto*) não pode chegar ao ponto de inserir na sentença elementos que requerem *criação*, pois o procedimento de cumprimento não é adequado para a criação de decisão de mérito. Se a sentença julgou de modo incompreensível o pedido Q, não cabe na fase de cumprimento decidir que o pedido Q é procedente ou improcedente, pois isso configuraria *usurpação* do poder de toda a cadeia de órgãos jurisdicionais que funcionam na fase de conhecimento e cuja atribuição de julgar ainda não se cumpriu, conforme veremos na próxima seção. A vedação não vem apenas da inalterabilidade da sentença transitada em julgado, mas também da necessidade de que se obedeça ao *devido processo legal* para proferir uma decisão definitiva de mérito.

Na fase de cumprimento, o juiz pode e deve, em caso de dúvida (impugnação, embargos etc.) deixar claro como os pedidos foram decididos na fase de conhecimento, desde que a sentença contenha realmente decisão sobre os pedidos. Isso não é alterar a sentença, pois o seu significado é mantido. Mas, faticamente, o juiz J poderia interpretar a sentença no sentido s, enquanto o juiz K a interpretaria no sentido t. Estaria um deles, necessariamente, *alterando* a coisa julgada? É preciso distinguir. Há casos em que as interpretações rivais (s e t) são igualmente dignas de aceitação, e há casos em que não são. Nos primeiros, é preciso verificar se s e t são contraditórios e relevantes. Se for assim, de acordo com a tese que defendo, essa sentença não está em *situação de interpretação*, mas sim, em *situação de criação*.[235] Nos casos em que as interpretações s e t não são igualmente dignas de aceitação, a sentença está na situação de interpretação: o juiz da fase de cumprimento, observado o contraditório, deve decidir sobre a melhor interpretação e justificar racionalmente a sua decisão. Seja qual for a decisão (a interpretação), ela poderá ser posta sob o crivo dos graus de jurisdição superiores, até que estes sejam esgotados. Dessa forma, no interior do sistema processual civil, o significado da sentença não foi alterado. Em outras palavras, a coisa julgada foi respeitada. Embora o *erro judicial* sempre seja faticamente

---

[234] RAZ, Joseph. Dworkin: a new link in the chain. *California Law Review*, 74, p. 1103-19, 1986, p. 1103.

[235] Esse não é o único caso, é apenas um exemplo. Ver tratamento para essa situação na Seção 2.2, adiante.

possível, ele faz parte do "custo do sistema" e é preciso, nesse ponto, *considerar como* mantido o significado da sentença.[236]

Por fim, quanto à questão temporal, não existe um limite para a interpretação da sentença transitada em julgado. A rigor, enquanto a sentença puder em tese ser aplicada, ela poderá ser interpretada.[237]

2.1.3. Nota sobre a liquidação de sentença

Por fim, cabe uma ressalva referente à sentença que necessita *liquidação*. Considero a decisão de liquidação um caso especial de decisão *criativa*, e não meramente *interpretativa* ou *aplicativa*, que compete porém, por disposição legal, ao juiz da fase de cumprimento (CPC, art. 475-A, § 2º). Ela contém, a um só tempo, um elemento de *cumprimento* da sentença anterior, pois obedece às suas disposições (CPC, art. 475-G), e um elemento de *criação* de comando que deverá ser observado posteriormente, na fase de cumprimento (CPC, arts. 475, I e 475-J).[238] Não é que a sentença genérica, da fase de conhecimento, esteja em *situação de criação*, situação em que, de acordo com minha tese, ainda não haveria realmente sentença de mérito. A sentença genérica pode estar perfeitamente em ordem, basta que decida o pedido com o grau de especificidade que ele exige e que não se trate de um dos casos em que a lei exige sentença líquida.[239] Para uma sentença ilíquida, o sistema prevê (e a própria sentença pode prever) que haverá uma decisão complementar, que tratará de certos detalhes. Criação de sentença é atividade típica da fase de conhecimento, em processo iniciado para esse fim e no qual se garanta o contraditório. A liquidação de sentença não é exceção à regra, nela apenas se prossegue com a cognição. Há um *continuum* dentro do espaço deixado pela primeira sentença. O direito admite que o provimento judicial se dê em etapas e atribui a uma segunda cadeia decisória (a iniciar novamente, em regra, pelo juiz de primeiro grau e seguir pelos tribunais competentes para conhecer dos recursos) a competência para realizar a liquidação.[240] Temos, assim, que a sentença da fase

---

[236] Ver KELSEN, *Reine Rechtslehre*, p. 247. "Errar é humano", diz o ditado. A necessidade ou não de se trabalhar com a noção de "erro judicial" é controvertida e não pode ser aqui examinada. Para um exame geral das teorias sobre a questão, ver MONIZ DE ARAGÃO, *Sentença e coisa julgada*, p. 203-216.

[237] Fala-se "em tese ser aplicada" porque em muitos casos a decisão terá de ser interpretada para que se saiba se ela ainda é aplicável. Por exemplo: quando é preciso definir a natureza do ato para descobrir o prazo decadencial incidente.

[238] Permanecem válidas as palavras de Alcides Mendonça Lima: "a liquidação serve de traço de união entre a sentença condenatória, que lhe será a fonte, e a execução, que será seu objetivo." – LIMA, Alcides Mendonça. *Comentários ao código de processo civil*. Vol. VI, Tomo II. Rio de Janeiro: Forense, 1977, p. 626-629.

[239] Sobre a questão do *status* da sentença ilíquida nos casos em que a lei exige sentença líquida, ver TESHEINER, José Maria Rosa. Execução de sentença: regime introduzido pela Lei 11.232/2005. *Revista Jurídica*, São Paulo, v. 54, n. 343, p. 17-24, maio 2006, p. 18-19. Não poderei tratar aqui dessa interessante questão.

[240] Trata-se de uma espécie de *segunda etapa decisória*, subordinada ao quanto já decidido na primeira. A ZPO alemã consegue transmitir bem esse aspecto da decisão de liquidação, ao dividir o provimento judicial em decisão sobre o fundamento (*Grund*) e decisão sobre a quantia (*Betrag*). Ver ZPO, § 304.

de conhecimento que esteja nas situações de *aplicação* ou de *interpretação* é apta para a *liquidação*, se necessário, ou para a fase de *cumprimento* (CPC, art. 475, I, § 2º).[241]

Da sentença que não saiu da situação de criação tratarei na próxima seção.

---

[241] Conforme esclarece Alvaro de Oliveira, a partir da Lei n. 11.232/2005, "a liquidação constitui apenas fase do processo de conhecimento, com a *finalidade de complementar a sentença condenatória e permitir a tutela executiva.*" – ALVARO DE OLIVEIRA, *Teoria e prática da tutela jurisdicional*, p. 176, grifo meu. Deixo claro, porém, que minha preocupação aqui não é com questões referentes à natureza e autonomia da fase de liquidação, nem com a classificação de seu ato decisório como sentença ou decisão interlocutória, mas apenas com aquilo que se faz na liquidação: determinar o valor ou individuar o objeto.

2.2. Procedimento na situação de criação

Nas seções anteriores, procurei diferenciar duas situações e demonstrar que (1) a sentença indiretamente compreensível, que apresente dificuldades que a coloquem em *situação de interpretação*, não pode, após o trânsito em julgado, ser interpretada por quem a proferiu: essa atividade compete ao juiz encarregado de aplicá-la (ou a um novo juiz, em ação autônoma com pedido de interpretação, mas este tema só será examinado na Seção 2.5); e (2) diferentemente, a sentença incompreensível está em *situação de criação* e ainda não existe como sentença de mérito, precisa ser criada na fase de conhecimento, e não pode ser criada na fase de cumprimento[242] e nem em uma ação declaratória interpretativa, pois para isso não basta mera interpretação.

Todavia, para completar a abordagem do problema, faz-se necessário indicar com precisão que *fase de conhecimento* é essa a que me refiro na segunda conclusão, acima. Seria (*a*) uma fase do mesmo processo em que se deu a decisão obscura ou (*b*) uma fase de um novo processo, a ser iniciado? Defenderei a possibilidade de prosseguir no *mesmo processo* e exigir uma sentença, tendo em vista que a sentença *incompreensível* equivale a uma sentença *sem comando* e uma sentença sem comando é juridicamente *inexistente*.[243] Nesse sentido:

> Conquanto o art. 26 da Lei 9.307/1996 e o art. 458 do CPC dêem a impressão de pôr em pé de igualdade todos os "requisitos" enumerados nos incisos, a interpretação mais razoável estabelece uma gradação: o dispositivo prima sobre os outros. Sua falta, portanto, acarreta conseqüência mais drástica: a sentença sem dispositivo deve reputar-se *inexistente*.[244]

O texto incompreensível não configura um comando e, portanto, não leva sequer à formação da coisa julgada formal. Nessas circunstâncias, não há preclusão que atinja o inalienável direito a uma decisão, que permanece incólume e exi-

---

[242] Cabe lembrar que a interpretação (*sensu stricto*) não pode chegar ao ponto de inserir na sentença elementos que requerem *criação*, pois o procedimento de cumprimento não é adequado para a criação de decisão de mérito. A vedação não vem apenas da inalterabilidade da sentença transitada em julgado, mas também da necessidade de que se obedeça ao *devido processo legal* para proferir uma decisão definitiva de mérito.

[243] Ver BARBOSA MOREIRA, Item do pedido sobre o qual não houve decisão, p. 241-252; TALAMINI, *Coisa julgada e sua revisão*, 312ss e WAMBIER, *Nulidades do processo e da sentença*, p. 309.

[244] Ver BARBOSA MOREIRA, José Carlos. Estrutura da sentença arbitral. *Revista de Processo*, ano 27, n. 107, p. 9-17, jul.-set. 2002.

gível do órgão judicial. Pode haver preclusão quando há uma decisão, e não diante da inexistência jurídica de uma.

Excepcionalmente, pode haver a necessidade e a possibilidade de formulação de pedido em um novo processo. Essa circunstância verifica-se quando, havendo vários pedidos cumulados, apenas a decisão de algum deles é incompreensível, sem que pairem dúvidas quanto aos demais e quanto à intenção de extinguir a fase de conhecimento.[245] Aqui ocorre a inexistência jurídica *de um dos comandos*, mas não *da sentença* que, no caso, é *citra petita*.

2.2.1. A inexistência jurídica da sentença incompreensível

Se o texto da sentença não permite uma interpretação, ela está na, aqui denominada, *situação de criação*. Trata-se de situação na qual o processo permanece aguardando uma sentença, que ainda precisa ser *criada*. Daí a denominação. Na tradicional terminologia da teoria do fato jurídico, sentença em situação de criação nada mais é do que uma sentença *juridicamente inexistente*.

A acessibilidade a um sentido faz parte do núcleo essencial da sentença. Sem isso, não existe a mínima possibilidade de que um texto se qualifique como uma sentença judicial. Admitir que um texto incompreensível, pelo simples fato de ter sido assinado por um juiz, seja uma sentença é praticamente o mesmo que considerar um suspiro do juiz como sendo uma sentença. Não se trata de um problema de validade ou de eficácia do documento, portanto, mas de ser ou não ser sentença. Se é que a coisa julgada pode fazer do branco negro e do quadrado redondo, para isso (e para tudo o mais que pretenda comandar), é indispensável *que o diga*, e o diga de maneira inteligível.

Cabe, quanto a esse ponto, repisar dois ensinamentos muito elucidativos. O primeiro, de Hans Kelsen, explica que a norma é *sentido*, razão pela qual o *sem sentido* não pode ser norma:

> *Quando nem uma nem outra interpretação sejam possíveis*, o legislador prescreve *algo sem sentido*, temos um ato legislativo sem sentido e, portanto, algo que não é sequer um ato cujo sentido subjetivo possa ser interpretado como sentido objetivo. *Logo, não existe qualquer norma objetivamente válida*. Isto, embora o ato tenha sido posto em harmonia com a norma fundamental. Com efeito, a norma fundamental não empresta a todo e qualquer ato o sentido objetivo de uma norma válida, mas apenas ao ato que tem um sentido, a saber, o sentido subjetivo de que os indivíduos se devem conduzir de determinada maneira.[246]

---

[245] Sobre a sentença objetivamente complexa e os seus possíveis desdobramentos, ver: BARBOSA MOREIRA, José Carlos. Sentença objetivamente complexa, trânsito em julgado e rescindibilidade. *Revista de Processo*, n. 141, p. 7-16, nov. 2006.
[246] KELSEN, *Teoria pura do direito*, p. 231, grifos meus. Texto original: "Wenn weder die eine noch die andere Interpretation möglich ist, schreibt der Gesetzgeber etwas Sinnloses vor, liegt ein sinnloser Normsetzungsakt und sohin überhaupt kein Akt vor, dessen subjektiver Sinn als sein objektiver Sinn gedeutet werden kann, und sohin liegt keine objektiv gültige Rechtsnorm vor; und dies obgleich der Akt grundnormgemäß gesetzt wurde. Denn die Grundnorm verleiht nicht jedem Akt den objektiven Sinn einer gültigen Norm, sondern nur einem Akt,

A inteligibilidade do ato está no nível mais básico da sua existência jurídica. Por isso, deve ser rechaçada qualquer afirmativa no sentido de que "sentença existe, desde que proferida por um juiz, ainda que seja ineficaz por ser incompreensível".[247] O ato, para adquirir a força normativa que a autoridade do juiz, ou do legislador, poderia lhe conferir, precisa ter ao menos "o sentido subjetivo de que os indivíduos se devem conduzir de determinada maneira", como afirma Kelsen.

O segundo ensinamento a ser lembrado é da Corte Suprema di Cassazione, Itália, que distingue dois casos de ausência de dispositivo nas sentenças:

> A falta do dispositivo ... implica consequências diversas conforme seja absoluta ou *parcial*. Aquela parcial é equiparável à *incompletude* e gera a nulidade da sentença. A ausência *completa* determina, porém, a *inexistência* material e *jurídica* da sentença que não é suscetível de passar em julgado, com a consequência de que o voto decisório deve ser detectado e integrado pelo juízo que atua, ainda que na ausência de impugnação.[248]

No mesmo sentido, manifesta-se Calmon de Passos: "se a inexistência fere o próprio ato decisório a decisão jamais passa em julgado".[249] Acolhida a tese da inexistência jurídica da sentença incompreensível, cabe investigar o que ocorre com *o processo* em que é proferida uma sentença juridicamente inexistente.

2.2.2. Ausência de efeitos processuais da sentença juridicamente inexistente

Muitas vezes, alega-se a inexistência jurídica de determinada sentença como forma de evitar a execução. Correto: se sentença não há, impossível a sua execução. Mas existe uma outra decorrência lógica da inexistência da sentença, tão ou mais importante que a inadmissibilidade da execução. Refiro-me à continuação da *pendência* de processo, com todas as consequências daí advindas, notadamente a permanência do direito das partes a uma verdadeira sentença e o dever estatal de fornecê-la.

Perfeita a lição de Eduardo Talamini sobre essa questão:

---

der einen Sinn hat, und zwar den subjektiven Sinn, daß sich Menschen in bestimmter Weise verhalten sollen." (KELSEN, *Reine Rechtslehre*, p. 211).

[247] O trecho entre aspas não é citação textual de obra alguma, mas mero recurso de diferenciação em relação ao meu próprio pensamento. Exemplo concreto da posição citada pode ser visto em Amaral Santos, quando afirma que, "se *inteligível*, por absoluta falta de clareza, a sentença será ineficaz" (SANTOS, Moacyr Amaral. *Primeiras linhas de direito processual civil*. 21. ed. São Paulo: Saraiva, 2003, v. III., p. 21).

[248] Itália, Cass. pen. 6006, sez. V, del 3-3-1997, grifos meus, tradução minha. Texto original: "La mancanza del dispositivo ... postula conseguenze diverse a seconda che sia assoluta o parziale. Quella parziale è equiparabile all'incompletezza e genera la nullità della sentenza. La mancanza assoluta determina, invece, l'inesistenza materiale e giuridica della sentenza che non è suscettibile di possare in giudicato, con la conseguenza che il vuoto decisorio deve essere rilevato e colmato dal giudice che procede, anche in assenza d'impugnazione".

[249] CALMON DE PASSOS, *Esboço de uma teoria das nulidades aplicada às nulidades processuais*, p. 99. Ver, ainda, DINAMARCO, *Instituições de direito processual civil*, II, p. 584.

Não é correta a idéia de que, diante da sentença inexistente, caberia sempre a direta repropositura da demanda. De fato, a sentença inexistente não faz coisa julgada – de modo que não é esse o óbice à repropositura. Mas ao se reconhecer em sede adequada que a sentença não existe, reconhece-se também que ela tampouco se prestava a pôr fim ao processo. Desse modo, e desde que o processo inteiro não tenha sido inexistente, a mera repropositura da demanda esbarraria em uma contradição lógica: se não há sentença, isso significa que há um processo inacabado aguardando finalização. A direta reiteração da ação somente não encontrará esse óbice nos casos em que todo o processo anterior, e não só a sentença, foi mero simulacro. Nos demais casos, cumpre obter a declaração de inexistência da sentença com a conseqüente reabertura do processo.

Em síntese, quando a inexistência for integral (i.e., todo o processo), a parte poderá propor a *actio nullitatis* cumulada com a demanda que deveria ter sido o objeto do processo que não existiu. Poderá também apenas propor essa segunda demanda, deixando para discutir a questão da inexistência do processo incidentalmente, na medida em que se suscite a pretensa objeção da coisa julgada. Já quando a inexistência for "superveniente" (i.e., o pronunciamento inexistente foi antecedido de atos processuais existentes, de modo que existe um processo incompleto), caberá obter o reconhecimento da inexistência, que autorizará a retomada do processo incompleto.[250]

Mas não haveria, no caso de sentença incompreensível, sequer o ônus de opor embargos de declaração? Esse é um falso problema, pois a existência do ônus de opor embargos de declaração *àquela* sentença proferida de modo incompreensível não significa que haja necessidade de iniciar um novo processo para a obtenção de uma sentença clara. Isto é, os embargos de declaração, nesse caso, são apenas *um meio* para requerer que seja proferida uma decisão compreensível e, mesmo que preclua a oportunidade de utilizar esse meio, isso em nada interfere no direito a uma decisão compreensível, que continua existindo. Prossegue-se no mesmo processo pois, como *permanece intacto o direito a uma sentença*, esta deve ser criada, não importando a forma de provocação ou se houve ou não provocação. O mais lógico, e respeitoso com o direito do jurisdicionado, é que o juiz ou tribunal cumpra espontaneamente o seu dever de entregar uma sentença compreensível.

2.2.3. Como proceder na prática forense

Vejamos se a tese aqui defendida possui viabilidade de utilização prática.

Tome-se um caso hipotético no qual um tribunal tenha prolatado um acórdão que, por obscuridade, não permita uma conclusão firme sobre o comando a ser cumprido pelas partes. Pode-se pensar, a título de exemplo, em acórdão que tenha: (a) decidido matéria diversa da tratada nos autos, (b) decidido com base fática estranha aos autos, (c) decidido com remissão a parecer ou decisão inexistente, (d) decidido de modo contraditório, (e) proclamado a adoção do voto "médio" quando não era possível saber qual dos três era o voto "médio", (f) estabelecido uma

---

[250] TALAMINI, *Coisa julgada e sua revisão*, p. 370.

forma de cálculo na qual faltavam elementos, (g) oscilado de tal modo que não permitia saber se tratou a questão como posse ou como propriedade, (h) extinto o processo sem exame do mérito após ter julgado o mérito[251] etc.

Assuma-se que as partes foram regularmente intimadas e, contra tal acórdão, não foram opostos embargos de declaração e nem qualquer recurso, nos prazos legais. Por fim, imagine-se que o secretário tenha certificado o trânsito em julgado do acórdão, e os autos tenham baixado ao juízo do primeiro grau e sido arquivados.

Essa é a situação com a qual trabalharemos.

Segundo a tese defendida neste capítulo, o referido acórdão é juridicamente inexistente, por ausência de comando, com base na premissa de que a emissão de um comando ininteligível equivale à falta de comando.

Sendo assim, basta que qualquer das partes provoque o órgão julgador (o tribunal que prolatou o acórdão), por meio de *simples petição* com pedido de uma decisão para o recurso, mesmo que o recurso seja da outra parte.

O tribunal, ao receber tal petição, deve determinar o retorno dos autos para averiguação das alegações e, caso confirme a veracidade do alegado, realizar novo julgamento do recurso.

Dependendo do caso concreto, o novo julgamento poderá *integralizar* o anterior ou decidir *ex novo*. Não há contradição entre a possibilidade de *integralização*, aqui defendida, e a tese da *inexistência jurídica* do acórdão anterior, pois não se deve confundir a inexistência jurídica do comando do acórdão com inexistência material do texto. Nada apaga a existência material do ato e nada impede que a decisão judicial posterior venha a juridicizá-lo.

O acórdão ganha existência jurídica, as partes são dele intimadas, e o processo segue seu curso normal.

2.2.4. Segurança jurídica

A possibilidade de reativar um processo a qualquer tempo causa insegurança? Talvez. Mas não maior do que (a) a possibilidade de iniciar um novo processo sobre a mesma controvérsia ou (b) ver o mérito decido pelo juiz da fase de execução, sem as garantias próprias da fase de conhecimento.

A continuação no mesmo processo é a que melhor atende aos valores da celeridade e da economia processual, pois aproveita-se toda a instrução e elementos

---

[251] Um caso trazido por Barbosa Moreira serve de exemplo: "Recordo-me de uma sentença na qual o juiz declarou que sabia que o mérito deveria ser julgado após as preliminares, mas que iria inverter a ordem. Passou a apreciar o mérito, concluiu que o autor não tinha razão, e disse que o pedido era improcedente, acrescentando que aí é que iria voltar às preliminares. E também acolheu uma delas, extinguindo também o processo sem julgamento do mérito. Essa hipótese foi retirada da realidade forense (...)." (BARBOSA MOREIRA, Correlação entre o pedido e a sentença, p. 210).

decisórios existentes e passa-se, simplesmente, a decidir algo que o tribunal já estava pronto para decidir quando incidiu na falha de decidir de modo incompreensível. Não é que os valores devam ser aplicados diretamente, em sobreposição às normas vigentes. O caso é que não existem normas específicas para resolver o problema aqui examinado, de modo que cabe à dogmática jurídica buscar a solução que mais se aproxime das regras, princípios e valores do sistema.

Se a celeridade e a economia podem ser alcançadas sem causar insegurança e sem violar qualquer norma, é imperativo que se adote a solução que torna isso possível.[252] Vale, aqui, a exortação de Karl Popper: "Que podemos nós fazer para que as coisas se tornem talvez um poucochinho melhores? Talvez possamos fazer muito pouco. Mas aquilo que podemos fazer devemos fazê-lo".[253]

2.2.5. A sentença "citra petita"

Solução diversa deve ser aplicada aos casos em que o que se tem não é uma sentença incompreensível, mas sentença em que apenas algum dos pedidos cumulados foi julgado de modo incompreensível. Nesses casos, não se pode falar em sentença juridicamente inexistente, mas apenas de inexistência de decisão quanto a um dos pedidos. A incompletude da sentença admite a formação de coisa julgada formal, a inexistência de sentença não. Aplicada a premissa de que decisão incompreensível equivale à ausência de decisão, e considerando que a ausência de decisão limitada a um dos pedidos gera uma sentença *citra petita*, conclui-se que, quando uma das demandas cumuladas é julgada de modo incompreensível, temos uma sentença *citra petita*. E o direito de recorrer de uma sentença *citra petita* não está imune à formação da coisa julgada *formal*.[254]

Sentença *citra petita*, conforme a doutrina, é aquela que julga "menos do que tenha sido pleiteado pela parte, ou seja, a sentença em que o juiz, ao decidir, considerou ou apreciou menos do que foi pedido".[255] O caso não deve ser confundido com aquele em que o juiz, examinando integralmente o pedido, concede menos do que o autor pretendia.

A falta de exame integral do pedido viola os princípios da demanda, da indeclinabilidade da jurisdição e da correlação pedido-sentença, consectários da proibição da autotutela.[256] O vício do julgamento *citra petita* é de ordem pública

---

[252] Valho-me, aqui, de ideias do Professor Carlos Alberto Alvaro de Oliveira, desenvolvidas em inúmeras aulas e palestras, bem como em suas obras escritas, dentre as quais se pode citar: ALVARO DE OLIVEIRA, Carlos Alberto. Os direitos fundamentais à efetividade e à segurança em perspectiva dinâmica. *Revista Forense*, v. 395, p. 35-51, 2008.

[253] POPPER, Karl R. *Sociedade aberta, universo aberto*. Lisboa: Dom Quixote, 1995, p. 18.

[254] Ver BARBOSA MOREIRA, Item do pedido sobre o qual não houve decisão, p. 252; TALAMINI, *Coisa julgada e sua revisão*, 312ss e WAMBIER, *Nulidades do processo e da sentença*, p. 309.

[255] WAMBIER, *Nulidades do processo e da sentença*, p. 305.

[256] Nesse sentido: GRECO FILHO, Vicente. *Direito processual civil brasileiro*. 16. ed. São Paulo: Saraiva, 2003, v. 2, p. 242 e OLIVEIRA, Vallisney de Souza. *Nulidade da sentença e o princípio da congruência*. São Paulo: Saraiva, 2004, p. 270.

e deve ser examinado de ofício pelos órgãos recursais da jurisdição ordinária.[257] Portanto, mesmo que não tenha sido interposto recurso para correção do *error in procedendo*, basta que o processo chegue ao tribunal de segundo grau para que a sentença tenha seu trânsito em julgado adiado, no mínimo, até quando esgotado esse grau de jurisdição. O tribunal deve apreciar os pedidos não considerados no primeiro grau ou, caso o direito de alegar e provar não tenha sido plenamente garantido, devolver o processo ao primeiro grau para que se complete a instrução e o julgamento, sem alteração dos capítulos hígidos.[258] Entendo que não há *reformatio in pejus* quando o tribunal remete os autos (ou cópia destes)[259] ao juiz de primeiro grau para que este julgue o pedido que ainda não foi julgado. *Reformatio in pejus* haveria, apenas, se o pedido *que foi julgado* fosse rejulgado de modo a piorar a situação do único recorrente.

De toda forma, admita-se ou não a possibilidade da correção do *error* de ofício, o certo é que, faticamente, pode ocorrer de ele não ser corrigido e isso não impedirá, de modo algum, a extinção do processo e a formação de coisa julgada formal. Mas note-se que não é o comando incompreensível que extingue o processo, ou a fase processual, pois esse comando é juridicamente inexistente e, portanto, não tem efeitos. O que extingue o processo, ou a fase processual, é o trânsito em julgado da parte clara da sentença, isto é, os demais dispositivos, juridicamente existentes, que permitam entender que esse pronunciamento visa extinguir o processo (ou a fase) de conhecimento. Cientes de uma sentença assim, as partes devem insurgir-se nos prazos legais, ou o pronunciamento extintivo se concretizará e qualquer discussão referente aos pedidos não decididos (ou julgados de modo incompreensível, o que é o mesmo), deverá ser objeto de um novo processo.

A coisa julgada formal resulta da preclusão para as partes, para o juiz que proferiu a decisão e para todos os graus de jurisdição superiores.[260] No caso do capítulo ininteligível, caso haja recurso somente quanto a algum outro capítulo, ele ainda é examinável de ofício pelo tribunal (o julgamento *citra petita* contém vício

---

[257] Ver STJ, AgRg no Ag 243.230/MG, Rel. Ministro Franciulli Netto, 2ª T., DJ 21-2-2005 e REsp 645.474/DF, Rel. Min. Castro Meira, 2ª T., DJ 3-10-2005.

[258] Conferir defesa de solução nesse sentido em: CALMON DE PASSOS, *Esboço de uma teoria das nulidades* ..., p. 153. A questão da possibilidade de julgamento do pedido diretamente pelo tribunal ainda é controvertida e a defesa de uma ou outra posição reforge aos objetivos deste estudo. Registre-se, contudo, o entendimento do STJ: "Esta Superior Corte de Justiça já se manifestou no sentido que o art. 515, § 3º, do Código de Processo Civil, além de pressupor a extinção do processo sem resolução de mérito, não pode ser aplicado se a sentença de primeiro grau de jurisdição padecer de *error in procedendo*. Precedentes: REsp 756.844/SC, 5ª Turma, Rel. Min. José Arnaldo da Fonseca, DJ de 17.10.2005; REsp 877.612/MG, 3ª Turma, Rel. Min. Massami Uyeda, DJe de 8.10.2008." (STJ, RESP 1.009.742/SC, Ministra Denise Arruda, monocrática, DJ 26-11-2009)

[259] Alternativa sugerida por DIDIER JR., Fredie. Decisão omissa e dispensabilidade da oposição dos embargos de declaração. In: MEDINA, José Miguel Garcia et al. (org.). *Os poderes do juiz e o controle das decisões judiciais* – estudos em homenagem à professora Teresa Arruda Alvim Wambier. São Paulo: RT, 2008, p. 713-716.

[260] "Na verdade, porém, coisa julgada formal e preclusão são dois fenômenos diversos, na perspectiva da decisão irrecorrível. A preclusão é, subjetivamente, a perda de uma faculdade processual, e, objetivamente, um fato impeditivo; a coisa julgada formal é a qualidade da decisão, ou seja, sua imutabilidade, dentro do processo. Trata-se, assim, de institutos diversos, embora ligados entre si por uma relação lógica antecedente-conseqüente."
– Nota de Ada Pellegrini Grinover *in* LIEBMAN, *Eficácia e autoridade da sentença*, p. 68.

de ordem pública, no meu entender). Mas se o tribunal não se pronunciar sobre ele, ou se o fizer também de modo ininteligível, forma-se a coisa julgada formal.[261] A coisa julgada formal impede que o pedido continue a ser discutido no mesmo processo, mas ele pode ser objeto de um novo processo.[262] Hoje se tem isso claro quando se diz que a coisa julgada formal não impede a reproposituta da ação e que a preclusão é fenômeno restrito ao interior do processo em que verificada.[263]

A inércia das partes nos prazos recursais obsta o ingresso dos recursos que poderiam ter sido interpostos contra aquele ato específico, mas não lhes retira o direito mais básico de uma pessoa diante da administração da justiça: o direito de ter sua demanda julgada, decidida. Esse direito somente é perdido quando realizado (Seção 1.1). Isso não significa direito a julgamento da demanda *em um processo determinado*, independentemente das atitudes adotadas pelas partes no seu curso. O direito ao julgamento da demanda em um processo determinado *pode ser perdido* por diversas razões, dentre as quais a *inércia* após a intimação de uma sentença com um capítulo obscuro.

A coisa julgada formal atinge inclusive as *questões não decididas* e, com mais razão, as questões decididas de modo incompreensível. Chiovenda explica que a preclusão final atinge questões não decididas "não porque ocorra um julgado implícito, segundo a expressão comum, ... mas porque com a preclusão final expira o tempo assinalado pela lei à liberdade de recorrer".[264] No mesmo sentido, em lição que traduz perfeitamente a tese aqui defendida, Luiz Guilherme Marinoni e Daniel Mitidiero escrevem que "as questões não-decididas, mas que dizem respeito ao mérito da causa, não restam acobertadas pela coisa julgada, mas *consideram-se simplesmente preclusas* (art. 474, CPC)".[265]

Em suma, transitada em julgado a sentença *citra petita* (seja por simples omissão, seja por redação incompreensível), não se pode continuar a perseguir no mesmo processo o pedido que deixou de ser julgado pela sentença, mas é possível reiterá-lo em um novo processo.[266]

---

[261] Ver STJ, AgRg no Ag 243.230/MG, Rel. Ministro Franciulli Netto, 2ª T., DJ 21-2-2005 e REsp 645.474/DF, Rel. Min. Castro Meira, 2ª T., DJ 3-10-2005.

[262] Ver, por exemplo, BALENA, Giampiero. *La rimessione della causa al primo giudice*. Napoli: Jovene, 1984, p. 266.

[263] Ver BARBOSA MOREIRA, Item do pedido sobre o qual não houve decisão, p. 241-252; CHIOVENDA, Giuseppe. Cosa giudicata e competenza. In: *Saggi di diritto processuale civile* (1894-1937). Milano: Giuffrè, 1993, v. II, p. 418 e CHIOVENDA, Cosa giudicata e preclusione, p. 233-283.

[264] CHIOVENDA, Cosa giudicata e preclusione, p. 271, tradução minha. Texto original: "E ciò avviene non già perché sulle questioni non decise vi sia un 'giudicato implicito' secondo l'espressione comune, ... ma perché colla preclusione finale spira il tempo assegnato dalla legge alla libertà di contestare."

[265] MARINONI, Luiz Guilherme; MITIDIERO, Daniel. *Código de processo civil comentado artigo por artigo*. São Paulo: RT, 2008, p. 447-448.

[266] Ver BARBOSA MOREIRA, Item do pedido sobre o qual não houve decisão, p. 241-252 e TALAMINI, *Coisa julgada e sua revisão*, p. 312ss.

2.2.6. Síntese conclusiva

A sentença judicial forma-se pelo pronunciamento de juízes de um ou mais graus de jurisdição. Quando não cabe mais recurso em relação a ela, e ela não é mais examinável de ofício, ela ingressa no estado de transitada em julgado. Em algum momento entre o trânsito em julgado e a aplicação do comando sentencial, e sempre com vistas à aplicação, será necessário verificar a *situação do texto* (o que se pode chamar de interpretação *sensu largo*, cf. 1.3.1, acima). Nesse ponto, deve-se fazer o seguinte teste: "há alguma razão para se pensar que o sentido do texto não é o que se entende à primeira vista?" Se a resposta for *negativa*, então o texto está na situação de isomorfia e a interpretação em *sensu stricto* não tem lugar. Segue-se a *aplicação*. Se a resposta for *positiva*, então é necessário fazer a interpretação em *sensu stricto*. Examinam-se as diversas possibilidades interpretativas até chegar a uma em que a resposta à pergunta inicial seja *negativa*, isto é, até que não haja mais razão para pensar que o sentido do texto seja outro.[267] Se a interpretação *sensu stricto* falhar, isto é, se não for possível alcançar a resposta negativa à pergunta inicial, então se faz necessário um genuíno ato criativo, pois o que se tem é uma sentença juridicamente inexistente (ou, dependendo do caso, *citra petita*). Se a sentença é juridicamente inexistente, uma nova sentença deve ser proferida no mesmo processo. Mas se a impossibilidade de interpretação é restrita à decisão referente a um dentre diversos capítulos, existe sentença viciada (*citra petita*) mas que pode fazer coisa julgada formal. Nesse caso, pode-se requerer que uma nova sentença seja dada em um *novo processo*. Em ambos os casos (i.é, no mesmo processo ou em um novo), somente após o pedido ser resolvido de modo claro ou, ao menos, interpretável, a sentença poderá ser aplicada.

Esse é um esquema geral, que comporta exceções tratadas nas seções sobre (2.3) erro material, (2.4) fundamentação obscura e (2.5) ação para interpretação da sentença.

---

[267] Essa explicação da verificação da situação do texto baseia-se no *modelo pragmático* de DASCAL, *Interpretação e compreensão*, p. 350-353.

2.3. A obscuridade decorrente de erro material

A expressão "erro material" abrange, tradicionalmente, tanto a "inexatidão material", materialização incorreta do quanto decidido, como o "erro de cálculo", falha na execução de uma operação matemática.

O erro material pode ou não causar obscuridade.[268] Quando, apesar do erro, o sentido da sentença é evidente, não há obscuridade (sentença em situação de isomorfia) e, a rigor, o erro sequer requer correção. Esse caso está fora dos limites de interesse deste livro.

Em relação aos casos em que o erro causa obscuridade, é preciso distinguir duas situações: (a) aquela em que a obscuridade pode ser eliminada mediante interpretação e (b) aquela em que a sentença não oferece elementos suficientes para alcançar o sentido mediante interpretação. Novamente, mostram-se úteis os conceitos de *sentença em situação de interpretação* e de *sentença em situação de criação*, formulados nas seções precedentes. A diferença entre um e outro caso é relevante não apenas para a solução, mas para a própria caracterização do erro material no direito brasileiro. Sustento, nesta seção, a tese de que *o erro que permite correção a qualquer tempo é somente aquele cuja solução seja evidente ou possa ser obtida mediante interpretação da sentença, e jamais aquele que demande cognição de matéria não julgada, ou não julgada de modo compreensível*. A tese possui uma implicação que talvez surpreenda a alguns: a possibilidade de correção a qualquer tempo depende não apenas do tipo de erro, mas também *da natureza da solução exigida*, em outras palavras, da existência de elementos que possibilitem a correção sem necessidade de sentenciar *de novo*.

2.3.1. Noção geral de inexatidão material e de erro de cálculo

Conforme já dito, a "inexatidão material" refere-se à materialização incorreta do quanto decidido, ou seja, "uma fortuita divergência entre a ideia e a sua

---

[268] Nesse sentido: MALACHINI, Edson Ribas. "Inexatidão material" e "erro de cálculo". Revista de Processo, São Paulo, ano 29, n. 113, p. 208-245, jan/fev. 2004, p. 210 e PONTES DE MIRANDA, F. C. *Comentários ao código de processo civil*. Tomo V. 3. ed. Atualização de Sergio Bermudes. Rio de Janeiro: Forense, 1997, p. 82. Um exemplo de caso em que um erro datilográfico causou obscuridade: "Recebem-se embargos de declaração, com a finalidade de *aclarar obscuridade*, decorrente de truncamento, por erro datilográfico, do dispositivo do acórdão." (STJ, EDcl no REsp 26898/SP, Rel. Ministro Dias Trindade, 3ª T., DJ 30-11-1992). grifo meu

representação, claramente reconhecível por qualquer um",[269] e o "erro de cálculo" refere-se à falha na execução de uma operação matemática. O Código de Processo Civil brasileiro trata de ambos no artigo 463:

> Art. 463. Publicada a sentença, o juiz só poderá alterá-la:
> I – para lhe corrigir, de ofício ou a requerimento da parte, *inexatidões materiais*, ou lhe retificar *erros de cálculo*;
> [...]

A possibilidade de correção desse tipo de erro é reconhecida desde tempos longínquos, como demonstra a lição de Macro, no Digesto 49.8.1.1.[270]

Leis dos mais diversos países trazem dispositivos similares, referindo-se invariavelmente ao "erro de cálculo" e mais alguma das seguintes hipóteses: "erros de escrita" (ZPO alemã, § 319, 1; ZPO austríaca, § 419, 1; CPC suíço, art. 334, 2, e CPC português, art. 667, 1), "erro material" (CPC italiano, arts. 287, 391 bis, 636 e 826; CPC espanhol, art. 214, 3; CPC argentino, art. 166, 2, e CIC católico, Can. 1616, § 1), "troca de palavras ou alteração delas" (CPC colombiano, art. 310), "erros de cópia ou de referência" (CPC chileno, art. 182), "erros e omissões materiais" (CPC francês, art. 462). É comum, ainda, uma abertura para "outras inexatidões *manifestas*" (ZPO austríaca, ZPO alemã, CPC português). As *Federal Rules of Civil Procedure*, do direito norte-americano, falam em "clerical mistake" (Rule 60), literalmente, *erro do escriturário* ou, em tradução mais fiel ao sentido, "erro do registro escrito"[271] ou, simplesmente, "erro material". As *Civil Procedure Rules* (CPR), aplicáveis nos tribunais da Inglaterra e País de Gales, falam em "lapso ou omissão acidental" ("accidental slip or omission" – 40.12).

As semelhanças e as pequenas diferenças entre as soluções adotadas por diversos códigos de processo civil contribuem para a definição da abrangência da regra em questão. Um ponto em comum, destacado por Egas Moniz de Aragão, é a necessidade de que o erro seja *evidente, manifesto, notório*.

---

[269] SATTA, Salvatore; PUNZI, Carmine. *Diritto processuale civile*. 13. ed. Padova: CEDAM, 2000, p. 384, tradução minha. Texto original: "... una fortuita divergenza fra l'idea e la sua reppresentazione, chiaramente riconoscibile da chiunque, ...".

[270] Parcialmente traduzido em MONIZ DE ARAGÃO, *Sentença e coisa julgada*, p. 145: "... por exemplo, se o juiz houvesse sentenciado assim: 'Como consta que Tício deve a Caio cinqüenta mil sestércios por tal motivo e vinte e cinco mil por tal outro motivo, condeno Lúcio Tício em cem mil sestércios a favor de Caio'." Texto original: "Item si *calculi error* in sententia esse dicatur, *appellare necesse non est*: veluti si iudex ita pronuntiaverit: "cum constet titium seio ex illa specie quinquaginta, item ex illa specie viginti quinque debere, idcirco lucium titium seio centum condemno": nam quoniam error computationis est, nec appellare necesse est et citra provocationem corrigitur. sed et si huius quaestionis iudex sententiam centum confirmaverit, si quidem ideo, quod quinquaginta et viginti quinque fieri centum putaverit, *adhuc idem error* computationis est nec appellare necesse est: si vero ideo, quoniam et alias species viginti quinque fuisse dixerit, appellationi locus est." (Dig. 49.8.1.1)

[271] Segundo o *Oxford English Dictionary* (OED), "um erro feito ao colocar algo por escrito". Texto original: "*clerical error*, an error made in writing anything out." (entrada "clerical").

Em suma: inexatidões tais que a seu respeito não pode surgir a mais mínima hesitação, porque se alguma puder elevar-se, caso não é de correção pela via prevista no inc. I da disposição comentada e sim através de embargos de declaração, ou recurso.[272]

É comum encontrar, na doutrina e na jurisprudência, referência ao erro perceptível *primo ictu oculi*,[273] isto é, *ao primeiro piscar de olhos* ("vulgarmente, enquanto o diabo esfrega um olho").[274] Mas é incorreto pensar que, para ser entendido como tal, o erro necessite ser de fácil *descoberta*. Entendo que a necessidade de que o erro esteja *além de qualquer dúvida* não interfere no *contexto de descoberta* do erro. Existem erros, especialmente erros de cálculo, que podem ser de difícil descoberta, seja em razão da extensão da memória de cálculo, seja em razão da complexidade de alguma fórmula matemática envolvida. Ainda assim, uma vez descobertos e apontados, tornam-se manifestos, irrecusáveis, e devem ser corrigidos.

É comum, também, afirmar-se que o erro material é apenas aquele que ocorre na materialização do julgamento e não o erro de julgamento. Conforme lembrado por Salvatore Satta, "não se trata de refazer um julgamento".[275] A conclusão parece-me válida no que se refere às *inexatidões materiais*. No que se refere ao *erro de cálculo*, contudo, o erro ocorre na atividade intelectual de quem executa a operação matemática. Trata-se ainda de um lapso, mas não de um lapso no momento da expressão da decisão e sim anterior, consumado no momento da formação da decisão. Quando não for assim, isto é, quando o erro (mesmo no texto de uma conta) não for intelectual, o que se tem é *inexatidão material* e não propriamente *erro de cálculo*. Reconheço, contudo, que na maioria dos casos é impossível fazer a distinção e que, de qualquer modo, ela não possui utilidade prática.

Além das características do erro material já apontadas, merecem menção ainda estas: possibilidade de correção a qualquer tempo, mesmo após o trânsito em julgado;[276] possibilidade de correção de ofício ou por iniciativa da parte, por meio de simples petição;[277] e não abrangência de erros quanto aos critérios de cálculo.[278]

---

[272] MONIZ DE ARAGÃO, *Sentença e coisa julgada*, p. 144.

[273] PORTO, Sérgio Gilberto. *Comentários ao código de processo civil*. Vol. 6. São Paulo: RT, 2000, 132;

[274] Hieronymus citado por SARAIVA, F. R. dos Santos. *Novíssimo dicionário latino-português*. 11. ed. Rio de Janeiro: Garnier, 2000, p. 568.

[275] SATTA; PUNZI, *Diritto processuale civile*, p. 384, tradução minha. Texto original: "... non si tratta di rifare un giudizio...".

[276] Ver BAPTISTA, Sônia Hase de Almeida. Erro de cálculo e trânsito em julgado. *Revista de Processo*, vol. 54, p. 250-253, abr./jun. 1989, p. 250; MARINONI; MITIDIERO, *Código de processo civil comentado artigo por artigo*, p. 441 e PONTES DE MIRANDA, *Comentários ao código de processo civil*, V, p. 82.

[277] Ver CINTRA, Antonio Carlos de Araujo. *Comentários ao código de processo civil*. 2. ed. Rio de Janeiro: Forense, 2003, p. 530.

[278] Ver BUENO, Cassio Scarpinella. Art. 463. In: MARCATO, Antonio Carlos (org.). *Código de processo civil interpretado*. 2. ed. São Paulo: Atlas, 2005, p. 1475; MARINONI, Luiz Guilherme; MITIDIERO, Daniel. *Código de processo civil comentado artigo por artigo*. São Paulo: RT, 2008, p. 441 e STJ, AgRg no REsp 808.137/RS, Rel. Ministra Jane Silva, 6ª T., DJe 16-2-2009.

2.3.2. Competência para correção do erro material

As questões referentes ao erro material já contam com soluções razoavelmente consolidadas, exceto, talvez, a questão da *competência* para a correção do erro. Os entendimentos dividem-se entre: (a) o daqueles que entendem que competente é apenas o *juiz ou tribunal que proferiu a decisão*,[279] e (b) o daqueles que entendem que competente é *qualquer juiz ou tribunal que esteja encarregado do processo* no momento da correção do erro.[280]

Algumas leis estrangeiras estabelecem expressamente a competência do juiz que proferiu a decisão.[281] No CPC brasileiro, a faculdade de corrigir erros materiais (art. 463, I) aparece como uma exceção a uma *vedação dirigida ao juiz que proferiu a decisão* (art. 463, *caput*).[282] Mas não está dito que apenas esse juiz possua tal faculdade. Parece lógico, aliás, que onde não existe a vedação (para o juízo *ad quem*, por exemplo) não é necessário estabelecer a exceção.

O STJ adotou, em alguns julgados, a tese, que entendo equivocada e excessivamente formalista, de que apenas o juiz que proferiu a decisão pode corrigir seus erros de cálculo e inexatidões materiais.[283] A tese é adotada também por parte da doutrina.[284]

O caráter objetivo do erro material autoriza a sua correção a qualquer tempo, pelo juiz que esteja na condução do processo no momento da correção, ainda que não seja aquele que proferiu a decisão. A correção do erro não depende, *não pode depender*, nem do conhecimento, nem da inteligência, nem da memória e nem da vontade de um juiz específico. Na verdade, sempre que a solução depender do conhecimento, da inteligência, da memória ou da vontade de um juiz específico, isso

---

[279] Ver MARINONI; MITIDIERO, *Código de processo civil comentado artigo por artigo*, p. 441; MALACHINI, "Inexatidão material" e "erro de cálculo", p. 215 e TRP, Acórdão n. 0130129, Rel. Teles de Menezes, julg. 22-3-2001. Ver, na jurisprudência brasileira, os seguintes casos, inclusive o andamento, não apenas as decisões: STJ, EDcl no AgRg nos EREsp 252.915/DF, Min. Eliana Calmon, 1ª S., DJ 25-2-2002 e REsp 439.863/RO, Rel. Ministro Humberto Gomes De Barros, Rel. p/ acórdão Ministro José Delgado, 1ª T., DJ 15-3-2004; TRF4, EDAC 2005.71.18.003879-7/RS, DE 14-10-2008; TRF4, AI 2005.04.01.024995-1/SC, Desa. Federal Marga Inge Barth Tessler, 4ª T., DE 5-2-2007; TRF4, QO 94.04.15691-4/SC, Des. Federal Vilson Darós, 2ª T., DJ 2-5-1996; STF, AI 472.444 c/c RE 509.839, relator de ambos o Min. Marco Aurélio, publicadas respectivamente no DJU de 5-8-2004 e de 22-6-2007. Pontes de Miranda adota uma solução intermediária: primeiro afirma que "competente para as corrigir é o prolator da sentença em que se acha a inexatidão", mas depois acrescenta que a instância superior pode "mandar que o juiz proceda às correções." Cf. PONTES DE MIRANDA, *Comentários ao código de processo civil*, V, p. 83.

[280] TRF4, AC 2004.04.01.024904-1/RS, Juiz Luiz Antonio Bonat, 5ª T., DJ 8-11-2007; TALAMINI, *Coisa julgada e sua revisão*, p. 526; MONIZ DE ARAGÃO, *Sentença e coisa julgada*, p. 146.

[281] Por exemplo: CCEO, Can. 1299, §1º; CIC, Can. 1616, §1; CPC italiano, art. 287 (antes de ter sido declarado inconstitucional); CPC colombiano, art. 310.

[282] Cabe lembrar que a regra do art. 463 também atinge a sentença *terminativa*, conforme concluído pela doutrina. Ver MONIZ DE ARAGÃO, *Sentença e coisa julgada*, p. 141 e PORTO, Sérgio Gilberto. *Comentários ao código de processo civil*. Vol. 6. São Paulo: RT, 2000, 132.

[283] STJ, REsp 439.863/RO, Min. José Delgado, 1ª T., DJ 15-3-2004 e EREsp 252.915/DF, Rel. Min. Eliana Calmon, 2ª T., DJ 25-2-2002.

[284] Por exemplo: MARINONI; MITIDIERO, *Código de processo civil comentado artigo por artigo*, p. 441.

será indicativo de que a correção do erro é subjetiva, ou seja, passa pela realização de *novo julgamento*, o que é excluído pela disciplina do erro material.

Com razão Eduardo Talamini quando diz que ...

(...) não vinga na doutrina nem na jurisprudência a tese de que apenas o juiz prolator da sentença poderia corrigir o erro material, e desde que o fizesse antes de o processo subir em fase recursal para o tribunal ou de se iniciar a execução. Reconhece-se amplamente a possibilidade de o erro material ser corrigido de ofício *pelo próprio tribunal, na fase recursal; no processo de liquidação ou de execução*, pelo órgão que conduz tal processo, mesmo que a sentença não tenha sido proferida por ele; ou mesmo em outro momento (a seguir, ver-se-á que há casos que basta a simples interpretação razoável da sentença, de modo a desconsiderar o erro material).[285]

Examinemos as mencionadas possibilidades de correção (a) na fase recursal e (b) no processo de liquidação ou de execução.

Pense-se no caso de um tribunal estadual que recebe um recurso de apelação. Ele possui competência para examinar o mérito e reformar os pontos mais importantes e intrincados da sentença. Como negar-lhe competência para sanar um mero erro material? Isso não faria o menor sentido. A prática da correção do erro material da sentença, pelos tribunais de apelação, é das mais corriqueiras. Eis alguns exemplos:

Portanto, tendo em vista que no relatório do comando sentencial objurgado (fls. 53/54) consta como embargante Carlos Walter de Souza, o que não corresponde à realidade, reconhecendo a existência de erro material, determino, nos termos do art. 463, I do CPC, a devida correção, para que passe a constar o nome correto do embargante – Carlos Waldir Mulinari de Souza – devendo a Secretaria da Câmara proceder à respectiva correção da autuação.[286]

(...) a sentença merece correção, unicamente, para corrigir *erro material*, uma vez que o julgador referiu, equivocadamente, que substituía a sanção corporal por DUAS restritivas de direitos. Trata-se, todavia, de mero erro material, consoante dito anteriormente, pois, como se verifica, na seqüência da decisão singular, a substituição se deu somente por UMA pena restritiva de direitos (prestação de serviços à comunidade), nos moldes preceituados no art. 44, §2º, 1ª parte, do CP.[287]

Corrigido, de ofício, *erro material* constante da parte dispositiva da sentença quanto aos honorários advocatícios, devendo ser considerados sobre o valor da condenação, e não da causa.[288]

PROCESSO CIVIL. APELAÇÃO. EFEITO DEVOLUTIVO. ERRO MATERIAL. O reconhecimento de *inexatidão material da sentença*, que é passível de correção a qualquer tempo, *não amplia o efeito devolutivo da apelação nem implica reforma para pior* da situação da par-

---

[285] TALAMINI, *Coisa julgada e sua revisão*, p. 526.
[286] TJES, AC 4030000980, Rel. Des. Carlos Roberto Mignone, monocrática, DJ 23-6-2009.
[287] TJRS, 70029743234, Rel. Des. Danúbio Edon Franco, 8ª C. Cr., julg. 19-8-2009.
[288] TJRS, 70023716954, Rel. Desa. Liége Puricelli Pires, 6ª C. Cív., julg. 17-12-2009.

te apelante. Só seria dado divisar, na espécie, contrariedade ao art. 515 do CPC refutando a base empírica do julgado. Incidência da Súm. 7/STJ. Recurso não conhecido."[289]

Conforme Egas Moniz de Aragão, o juízo em que a sentença haja sido proferida não é o único que poderá corrigi-la, pois, "em vista do efeito devolutivo da apelação, o tribunal a que o processo tiver sido encaminhado em grau de recurso poderá determinar as correções".[290] No direito português e no austríaco, essa proposição é regra de direito positivo.[291] Mas talvez alguém pense em afirmar que essa competência somente existe quando houver, na apelação, pedido específico de correção do erro material. Em outras palavras, a correção do erro, por outro juiz que não o que proferiu a decisão que contém o erro, estaria condicionada a um pedido da parte. Ocorre que a lei é expressa ao estabelecer que a correção do erro material *independe de requerimento*, ou seja, pode ser feita *de ofício* (CPC, art. 463, I). Por fim, cabe lembrar que, nos pontos em que o acórdão substitui a sentença (CPC, art. 512), basta que o acórdão não repita o mesmo erro da sentença.[292] E seria absurdo pensar que o tribunal está obrigado a repetir um erro, assumi-lo como seu, apenas porque o apelante deixou de apontá-lo.

Na Itália, a Corte Constitucional declarou a inconstitucionalidade parcial do art. 287 do CPC e concluiu tanto pela competência do juiz que proferiu a sentença, como pela competência da Corte de Apelação. O caso demonstra a importância do tema. O artigo 287 do CPC italiano atribuía competência (para corrigir os erros materiais) ao juiz que proferiu a sentença, *mas apenas nos casos em que não tivesse sido interposta apelação contra ela*. Pois bem, a Corte Constitucional declarou a inconstitucionalidade desta última parte do artigo, de modo que, atualmente, o juiz pode corrigir os erros materiais da sentença mesmo quando ela tiver sido impugnada por apelação, pelo procedimento do art. 287. Mas a Corte Constitucional deixou claro que isso não retira do juízo *ad quem* o poder de corrigir o erro, uma vez que a apelação é *un rimedio con devoluzione illimitata*. Declarou, ainda, ser supérflua a instauração do procedimento especial do art. 287 em segundo grau, tendo em conta o efeito substitutivo da apelação, a qual conseguiria absorver em seu procedimento *quello speciale di correzione*. No entanto, nos termos da deci-

---

[289] STJ, REsp 3396/PR, Rel. Min. Costa Leite, 3ª T., DJ 6-10-1997.

[290] MONIZ DE ARAGÃO, *Sentença e coisa julgada*, p. 146.

[291] CPC português, art. 667, 2: "Em caso de recurso, a rectificação só pode ter lugar antes de ele subir, podendo as partes alegar perante o tribunal superior o que entendam de seu direito no tocante à rectificação". Ver também ZPO austríaca, § 419, 1.

[292] "Portanto, ainda que o relator e os demais juízes digam que 'mantêm' a decisão recorrida, que a 'confirmam', tais expressões são usadas apenas commoditatis causa, são elípticas: na verdade o órgão jurisdicional superior está mantendo ou confirmando apenas o resultado prático dessa decisão, mas está julgando novamente a demanda; assim, ainda que adote ele inteiramente a fundamentação da sentença, da decisão ou do acórdão, reproduzindo-a em seu inteiro teor, a substituição ocorre: tem-se de entender que, nesse caso, o órgão superior profere julgamento idêntico ao do órgão inferior, fazendo seus os fundamentos e a conclusão deste." – MALACHINI, "Inexatidão material" e "erro de cálculo", p. 214-215.

são da Corte Constitucional, o juiz que proferiu a decisão contendo o erro material não poderá mais corrigi-la quando ela já houver sido substituída.[293]

Quanto às fases de liquidação ou de execução, nelas deve prevalecer o *respeito à coisa julgada* e, mesmo onde essa ainda não se formou, é "defeso, na liquidação, discutir de novo a lide ou modificar a sentença que a julgou" (CPC, art. 475-G). A questão aqui se resume em saber qual é forma mais *fiel* de cumprir a decisão proferida na fase de conhecimento: apegar-se à expressão gráfica isolada ou ao sentido do texto em seu conjunto? Conforme já decidiu a Corte Suprema de Justicia de la Nación, da Argentina:

> (...) o cumprimento de uma sentença informada por vícios semelhantes, longe de preservar, conspira e destrói a instituição *coisa julgada*, de inequívoca base constitucional, pois aquela *busca amparar, mais que o texto formal do julgado, a solução real prevista nele* (doctrina de Fallos: 308:755; 312:570; 313:1024).[294] [295]

No direito brasileiro não há, sobre esse ponto, previsão tão clara quanto à do art. 166 do CPC argentino. Mas também não existe previsão de reenvio da decisão ao juiz ou tribunal que tenha proferido a decisão. Cabe ao juiz da execução zelar para que a decisão seja fielmente cumprida. E aí se inclui perfeitamente o dever de corrigir os erros materiais que poderiam redundar em um cumprimento distorcido do julgado.[296]

---

[293] O dispositivo ficou assim redigido: "LA CORTE COSTITUZIONALE dichiara l'illegittimità costituzionale dell'art. 287 del codice di procedura civile limitatamente alle parole 'contro le quali non sia stato proposto appello'." Ver Corte Constitucional da Itália, Sentença n. 335, Rel. Romano Vaccarella, julg. 28-10-2004, especialmente pontos 3.3 e 3.4.

[294] CSJN, P. 34. XXVI (Paloschi de Baltar *v.* Baltar), Rel. Eduardo Moline O'connor, julg. 17-12-1994, tradução e grifos meus. Texto original: "... el cumplimiento de una sentencia informada por vicios semejantes, lejos de preservar, conspira y destruye la institución cosa juzgada, de inequívoca raigambre constitucional, pues aquélla busca amparar, más que el texto formal del fallo, la solución real prevista en él (doctrina de Fallos: 308:755; 312:570; 313:1024)."

[295] Na mesma decisão, a Corte expressa com firmeza o princípio que vigora no direito argentino: "A respeito, esta Corte tem estabelecido que *se os juízes, ao descobrir um erro dessa natureza, não o modificassem, incorreriam com a omissão em falta grave*, pois estariam tolerando que se gerasse ou lesionasse um direito unicamente com base num erro (doctrina de Fallos: 286:291, considerando 18), pois não podem prescindir do uso dos meios ao seu alcance para determinar a verdade jurídica objetiva e evitar que o processo se converta em uma sucessão de ritos caprichosos (Fallos: 311:103 y 313:1024). Que o princípio jurídico indicado no considerando anterior se encontra reproduzido no texto do art. 166, inc. 1° do Código Procesal Civil y Comercial de la Provincia de Buenos Aires que expressamente admite a correção dos erros puramente numéricos *mesmo durante o trâmite de execução de sentença*..." – CSJN, P. 34. XXVI (Paloschi de Baltar *v.* Baltar), Rel. Eduardo Moline O'connor, julg. 17-12-1994, tradução e grifos meus. Texto original: "Al respecto, esta Corte ha precisado que si los jueces, al descubrir un error de esa naturaleza, no lo modificasen, incurrirían con la omisión en grave falta, pues estarían tolerando que se generara un lesionara un derecho que sólo reconocería como causa el error (doctrina de Fallos: 286:291, considerando 18), pues no pueden prescindir del uso de los medios a su alcance para determinar la verdad jurídica objetiva y evitar que el proceso se convierta en una sucesión de ritos caprichosos (Fallos: 311:103 y 313:1024). Que el principio jurídico señalado en el considerando anterior se encuentra recogido en el texto del art. 166, inc. 1° del Código Procesal Civil y Comercial de la Provincia de Buenos Aires que expresamente admite la corrección de los errores puramente numéricos aun durante el trámite de ejecución de sentencia...".

[296] "A correção de erro de cálculo verificado no processo, não obstante a homologação da conta de liquidação, não preclui nem transita em julgado, de modo que não compromete a autoridade da coisa julgada. Ao revés, *assegurar-lhe-á a eficácia material, em observância ao princípio da fidelidade à sentença liquidanda*." (STJ, REsp 613.239/RJ, Rel. Ministra Denise Arruda, 1ª T., DJ 21-11-2005, grifo meu)

Essa conclusão é corroborada, ainda que indiretamente, pelo art. 1º-E da Lei 9.494/1997, que atribui aos presidentes dos tribunais competência para revisar as contas elaboradas, a fim de aferir o valor dos precatórios antes de seu pagamento ao credor.[297] A interpretação dessa norma, pelo STF e pelo STJ, é exemplificada com os precedentes abaixo:

> PRECATÓRIO – ATUALIZAÇÃO DE VALORES – ERROS MATERIAIS – INEXATIDÕES – CORREÇÃO – COMPETÊNCIA. Constatado *erro material ou inexatidão nos cálculos*, compete ao *Presidente do Tribunal* determinar as correções, fazendo-o a partir dos parâmetros do título executivo judicial, ou seja, da sentença exeqüenda.[298]
>
> Bem se vê, portanto, que a revisão das contas de precatório por parte do *Presidente de Tribunal* estão limitadas (a) à retificação de cálculos elaborados no âmbito do próprio precatório e (b) à *correção de erros materiais* que não tenham sido objeto de exame pelo juiz da execução e que, por conseqüência, não estão submetidos à coisa julgada.[299]
>
> (...) 2. O art. 1º-E da Lei 9.494/97, incluído pela Medida Provisória 2.180-35/2001, atribui à Presidência do Tribunal *competência para corrigir eventuais erros materiais* constantes da conta de atualização das parcelas dos precatórios antes da efetivação do pagamento ao credor. Por isso, o erro de cálculo consistente na omissão ou equívoco na inclusão de parcelas indevidas ou na exclusão de valores devidos não faz coisa julgada, e pode ser corrigido até mesmo *ex officio*, *ex vi* do art. 463, I, do Código de Processo Civil (Precedentes: RMS 27.478/SP, Relatora Ministra Denise Arruda, Primeira Turma, DJ de 16 de abril de 2009; EDcl no RMS 26.318/SP, Relator Ministro Teori Albino Zavascki, Primeira Turma, DJ de 19 de março de 2009; e RMS 28.366/SP, Relatora Ministra Eliana Calmon, Segunda Turma, DJ de 2 de abril de 2009).[300]

Conclusão em sentido contrário – como a que vem sendo adotada pela jurisprudência que segue o REsp 439.863/RO –, ao exigir correção pelo juiz que proferiu a decisão, introduz formalismo excessivo exatamente onde a lei prevê o que Cândido Dinamarco chama de "correção informal".[301]

Neste ponto, não há como deixar de lembrar a doutrina do *formalismo-valorativo*, concebida por Carlos Alberto Alvaro de Oliveira, representada, para os fins da presente seção, por este trecho de um dos seus escritos:

> De tal sorte, o formalismo excessivo pode inclusive inibir o desempenho dos direitos fundamentais do jurisdicionado.
>
> [...]
>
> Por outro lado, o formalismo-valorativo, informado nesse passo pela lealdade e boa-fé, que deve ser apanágio de todos os sujeitos do processo, não só das partes, impõe, como visto anteriormente, a cooperação do órgão judicial com as partes e destas com aquele. Esse

---

[297] Nesse sentido: STJ, RMS 28.371/SP, Rel. Ministro Benedito Gonçalves, 1ª T., DJe 8-6-2009.
[298] STF, ADIn 1.098/SP, Min. Marco Aurélio, DJ 25-10-1996.
[299] STJ, RMS 20.755/RJ, voto-vista do Min. Teori Albino Zavascki, 1ª T., julg. 13-11-2007.
[300] STJ, RMS 28371/SP, Rel. Ministro Benedito Gonçalves, 1ª T., DJe 8-6-2009.
[301] DINAMARCO, *Instituições de direito processual civil*, III, p. 684. Ressalta, também, a simplicidade do procedimento: MANDRIOLI, Crisanto. *Corso di diritto processuale civile*. Vol. II: Il processo di congnizione. Milano: Giuffrè, 1994, p. 260.

aspecto é por demais relevante no Estado democrático de direito, que é tributário do bom uso pelo juiz de seus poderes, cada vez mais incrementados pelo fenômeno da incerteza e complexidade da sociedade atual e da inflação legislativa, com aumento das regras de equidade e aplicação dos princípios. Exatamente a lealdade no emprego dessa liberdade nova atribuída ao órgão judicial é que pode justificar a confiança atribuída ao juiz na aplicação do direito justo. Ora, tanto a boa-fé quanto a lealdade do órgão judicial seriam flagrantemente desrespeitadas sem um esforço efetivo para salvar o instrumento dos vícios formais.[302]

Resta verificar que razões o STJ oferece para chegar à conclusão de que "competente para corrigir as inexatidões materiais é o prolator da sentença em que elas se encontram" (RESP 439.863/RO). Eis o texto do voto condutor do acórdão:

> O acórdão recorrido está sustentado em voto composto das seguintes razões (fls. 457/459): Pontes de Miranda (Comentários ao Código de Processo Civil), em análise ao art. 463, diz que, competente para corrigir as inexatidões materiais, é o prolator da sentença em que se acha a inexatidão: o juiz da primeira instância não pode alterar o acórdão que confirmou ou reformou sua sentença (...).[303] Com efeito, se a correção está sendo efetivada em erro material por índice de cálculo equivocado, contido na decisão de primeira instância, compete ao juiz prolator que, não só pode mas deve, de ofício, corrigir dito erro material. Nesse sentido já decidiu o Superior Tribunal de Justiça. A doutrina e a jurisprudência afirmam entendimento no sentido de, constatado erro de cálculo, admite-se seja a sentença corrigida, de ofício ou a requerimento da parte, ainda que haja ela transitado em julgado. Inteligência do art. 463, I, do CPC (Resp. 21288, Rel. Min. Waldemar Zveiter, in Código de Processo Civil Comentado de Nelson Nery Júnior e Rosa Maria Andrade Nery). Com efeito, se há erro, e erro houve, compete ao Juízo de Primeiro Grau, na execução da sentença, corrigi-lo. Não têm razão os agravantes quando afirmam que o juiz não teria competência para corrigir erro material em sentença que foi objeto de recurso e mantida pelo Tribunal.

Está, ao meu pensar, correta a decisão recorrida.

O exame do *leading case* revela que ele sequer está verdadeiramente fundamentado: limita-se a citar a opinião de Pontes de Miranda (também não fundamentada), e omite parte relevante dessa opinião.[304] Não há referência a qualquer norma, legislativa ou costumeira, que induza, mesmo que remotamente, ao entendimento adotado pelo tribunal. Não são, tampouco, formulados argumentos baseados em analogia, costumes ou princípios gerais de direito. Em resumo: trata-se de decisão que não está fundamentada. E não estando fundamentada, jamais poderia servir de precedente para decisões futuras, uma vez que, para formar um precedente, é preciso que a decisão apresente, no mínimo, *ratio decidendi*.

---

[302] ALVARO DE OLIVEIRA, Carlos Alberto. O formalismo-valorativo no confronto com o formalismo excessivo. *Revista Forense*, v. 388, p. 11-29, nov-dez. 2006, p. 26.

[303] O acórdão omite uma passagem anterior e uma posterior ao trecho citado, nas quais Pontes de Miranda afirma, respectivamente: "A retificação *pode ser ordenada ainda na instância superior*, incluída a do recurso extraordinário" e "... nem a superior instância pode emendar, sem ser por meio de *remissão crítica*, a sentença confirmada, ou reformada, posto que possa *mandar que o juiz proceda às correções*" – PONTES DE MIRANDA, *Comentários ao código de processo civil*, V, p. 83, grifos meus.

[304] Ver nota anterior.

Mas há um aspecto ainda mais grave na decisão ora comentada: ela parte de um engano. Mesmo que a premissa de que *"o erro material deve ser corrigido pelo juiz prolator da decisão"* estivesse fundamentada, ela não serviria para justificar a conclusão de que "Não têm razão os agravantes quando afirmam que o juiz não teria competência para corrigir erro material em *sentença que foi objeto de recurso e mantida pelo Tribunal*". Ora, se a sentença foi objeto de recurso e restou mantida pelo tribunal, a sentença foi substituída pelo acórdão do tribunal, o tribunal a fez sua,[305] logo, (pela tese ora combatida) somente o tribunal poderia corrigir o erro material.

O resultado prático da decisão (correção pelo juiz da execução) foi apropriado, no caso. Mas apenas porque a correção cabe ao juiz que esteja na condução do processo no momento da correção, conforme defendido aqui, e não por qualquer outra coisa afirmada no citado *leading case*.

Cabe lembrar que o erro material precisa ser notório, evidente, para caracterizar-se como tal. Ora, nessas circunstâncias, parar a tramitação de um recurso ou de uma execução para remeter os autos ao juiz que proferiu a decisão iria contra o interesse das partes, a celeridade processual e a economia processual.

Por essas razões, no direito brasileiro, a competência para corrigir inexatidões materiais e erros de cálculo é do juiz que esteja conduzindo o processo no momento da correção, e não necessariamente do juiz que proferiu a decisão que contém o erro.

2.3.3. Erro material e obscuridade

Conforme destacado ao longo deste estudo, o fenômeno da obscuridade comporta graus que vão desde o mais brando, que requer um esforço interpretativo moderado, até o mais severo, que impede absolutamente a compreensão. As soluções para o problema da sentença obscura transitada em julgado variam em função do grau de obscuridade que ela apresente, conforme defendido na seção 1.3, acima. Precisamente nesse ponto, apresenta-se o problema referente ao *erro material*: se a obscuridade pode ser decorrente de erro material,[306] e se a solução para o erro material é sempre a mesma (CPC, art. 463, I), como conciliar a *multiplicidade* de soluções defendida para as sentenças obscuras com a *unicidade* de solução que o CPC estabelece para a obscuridade decorrente de erro material? Defendo a tese de que o erro material previsto no art. 463, que admite correção a qualquer tempo, é fenômeno conceitualmente restrito às sentenças que admitem interpretação (situação de interpretação, descrita em 1.3.2) e às que sequer necessitam de interpretação (situação de isomorfia, descrita em 1.3.2). Ele está

---

[305] Ver CARNELUTTI, Francesco. *Sistema di diritto processuale civile*. Vol. II. Padova: CEDAM, 1938, p. 592; BARBOSA MOREIRA, *Comentários ao código de processo civil*, p. 396-402; MALACHINI, "Inexatidão material" e "erro de cálculo", p. 214-215; Súmula 192/TST.

[306] Ver PONTES DE MIRANDA, *Comentários ao código de processo civil*, V, p. 82.

conceitualmente excluído nos casos em que a sentença precisa ser criada (situação de criação, descrita em 1.3.2). E assim, uma vez que o erro material não está presente em todos os graus de obscuridade, a solução para o erro material permanece sendo única e a das sentenças obscuras continua variando em função do grau de obscuridade.

Para sustentar a conclusão acima, o primeiro ponto a ser tratado é o caráter neutro do erro material. Admite-se a correção do erro material a qualquer tempo, sem maiores formalidades, apenas e justamente porque a correção do erro material não pode resultar em um *novo julgamento* da causa. Com isso, garante-se que as partes não sejam colocadas em situação de vantagem ou desvantagem em relação ao que já se encontra decidido. Não se altera o julgamento, mas apenas a sua expressão.[307]

Para que isso seja possível, é necessário que não apenas o erro, a falha, seja objetivamente perceptível, mas também a sua solução. Se o erro for evidente mas a sua solução – ou seja, a correta expressão do julgamento – permanecer um mistério, não há como corrigir o erro sem a realização de atividade cognitiva envolvendo as questões de fato e de direito relativas à demanda. Uma atividade cognitiva dessa espécie é completamente incompatível com o caráter neutro do erro material, conforme tradicionalmente entendido.

Fala-se, muitas vezes, que o erro material consiste em uma divergência entre a *vontade* do juiz e a *expressão* dessa vontade.[308] "Uma fortuita divergência entre a ideia e a sua representação", nas palavras de Salvatore Satta.[309] A afirmação precisa ser entendida em termos. Não se trata de perquirir a vontade real, histórica, do juiz que proferiu a decisão, mas de encontrar, como diz o Código Civil português, a vontade revelada pelo *próprio contexto da declaração* (art. 249).[310] No momento da correção do erro material, tudo o que se tem é a expressão da vontade, e não mais a vontade mesma. Não se trata, então, de comparar *expressão* com *vontade*, mas de comparar *expressão* com *expressão*, na busca do *sentido*. Esse aspecto é corretamente apontado por Eduardo Talamini:

---

[307] "... that remedy cannot be used to alter the meaning of the decision" – GAILLARD, Emmanuel (ed.); SAVAGE, John (ed.). *Fouchard, Gaillard, Goldman on international commercial arbitration*. 2. edn. The Hague: Kluwer, 1999, p. 778.

[308] Por exemplo: REIS, José Alberto dos. *Código de processo civil anotado*. Vol. 5. 3. ed. Coimbra: Coimbra, 1981, p. 130; MONIZ DE ARAGÃO, *Sentença e coisa julgada*, p. 145; PONTES DE MIRANDA, *Comentários ao código de processo civil*, VII, p. 399; PIMENTEL, Wellington Moreira. *Comentários ao Código de Processo Civil*. Vol. III. São Paulo: RT, 1979, p. 545 e PORTO, Sérgio Gilberto. *Comentários ao código de processo civil*. Vol. 6. São Paulo: RT, 2000, 132.

[309] SATTA; PUNZI, *Diritto processuale civile*, p. 384, tradução minha. Texto original: "... una fortuita divergenza fra l'idea e la sua reppresentazione, ..."

[310] No mesmo sentido, Tereza Wambier cita Santos Silveira, que afirma que "seria, o erro material, uma falta derivada de distração, inconsideração ou fadiga mental e facilmente *perceptível em confronto com o que se lê no contexto do julgado*." (WAMBIER, Teresa Arruda Alvim. *Os agravos no CPC brasileiro*. 3. ed. São Paulo: RT, 2000, p. 298)

No mais das vezes, o erro material pode (deve) ser corrigido mesmo havendo coisa julgada precisamente porque independe de especial consideração da "vontade" do julgador, no sentido de percepção subjetiva do juiz que proferiu a sentença. Eventualmente, o juiz disse na sentença (ou chancelou o cálculo em) que dois mais dois são cinco porque quis, porque teve a intenção, e não porque incidiu em lapso – e ainda assim caberá a correção.[311]

O erro material constitui uma exceção à imutabilidade da decisão transitada em julgado, mas não pode desafiar, jamais, a sua plena autoridade.[312] A alteração do texto sem desafiar a autoridade da decisão somente é possível quando se está diante de verdadeiro erro material pois, neste, a correção do texto apenas *expressa melhor* o decidido (mesmo que este seja injusto ou ilegal). O erro material, para ser juridicamente tratado como tal, precisa ser algo constatável e corrigível de modo objetivo, induvidoso, que ninguém (de boa-fé, com atenção e instrução apropriadas à questão) poderia se recusar a reconhecer. Dessa forma, a legítima correção do erro material não ofende a segurança jurídica, pois não surpreende ninguém, não frustra a confiança das partes: apenas retifica um erro que elas mesmas já poderiam ter percebido.[313] Daí resulta que a disciplina do erro material não pode ser alargada, pena de gerar grave insegurança jurídica.[314] Doutrina e jurisprudência, cientes desse risco, sempre cuidaram de excluir do conceito de erro material toda espécie de erros cuja solução dependa de criação de sentença. Confiram-se, nesse sentido, os excertos que seguem:

(...) corrigir lapsos de escrita ou erros evidentes de cálculo não implica, de modo algum, a faculdade de emendar a sentença, alterando-lhe o dispositivo ou a motivação.[315]

Por isso em hipótese alguma poderá proporcionar a alguém posição mais ou menos vantajosa do que a já alcançada através do julgamento, que permanece absolutamente o mesmo, antes e depois da correção da sentença que o exprime.[316]

Também sob esse ângulo deve ser examinado o erro de conta, ou de cálculo. Trata-se do mero equívoco, que qualquer pessoa, vendo-o, percebe *e sabe qual a correção a fazer*.[317]

Não se pode, a pretexto de se corrigir inexatidão material, alterar-se o *decisum*.[318]

O erro material, por *não atingir o âmago do mérito*, não rende ensejo à ação rescisória.[319]

Além do mais, estabelecido que o erro de cálculo deve em todo caso ser reconhecível, isso se verifica somente quando, *firmes os dados a computar e o critério aritmético a seguir*, se incorra, por inexperiência ou desatenção, em um erro material de cifra que repercute sobre

---

[311] TALAMINI, *Coisa julgada e sua revisão*, p. 528.

[312] Ver TALAMINI, *Coisa julgada e sua revisão*, p. 532.

[313] Ver TALAMINI, *Coisa julgada e sua revisão*, p. 531.

[314] Nesse sentido: DINAMARCO, *Instituições de direito processual civil*, III, p. 685 e CINTRA, Antonio Carlos de Araujo. *Comentários ao código de processo civil*. 2. ed. Rio de Janeiro: Forense, 2003, p. 529.

[315] MARTINS, Pedro Batista. *Comentários ao código de processo civil*. Vol. III, t. 2. 2. ed. Atualização de José Frederico Marques. Rio de Janeiro: Forense, 1960, p. 282.

[316] MONIZ DE ARAGÃO, *Sentença e coisa julgada*, p. 144.

[317] MONIZ DE ARAGÃO, *Sentença e coisa julgada*, p. 145.

[318] PONTES DE MIRANDA, *Comentários ao código de processo civil*, V, 1997, p. 84.

[319] STJ, REsp 250.886/SC, Min. Eliana Calmon, 2ª T., DJ 1-7-2002.

o resultado final e que se possa deduzir ictu oculi com base em tais dados e critérios em seguida à repetição correta do cômputo.[320]

Trata-se do mero equívoco, que qualquer pessoa, vendo-o, percebe *e sabe qual a correção a fazer.* ... É só por isso que se admite (quase sempre por disposição expressa de lei) a correção da sentença: pelo só fato de que esta, verdadeiramente, substancialmente, não é alterada; se o fosse, realmente, a "correção" (que não seria então apenas correção, retificação) não poderia ser permitida, sob pena de se violar a garantia fundamental da *res iudicata*.[321]

Essa *correção* admitida pela lei não significa e não pode significar rejulgamento da causa, proferimento de *nova* decisão ou, de qualquer forma, um novo repensar ou refletir acerca da controvérsia apresentada para discussão.[322]

(...) o procedimento de correção da sentença afetada por erro material não introduz uma nova fase processual, mas constitui-se em mero incidente do mesmo juízo, dirigido a identificar, com a sua correta expressão gráfica, a efetiva vontade do juiz, *como já expressa na sentença*.[323]

A correção da decisão mediante o art. 463, I, CPC, *jamais pode redundar em novo julgamento da causa* – em qualquer hipótese, a tomada de posição do órgão jurisdicional deve continuar a mesma.[324]

(...) é reconduzível à espécie do erro material, como *não apenas reconhecível, mas também tal que permita à administração reconstruir integralmente a vontade* do concorrente com um simples cálculo matemático, que não implique qualquer substituição na escolha feita pelo mesmo, havendo à disposição os dados relevantes.[325]

No verdadeiro erro material, houve julgamento e expressão compreensível do julgamento, embora sobre algum detalhe paire uma incorreção que, de tão perceptível, qualquer juiz pode corrigir. Na sentença em situação de criação, não há expressão (compreensível) do julgamento, de modo que o seu esclarecimento equivale na verdade ao ato de sentenciar e, por isso, é reservado ao juiz natural.

---

[320] TAR Lazio, sentença n. 7288, Relator Silvestro Maria Russo, julg. 15-7-2004, tradução minha. Texto original: "Inoltre, assodato che l'errore di calcolo dev'esser comunque riconoscibile, questo si verifica solo quando, fermi i dati da computare ed il criterio aritmetico da seguire, s'incorra, per inesperienza o per disattenzione, in un errore materiale di cifra che si riverbera sul risultato finale e che si possa evincere ictu oculi in base a tali dati e criteri a seguito della ripetizione corretta del computo."

[321] MALACHINI, Edson Ribas. "Inexatidão material" e "erro de cálculo". *Revista de Processo*, São Paulo, ano 29, n. 113, p. 208-245, jan/fev. 2004, p. 217-218.

[322] BUENO, Cassio Scarpinella. Art. 463. In: MARCATO, Antonio Carlos (org.). *Código de processo civil interpretado*. 2. ed. São Paulo: Atlas, 2005, p. 1475.

[323] VACCARELLA, Romano; GIORGETTI, Mariacarla. (eds.). *Codice di procedura civile annotato con la giurisprudenza*. Milano: UTET Giuridica, 2007, p. 1453, tradução minha e grifo meu. Texto original: "... il procedimento di correzione della sentenza affetta da errore materiale non introduce una nuova fase processuale, ma costituisce un mero incidente dello stesso giudizio, diretto ad identificare, con la sua corretta espressione grafica, l'effettiva volontà del giudice, come già espressa in sentenza."

[324] MARINONI, Luiz Guilherme; MITIDIERO, Daniel. *Código de processo civil comentado artigo por artigo*. São Paulo: RT, 2008, p. 441.

[325] AVCP, parecer n. 24, Relator Alessandro Botto Guido Moutier, deposit. 5-3-2009, tradução minha e grifo meu. Texto original: "... è riconducibile alla specie dell'errore materiale, in quanto non solo riconoscibile, ma anche tale da permettere all'amministrazione di ricostruire integralmente la volontà del concorrente con un semplice calcolo matematico, non implicante alcuna sostituzione nella scelta dallo stesso compiuta, avendo a disposizione i relativi dati."

Tem-se, portanto, que o erro que admite correção é aquele que ocorre em uma sentença que contém elementos suficientes para, mediante interpretação do seu próprio texto ou de elementos objetivos dos autos (um nome, o número de uma folha, uma data etc.), chegar a uma conclusão segura sobre o conteúdo do julgamento. Corrige-se a expressão destoante, o corpo estranho, para que se torne harmônico com o julgamento que, com maior ou menor facilidade, pode ser entendido.

Esclarecidos esses pontos, torna-se fácil entender por que a sentença em situação de criação – nos termos deste estudo, aquela incompreensível e inapta à interpretação – não pode ser corrigida pelo procedimento autorizado para a correção das inexatidões materiais e erros de cálculo. A sentença em situação de criação e o erro material não podem coexistir, pois uma requer criação de sentença, justamente o que o outro não admite.

2.3.4. Conclusão

Uma sentença obscura pode ser consequência de uma inexatidão material ou de um erro de cálculo. Nesses casos, a lei permite a correção do erro a qualquer tempo, mesmo após o trânsito em julgado do restante da decisão. Enquadra-se no conceito de *erro material que permite correção a qualquer tempo* apenas o erro evidente e cuja solução possa ser obtida com segurança a partir da interpretação da decisão, vedada a introdução de um *novo julgamento* da causa ou a alteração do significado da decisão. Por exclusão, se a solução não for alcançável a partir da integralidade da sentença e de seu contexto, não haverá lugar para a retificação informal.[326] O erro material previsto no CPC, art. 463, I, coloca a sentença nas situações de *interpretação* ou de *isomorfia*, jamais na situação de *criação* (conceitos desenvolvidos na Subseção 1.3.2). A competência para a correção do erro material, no direito brasileiro, é do juiz que estiver na condução do processo no momento da correção, mesmo que o erro não tenha sido cometido por ele.

---

[326] O caso poderá, eventualmente, justificar o uso dos mais diversos recursos ou ações e, até mesmo, um pedido de nova sentença, caso o vício gere uma sentença juridicamente inexistente (tema da Seção 2.2).

2.4. A fundamentação obscura

Nas seções anteriores, procurei ater-me às questões envolvendo a obscuridade do *comando da sentença* (parte dispositiva, sentido preceptivo). Julguei melhor não tratar da obscuridade da *fundamentação do comando* juntamente com a obscuridade *do comando*, pois uma mesma teoria não pode dar conta de dois objetos tão diversos como o *preceito* e a sua *justificação*. Se digo que não há sentença enquanto o comando for ininteligível, pois um comando ininteligível não serve para orientar a conduta, o mesmo não é aplicável à fundamentação: mesmo quando a fundamentação é obscura, o comando da sentença pode ser perfeitamente claro e, portanto, permitir que as partes conheçam com precisão o que devem fazer. Uma sentença sem fundamentação – ou, o que resulta no mesmo, com fundamentação ininteligível[327] – não é regular. Mas, caso ela *transite em julgado* contendo o vício de fundamentação, o vício ainda acarretará alguma consequência jurídica? Penso que a carência de fundamentação, quando não inviabiliza o entendimento do sentido preceptivo da sentença, não obsta a formação da coisa julgada, que só pode ser vulnerada por meio de *ação rescisória* (CPC, art. 485, V). Tentarei justificar essa conclusão.

Preliminarmente, devo advertir que em inúmeros casos o entendimento do dispositivo depende da fundamentação, conforme já demonstrado por diversos autores[328] e reconhecido pelo CPC brasileiro.[329] Para esses casos, e para aqueles em que dispositivo e fundamentação estão em contradição, aplica-se o quanto dito nas seções precedentes, pois o próprio sentido preceptivo da sentença estará comprometido. Quanto ao *relatório*, concordo com Teresa Wambier quando diz que

---

[327] "Isso se verifica tanto na hipótese de motivação graficamente inexistente quanto na hipótese em que o exame da motivação não faça entender a propensão a uma solução mais do que a outra, ou revele um exame de questões que nada têm em comum com a decisão tomada." ("Ciò si verifica tanto nell'ipotesi di motivazione graficamente inesistente quanto nell'ipotesi in cui l'esame della motivazione non faccia intendere la propensione ad una soluzione piuttosto che un'altra, o riveli un esame di questioni che nulla hanno in comune con le decisione presa.") – SANTANGELI, *L'interpretazione della sentenza civile*, p. 161, tradução minha.

[328] "Os motivos são, pois, excluídos, por essa razão, da coisa julgada, mas constituem a miúde indispensável elemento para determinar com exatidão o significado e o alcance do dispositivo." – LIEBMAN, Enrico Tullio. *Estudos sôbre o processo civil brasileiro*. São Paulo: Saraiva, 1947, p. 168. Ver também NASI, *Interpretazione della sentenza*, p. 304; COUTURE, *Fundamentos del derecho procesal civil*, p. 349-350 e WAMBIER, *Nulidades do processo e da sentença*, p. 313.

[329] "Art. 469. Não fazem coisa julgada: I – os motivos, ainda que *importantes para determinar o alcance da parte dispositiva da sentença*; ..." (grifo meu).

ele serve para contextualizar a fundamentação.³³⁰ Do ponto de vista do processo findo, os vícios do relatório só são importantes se impedirem a inteligibilidade da fundamentação ou do dispositivo. Nos demais casos, entendo que as partes devam se socorrer dos elementos presentes nos autos. Por essa razão, não dedico ao relatório uma seção em separado. O tema da presente seção refere-se apenas aos casos em que o dispositivo é perfeitamente compreensível, sem depender da fundamentação, e a fundamentação é incompreensível.

Os requisitos da boa fundamentação não são objeto deste estudo.³³¹ O tema demandaria um livro à parte. Ao longo desta seção, refiro-me diversas vezes à *ausência de fundamentação*. Ao usar essa expressão, levei em conta o entendimento de que uma fundamentação existente graficamente, mas *incompreensível, equivale à ausência de fundamentação*.³³²

2.4.1. A tese da inexistência da sentença sem fundamentação (doutrina)

A questão do *status* da sentença não fundamentada, encontrada em processo findo, é bastante complexa, fato que se reflete nas diferentes posições adotadas pelos autores que tratam do tema. Para Michele Taruffo, o fato de o requisito da fundamentação vir exigido na Constituição italiana para "todos os provimentos jurisdicionais"³³³ revelaria que: (a) a motivação é essencial para o exercício legítimo do poder jurisdicional e (b) se trata de uma exigência para o controle externo, por parte do povo em cujo nome a sentença é pronunciada, e não apenas pelos litigantes, por isso, (c) deve ser levada em consideração fora dos estreitos limites endoprocessuais (*v.g.* preclusão, legitimidade recursal e trânsito em julgado). Para Taruffo, uma vez que a fundamentação é *condição de jurisdicionalidade do provimento*, a sua ausência impediria a *existência* do ato como sentença.³³⁴

Santangeli acompanha Taruffo na conclusão pela inexistência da sentença imotivada,³³⁵ mas não o acompanha quanto ao limite mínimo exigido para a exis-

---

³³⁰ WAMBIER, *Nulidades do processo e da sentença*, p. 322.

³³¹ O leitor interessado no tema poderá iniciar sua pesquisa por BAPTISTA DA SILVA, Ovídio Araújo. Fundamentação das sentenças como garantia constitucional. *Revista Magister de Direito Civil e Processual Civil*. Porto Alegre, v. 10, p. 6-29, jan./fev. 2006; SOUZA, *Sentença civil imotivada*, p. 201ss e STF, ADPF 79-AgR, voto do Min. Cezar Peluso, julgamento em 18-6-2007, DJ de 17-8-2007, do qual cabe destacar a seguinte passagem: "o órgão julgador não pode furtar-se a apreciar ponto ou questão cuja solução seria apta para alterar a conclusão que adotaria sem considerá-los. Se o exame de algum fundamento possível seria idôneo, por si só, a influenciar o resultado do julgamento, não é lícito ao colegiado deixar de ponderá-lo".

³³² "Fundamentação inadequada é o mesmo que fundamentação inexistente, infringindo-se, nesse caso, o art. 93 IX da CF." – WAMBIER, *Nulidades do processo e da sentença*, p. 323. Ver também SANTANGELI, *L'interpretazione della sentenza civile*, p. 161.

³³³ "Tutti i provvedimenti giurisdizionali devono essere motivati." – *Costituzione della Repubblica Italiana*, art. 111.

³³⁴ TARUFFO, *La motivazione della sentenza civile*, p. 458.

³³⁵ Ver SANTANGELI, *L'interpretazione della sentenza civile*, p. 161-163.

tência da justificação e, por consequência, da sentença. O limite mínimo preconizado por Taruffo está ligado à ideia de que a fundamentação se dirige ao controle por parte do povo: o limite mínimo da fundamentação incluiria a fundamentação das próprias premissas, ou seja, não bastaria a indicação de dispositivo legal.[336] Para Santangeli, embora o controle externo seja saudável e a fundamentação seja importante para a sua realização, não se poderia deduzir daí requisitos mínimos para a fundamentação. Os requisitos mínimos seriam, para esse autor, os referentes ao controle endoprocessual: "a colocação das premissas (não a sua justificação) tanto de fato como de direito".[337]

No Brasil, Wilson Alves de Souza adota posicionamento muito próximo ao de Taruffo. Entende que a fundamentação, tanto quanto o dispositivo, *é decisão* e, da mesma forma, elemento essencial, indispensável para a existência do ato.[338]

Trata-se de entendimento minoritário na doutrina e na jurisprudência, tanto no Brasil[339] como na Itália.[340] Nem por isso sua importância argumentativa deve ser desprezada. Antes de formular qualquer conclusão a respeito da questão, vejamos o que dizem outras correntes doutrinárias.

2.4.2. A tese da rescindibilidade da sentença sem fundamentação (doutrina)

Apresento, nesta subseção, alguns autores brasileiros que entendem que a falta de fundamentação é vício que faz a sentença ser *anulável* ou *rescindível*, conforme se trate, respectivamente, de sentença recorrível ou transitada em julgado.[341] A doutrina citada fala em "nulidade", mas no sentido de *vício que reclama a decretação de nulidade*, e não no de *sentença à qual já tenha sido aplicada a sanção de nulidade*. Na terminologia adotada por este livro,[342] referida situação chamar-se-ia *anulabilidade*.

---

[336] TARUFFO, *La motivazione della sentenza civile*, p. 469.

[337] SANTANGELI, *L'interpretazione della sentenza civile*, p. 169, tradução minha.

[338] SOUZA, *Sentença civil imotivada*, p. 217-222.

[339] O STF não enfrenta diretamente a tese da inexistência da decisão não fundamentada. Mas, quando reconhece a deficiência da fundamentação, o que faz invariavelmente é *anular* a decisão (e não declará-la juridicamente inexistente). Alguns exemplos: HC 94.344, Rel. Min. Cezar Peluso, 2ª T., DJE de 22-5-2009; HC 88.914, Rel. Min. Cezar Peluso, 2ª T., DJ de 5-10-2007; HC 84.311, Rel. Min. Cezar Peluso, 2ª T., DJ de 8-6-2007; HC 74.073, Rel. Min. Celso de Mello, 1ª T., DJ de 27-6-1997; HC 69.419, Rel. Min. Sepúlveda Pertence, 1ª T., DJ de 28-8-1992.

[340] Ver Cass. Civ. 27-11-2008, n. 3287. Mas registra-se também precedente decidindo pela *inexistência* da sentença imotivada: Cass. Civ. 8-10-1985, n. 4881.

[341] A doutrina italiana é predominantemente no mesmo sentido. Ver LANCELLOTTI, Franco. Sentenza civile. In: AZARA, Antonio; EULA, Ernesto (Dir.). *Novissimo digesto italiano*. v. XVI. Torino: UTET, 1969. p. 1119 e, mais recentemente, VACCARELLA, Romano; GIORGETTI, Mariacarla. (eds.). *Codice di procedura civile annotato con la giurisprudenza*. Milano: UTET Giuridica, 2007, p. 1724.

[342] Ver Introdução, Subseção 3.

Carlos Alberto Alvaro de Oliveira entende que a falta de fundamentação provoca apenas a *nulidade* da sentença, "em razão da deficiência quanto a elementos complementares do suporte fático".[343] Na separação entre elementos nucleares e complementares do suporte fático, a fundamentação foi classificada como elemento complementar. Elementos nucleares seriam, para Alvaro de Oliveira, o "julgamento, de forma escrita, emanado de órgão estatal específico, contendo comando determinado".[344]

Também para José Carlos Barbosa Moreira, o caso é de nulidade, e não de inexistência. Segundo o autor, a ausência de *dispositivo* é o vício mais grave e apenas ela, e não a ausência de fundamentação, acarretaria a inexistência jurídica da sentença.

> Conquanto o art. 26 da Lei 9.307/1996 e o art. 458 do CPC dêem a impressão de pôr em pé de igualdade todos os "requisitos" enumerados nos incisos, a interpretação mais razoável estabelece uma gradação: o dispositivo prima sobre os outros. Sua falta, portanto, acarreta conseqüência mais drástica: a sentença sem dispositivo deve reputar-se *inexistente*.[345]

Para Tereza Wambier, a falta de *fundamentação* é um vício que gera a *nulidade* de uma sentença existente que, se passada em julgado, comporta ação rescisória.[346] O que seria diferente dos "problemas relativos a *haver*, ou *não*, o decisório", que "dizem respeito à *existência* ou *inexistência* da própria sentença".[347]

Sérgio Nojiri, por meio de raciocínio diverso, chega a conclusões similares às já expostas. A sentença com vício de fundamentação seria *anulável* até o esgotamento dos prazos para os recursos cabíveis e para a ação rescisória.[348] Como base na teoria de Kelsen, de uma ordem escalonada de produção jurídico-normativa, Nojiri afirma que o comando emitido por um juiz é válido (faz parte da ordem normativa) até que a sua validade seja retirada por um segundo ato, não importando a natureza do vício que contenha. O direito atribui a uma autoridade a competência para certa produção normativa. Se o ato normativo é praticado por essa autoridade, isso é o que basta para o nascimento de uma norma válida (aqui, validade no sentido kelseniano). O conteúdo ou a forma da norma particular, quando em desconformidade com a norma geral, não lhe retiram a validade, mas podem servir de fundamento para a sua anulação.[349] Esse entendimento se aplicaria também à ausência de fundamentação, vício grave, mas que não retiraria, por si, a validade da sentença: a retirada da validade precisa ser pronunciada pela autoridade com-

---

[343] ALVARO DE OLIVEIRA, Execução de título judicial e defeito ou ineficácia da sentença, p. 68.

[344] ALVARO DE OLIVEIRA, Execução de título judicial e defeito ou ineficácia da sentença, p. 65.

[345] Ver BARBOSA MOREIRA, José Carlos. Estrutura da sentença arbitral. *Revista de Processo*, ano 27, n. 107, p. 9-17, jul.-set. 2002.

[346] WAMBIER, *Nulidades do processo e da sentença*, p. 324.

[347] WAMBIER, *Nulidades do processo e da sentença*, p. 337.

[348] NOJIRI, *O dever de fundamentar as decisões judiciais*, p. 109.

[349] NINO, Carlos Santiago. Some confusions surrounding Kelsen's concept of validity. In: PAULSON, Stanley L. (editor). *Normativity and Norms*: critical perspectives on kelsenian themes. New York: OUP, 1998, p. 260-261.

petente. Dessa forma, Nojiri entende, que "a decisão judicial proferida, mesmo contendo vícios de fundamentação, não pode ser considerada nula ou inexistente. Ao entrar no sistema jurídico, ela adquire *status* de validade, até e enquanto não surgir um determinado ato jurídico ou norma jurídica para expulsá-la".[350]

Concordo em grande parte com esse entendimento. Mas penso que não se pode excluir a possibilidade de o direito, prévia e expressamente, impedir que atos com uma determinada configuração sejam produzidos,[351] pois a vedação de produção quer dizer também que *não existe autoridade competente para a sua produção*, e, uma vez produzidos, seriam privados de existência jurídica *ab initio*. Se uma norma jurídica pode expulsar outra norma, por que não poderia impedir o seu nascimento? A questão está em saber se não é exatamente isso que faz o art. 93, IX, da CRFB/1988.[352] Em outras palavras, é preciso saber em que sentido a Constituição utiliza o termo "nulidade" no dispositivo já referido.

Para Maria Thereza Gonçalves Pero, a omissão da fundamentação gera *nulidade absoluta* do julgado, não a sua inexistência.[353] A autora vale-se de lição de Liebman, no sentido de que apenas "um julgamento emitido de forma escrita por um juiz e endereçado às partes" seriam elementos indispensáveis à existência da sentença. Ou seja, a fundamentação não seria um elemento indispensável à existência da sentença. Nesse ponto, parece desconsiderar o art. 458 do CPC, que coloca a fundamentação como requisito essencial da sentença. Mas é compreensível que assim entenda, pois adota também o seguinte posicionamento:

> O só fato, entretanto, de a lei considerar determinado elemento como essencial, não basta para que sua falta resulte na inexistência do mesmo. A inexistência jurídica do ato processual, conforme doutrina mais moderna, só ocorre quando "à falta desses elementos, o próprio ato, intrinsecamente, não reúne condições para ser eficaz".[354]

Esse critério, contudo, parece apresentar uma petição de princípio. Quando se pergunta se o ato é juridicamente existente ou inexistente, é justamente para poder admitir-lhe ou negar-lhe efeitos jurídicos. Não se pode, portanto, partir de supostos efeitos jurídicos para afirmar a existência do ato, pois são aqueles que dependem desta.

Importante, nesse ponto, a lição dos constitucionalistas Celso Ribeiro Bastos e Ives Gandra Martins, segundo os quais o termo "nulidade", do art. 93 da Constituição, *deve ser entendido no sentido das leis processuais*. "Às leis processuais incum-

---

[350] NOJIRI, *O dever de fundamentar as decisões judiciais*, p. 107.

[351] Sobre pré-exclusão de juridicidade, ver MELLO, Marcos Bernardes de. *Teoria do fato jurídico: plano da existência*. 15. ed. São Paulo: Saraiva, 2008, p. 97.

[352] CRFB/1988, art. 93, IX: "todos os julgamentos dos órgãos do Poder Judiciário serão públicos, e fundamentadas todas as decisões, sob pena de nulidade, podendo a lei limitar a presença, em determinados atos, às próprias partes e a seus advogados, ou somente a estes, em casos nos quais a preservação do direito à intimidade do interessado no sigilo não prejudique o interesse público à informação".

[353] PERO, Maria Thereza Gonçalves. *A motivação da sentença civil*. São Paulo: Saraiva, 2001, p. 126.

[354] PERO, 2001, p. 122. O trecho entre aspas está referido como "Cintra, Grinover, Dinamarco, Teoria, cit., p. 307-30".

birá dizer, em cada caso concreto, se se trata de nulidade absoluta ou relativa..." e "... o termo nulidade contemplado no texto constitucional abrange tanto a nulidade absoluta quanto a nulidade relativa, dependendo da gravidade do vício que macule o ato".[355] Exemplo dado: não se vai anular o processo inteiro apenas porque uma decisão interlocutória, já preclusa, continha o vício da falta de fundamentação.

2.4.3. Conclusão: a fundamentação insuficiente é vício rescisório

Uma das razões frequentemente apontadas para considerar rescindível a sentença desprovida de fundamentação é a *sanatória geral da nulidades*, supostamente operada pelo trânsito em julgado. Veja-se, por exemplo, o entendimento de Cândido Dinamarco:

> Toda e qualquer nulidade fica afastada, mesmo as absolutas e ainda que se trate de nulidade da sentença (*falta de motivação* etc.), quando ocorre o *trânsito em julgado*: sendo uma *sanatória geral das nulidades*, a coisa julgada tem uma eficácia preclusiva que impede novos pronunciamentos dos juízes acerca das questões inerentes ao processo e a alegação de novas razões por qualquer das partes (arts. 471 e 474).[356]

Essa justificativa não se mostra totalmente correta. A coisa julgada não opera sanatória alguma, nem geral nem parcial: os vícios continuam sendo vícios, só que não podem mais ser alegados no interior do processo e, fora do processo (na rescisória), apenas os que tenham contaminado a sentença de mérito podem ser alegados. Os vícios do processo não se convalidam com o trânsito em julgado. No máximo pode-se dizer deles, como no ditado popular, que "o que não tem solução, solucionado está". Alguns vícios ficam presos em um mundo que vem a ser extinto, como a doença que morre com o doente, sem nunca ter sido curada. Outros saem do processo findo em companhia da sentença de mérito. Por tê-la contaminado, acompanham-na de forma latente. Em ambos os casos, o que ocorre é que a oportunidade para alegar os vícios preclui com o trânsito em julgado (ou ainda antes), mas, sendo a preclusão um fenômeno endoprocessual, os vícios que acompanham uma sentença que projeta seus efeitos para além do processo – i.é, uma sentença de mérito transitada em julgado – ainda podem servir de base para a propositura de uma ação rescisória. Esta simples possibilidade prova que os vícios não são *sanados* pelo trânsito em julgado pois, do contrário, a sua alegação não serviria para vulnerar a coisa julgada. Assim: (a) os vícios que não contaminam a sentença devem ser alegados nos prazos legais e jamais após o trânsito em julgado; (b) os vícios que contaminam a sentença devem ser alegados antes do trânsito em julgado, pena de preclusão, o que impede apenas a alegação no mesmo pro-

---

[355] BASTOS, Celso Ribeiro; MARTINS, Ives Gandra. *Comentários à Constituição do Brasil*. 4. vol. Tomo 3, arts. 92 a 126. São Paulo: Saraiva, 1997, p. 53.

[356] DINAMARCO, *Instituições de direito processual civil*, II, p. 602, grifos meus. No mesmo sentido: LIEBMAN, *Estudos sôbre o processo civil brasileiro*, p. 182; PONTES DE MIRANDA, *Tratado da ação rescisória*, p. 106; CALMON DE PASSOS, *Esboço de uma teoria das nulidades aplicada às nulidades processuais*, p. 98.

cesso, mas não impede que sirvam de causa de pedir para futura ação rescisória; e (c) os vícios que provocam a inexistência jurídica da sentença podem ser alegados a qualquer tempo.

Resta saber em que categoria a falta de fundamentação da sentença se insere. Conforme Taruffo, a falta de *motivazione* causa a inexistência jurídica da sentença. Sem entrar no mérito dessa conclusão para o direito italiano, cabe observar que o dispositivo da Constituição italiana (art. 111), invocado por Taruffo, é muito similar ao da brasileira (art. 93, IX), mas não contém a expressão "sob pena de nulidade".[357] A Constituição brasileira fala em *nulidade* e não em *inexistência* o que, no interior da teoria do fato jurídico aqui adotada, indicaria que não se trata de inexistência do ato. E, sendo as nulidades processuais dependentes de decretação pelo magistrado, as consequências da falta de fundamentação só poderiam ser decretadas até o *trânsito em julgado* ou em *ação rescisória*. Se somente o que é existente pode ser nulo, e se a Constituição está dizendo que é nulo, a tese da inexistência da decisão seria inaplicável no direito brasileiro. Em meu entendimento, assim é que opera a nulidade prevista no art. 93, IX, da Constituição brasileira. Mas é preciso reconhecer que não há um conceito hegemônico de nulidade e que, portanto, o dispositivo constitucional poderia ganhar outros significados, dependendo da concepção adotada: (a) Por um lado, se a Constituição estabelece o dever de fundamentação em caráter exoprocessual, como defende Taruffo, então ela poderia estar falando de nulidade *ipso iure*, na linha do conceito adotado por autores como Marcel Planiol,[358] Francesco Carnelutti[359] ou Enrico Tullio Liebman.[360] (b) Por outro lado, se ela fala em "nulidade" no sentido mais corriqueiro de "vício que justifica a decretação de nulidade", então essa decretação precisa ocorrer antes do trânsito em julgado, ou apenas a via da ação rescisória ficará aberta.

Creio que a segunda posição seja a mais acertada. A explicação passa pelo entendimento do *poder jurisdicional* no quadro geral da produção jurídico-normativa. Para lembrar o exemplo de Kelsen,[361] a ordem dada pelo assaltante que nos aponta uma arma e a ordem emanada do juiz estatal diferem pelo respaldo estatal conferido à autoridade do juiz.[362] Uma vez emitida a norma concreta pelo juiz, todo e qualquer

---

[357] CRFB/1988, art. 93, IX: "todos os julgamentos dos órgãos do Poder Judiciário serão públicos, e fundamentadas todas as decisões, sob pena de nulidade, podendo a lei limitar a presença, em determinados atos, às próprias partes e a seus advogados, ou somente a estes, em casos nos quais a preservação do direito à intimidade do interessado no sigilo não prejudique o interesse público à informação;".

[358] Ver PLANIOL, Marcel. *Traité élémentaire de droit civil*. 10. ed. Avec la collaboration de Georges Ripert. Tome premier. Paris: Librairie Générale de Droit & de Jurisprudence, 1925, p. 131.

[359] Ver CARNELUTTI, Francesco. Inesistenza dell'atto giuridico? *Rivista di Diritto Processuale*, Padova, vol. X, n. 1, p. 208-211, 1955.

[360] Ver LIEBMAN, *Estudos sôbre o processo civil brasileiro*, p. 183.

[361] Adaptação a partir de KELSEN, *Reine Rechtslehre*, p. 8 ou KELSEN, *Teoria pura do direito*, p. 9, que fala do *gangster* e do funcionário do fisco (*Steuerbeamten*).

[362] Ou por fazer parte de uma ordem normativa *institucional*, conforme MACCORMICK, Neil. *Institutions of law*: an essay in legal theory. New York: Oxford, 2007, p. 11ss. Aqui, a diferença entre as teorias de Kelsen e de MacCormick não é relevante.

vício que contenha é insuficiente para anulá-la automaticamente. Isso porque não é possível atribuir a todas as pessoas o poder de anular as normas jurídicas.

> Se a ordem jurídica conferisse a toda e qualquer pessoa competência para decidir esta questão, a custo se formaria uma decisão judicial que vinculasse uma das partes. Por isso, a questão – segundo o Direito estadual [*rectius* estatal] – somente pode ser decidida pelo próprio tribunal ou por um tribunal superior. Se um tribunal decide um caso concreto e afirma ter-lhe aplicado uma determinada norma jurídica geral, então a questão encontra-se decidida num sentido positivo e assim permanece decidida enquanto esta decisão não for anulada pela decisão de um tribunal superior.[363]

O comando judicial, se contém vícios, ainda assim fica apenas na situação de anulável, até que seja anulado pelo órgão competente para reconhecer a existência dos vícios e dizer sobre as suas consequências.

> Com efeito, a decisão do tribunal de primeira instância – e a norma individual criada por esta decisão, portanto – não é, segundo o Direito vigente, nula, mesmo que seja considerada como "antijurídica" pelo tribunal competente para decidir a questão. Apenas é anulável, quer dizer: somente pode ser anulada através de um processo fixado pela ordem jurídica.[364]

Mas apenas os pronunciamentos que contenham uma norma precisam ser anulados. Não se pode dizer que o cheque assinado pelo juiz seja uma sentença, tampouco a aula que ele deu na escola da magistratura, e muito menos a pescaria da qual participou com os amigos. No mesmo *status* encontra-se o ato com pretensão de ser uma sentença, mas que não contém um comando ou, o que é o mesmo, contém um comando ininteligível.[365] Quanto a esses atos, não é necessário qualquer anulação, pois eles, mesmo quando praticados nos autos, não expressam uma norma. O mesmo ocorre com a fundamentação, pois esta é apenas justificativa e não norma. Calham, aqui, as observações de Franco Lancellotti sobre o que é essencial na sentença:

> De um ponto de vista funcional vale a substância da sentença como ato de vontade (...), com respeito ao qual a manifestação da motivação do elemento lógico remanesce como simples pressuposto de legitimidade e não como requisito de existência jurídica.[366]

---

[363] KELSEN, *Teoria pura do direito*, p. 297. Texto original: "Würde die Rechtsordnung jedermann ermächtigen, diese Frage zu entscheiden, so käme kaum eine die Parteien bindende gerichtliche Entscheidung zustande. Daher ist diese Frage – nach staatlichem Recht – nur von dem Gericht selbst oder einem höheren Gericht zu entscheiden. Entscheidet ein Gericht einen konkreten Fall und behauptet es, dabei eine bestimmte generelle Rechtsnorm angewendet zu haben, dann ist die Frage in einem positiven Sinn entschieden und bleibt so lange entschieden, als die Entscheidung nicht durch die Entscheidung eines höheren Gerichtes aufgehoben ist." – KELSEN, *Reine Rechtslehre*, p. 272.

[364] KELSEN, *Teoria pura do direito*, p. 297. Texto original: "Denn die Entscheidung des erstinstanzlichen Gerichtes – und das heißt die mit dieser Entscheidung erzeugte individuelle Norm – ist nach geltendem Recht, auch wenn von dem zur Entscheidung der Frage zuständigen Gericht für 'rechtswidrig' angesehen wird, nicht nichtig. Sie ist nur vernichtbar, das heißt: sie kann nur in einem von der Rechtsordnung bestimmten Verfahren vernichtet werden." – KELSEN, *Reine Rechtslehre*, p. 272.

[365] Ver SANTANGELI, *L'interpretazione della sentenza civile*, p. 161.

[366] LANCELLOTTI, Franco. Sentenza civile. In: AZARA, Antonio; EULA, Ernesto (Dir.). *Novissimo digesto italiano*. v. XVI. Torino: UTET, 1969, p. 1119, tradução minha. Texto original: "Da un punto di vista funzionale vale la sostanza della sentenza come atto di volontà (...), rispetto al quale l'estrinsecazione in motivazione dell'elemento logico rimane come semplice presupposto di legittimità e non come requisito di esistenza giuridica".

É por isso, também, que Ferruccio Auletta considera juridicamente inexistente uma sentença "somente quando essa foi pronunciada por um não-juiz".[367]

O sistema processual brasileiro adota essa teoria nos diversos artigos em que trata da *decretação* da nulidade (CPC, arts. 243, 248, 249, 327, 485), pois a necessidade de decretação deixa evidente a impossibilidade de nulidade processual automática ou *ipso iure*, ao menos no que se refere aos atos do juiz, conforme o raciocínio acima. Por isso, quando o Código ou a Constituição estabelecem que determinado ato processual é *nulo* nas hipóteses *x* ou *y*, estão dizendo que *x* ou *y* são vícios que justificam a decretação da *nulidade*, e não que esses atos já seja nulos independentemente de qualquer pronunciamento. O ato processual pode conter um vício desde a sua produção, mas a sua *nulidade* só nasce com o pronunciamento do magistrado.[368]

O artigo 93 da Constituição, deve-se entender, empregou o termo "nulidade" com o sentido que ele possuía no sistema processual então vigente (que nesse ponto possui raízes medievais e até hoje não foi alterado).[369] Ele estabelece apenas uma *causa* que autoriza, e até mesmo impõe, a *decretação de nulidade* pela autoridade competente. Mas a sentença somente será nula depois de anulada. Esse é o ponto que define a questão da sentença não fundamentada, pois se a anulação não ocorrer antes do trânsito em julgado, forma-se a coisa julgada, formal ou material. No caso de coisa julgada material, o problema da fundamentação incompreensível passa para a esfera das hipóteses de ação rescisória (CPC, art. 485).[370]

---

[367] AULETTA, Ferruccio. *Nullità e "inesistenza" degli atti processuali civili*. Padova: CEDAM, 1999, p. 254, tradução minha. Texto original: "solo quando essa è stata pronunciata da un non-giudice".

[368] Nesse sentido: CALMON DE PASSOS, *Esboço de uma teoria das nulidades aplicada às nulidades processuais*, p. 138; DINAMARCO, *Instituições de direito processual civil*, II, p. 586; DINAMARCO, *Instituições de direito processual civil*, III, p. 681 e TESHEINER, José Maria Rosa; BAGGIO, Lucas Pereira. *Nulidades no processo civil brasileiro*. Rio de Janeiro: Forense, 2008, p. 118.

[369] Ver: CALAMANDREI, Piero. *La casación civil*. Trad. Santiago Sentís Melendo. Buenos Aires: Bibliográfica Argentina, 1961. Tomo I, vol. I: Historia y legislaciones, p. 162-163.

[370] "Se o juiz deu resposta ao pedido do autor, ainda que sem a devida motivação, essa decisão é apta a produzir efeitos jurídicos, que poderão tornar-se imutáveis pela coisa julgada. O vício é, pois, de nulidade, a ser deduzido em sede recursal." – BEDAQUE, *Efetividade do processo e técnica processual*, p. 491.

2.5. Uma ação para interpretação da sentença

As principais soluções para o problema da sentença obscura transitada em julgado, ou supostamente transitada em julgado, foram delineadas nas Seções 2.1 e 2.2, a saber: interpretação pelo juiz da fase de cumprimento, se a sentença for interpretável, ou prolação de nova decisão pelo juiz que deu a decisão anterior, se a sentença for de impossível interpretação. Cabe agora examinar uma alternativa completamente *excepcional* mas que não pode ser ignorada. Trata-se da demanda autônoma de interpretação. O tema é inédito na doutrina brasileira, e sua abordagem coloca este estudo em posição mais próxima à completude. Reitero, porém, tratar-se de solução de escassa aplicabilidade, que não está entre as principais soluções defendidas neste estudo.

Quando aqueles que participaram de um processo judicial controvertem sobre a situação jurídica que deriva de uma sentença ambígua ou obscura, uma das soluções das quais podem cogitar é a propositura de uma nova ação, que interprete a sentença anterior e ponha fim ao estado de incerteza por ela criado. O ordenamento jurídico-processual brasileiro, da mesma forma que os de diversos outros países,[371] permite que a via judicial seja utilizada para eliminar um estado de incerteza sobre uma relação jurídica ou sobre a autenticidade de um documento (CPC, art. 4º). A chamada "ação declaratória" está prevista para esse fim. Poderia ela ser utilizada para eliminar o estado de incerteza causado por uma sentença de mérito transitada em julgado? Tentarei, na presente seção, dar alguma contribuição à resposta para essa questão, sem, contudo, tratar de temas correlatos, como a interpretação de precedentes judiciais, a interpretação de sentença em sede recursal, a interpretação de sentença estrangeira e a interpretação de sentença como preliminar em um processo com outro objeto.

As maiores controvérsias, nesse tema, dizem respeito ao *interesse processual* e à *inafastabilidade da jurisdição*. As partes ainda podem afirmar a existência de interesse na solução de uma controvérsia se já há coisa julgada material sobre ela? A coisa julgada material pode ser invocada para impedir o exercício da jurisdição se o estado de incerteza, de fato, ainda não foi eliminado?

---

[371] Para um panorama histórico e comparativo, ver CASTRO, Torquato. *Ação declaratória*. 2. ed. São Paulo: Saraiva, 1942, p. 32ss; BUZAID, Alfredo. *Ação declaratória no direito brasileiro*. São Paulo: Saraiva, 1943, p. 14ss e BARBI, Celso Agrícola. *Ação declaratória principal e incidente*. 7. ed. Rio de Janeiro: Forense, 1996, p. 9-39.

Defenderei a *admissibilidade* de uma ação interpretativa autônoma para *todas as espécies* de sentença e sem distinção entre as que comportam ou não uma *fase de cumprimento*. Defenderei também que o livre acesso aos meios de oposição à execução (impugnação, embargos) não afasta o interesse em uma ação declaratória para eliminar a incerteza que decorra de uma sentença obscura. Essa solução, frequentemente rejeitada, parece ser a que proporciona, no plano concreto, os melhores resultados, bem como a mais próxima do ideal de efetivo acesso à justiça.

2.5.1. Posição da doutrina e da jurisprudência

O tema não tem despertado o interesse nem da doutrina nem da jurisprudência brasileiras. Mas a doutrina italiana levanta diversas questões que servirão para iniciar nossa reflexão. Os autores italianos divergem sobre o cabimento de uma ação autônoma para interpretação de uma sentença anterior. Emilio Betti considera-a cabível, sempre que presente o interesse na definição da relação jurídica substancial regulada pelo preceito da sentença anterior:

> Quando, de fato, as formulações da sentença (ou seja, do dispositivo relacionado com a motivação) apresentam na sua aplicação prática dificuldades decorrentes da possibilidade de entender seu significado de vários modos, divergentes entre si, deve-se dizer que a equivocidade, a obscuridade ou a incerteza do significado se reflete e repercutem numa incerteza da própria situação jurídica substancial, regulada pelo preceito da sentença: incerteza essa que vem acompanhada pelo perigo de perplexidade no comportamento das partes e de controvérsias que podem surgir sobre a hipótese de o comportamento mantido por uma ou outra parte ter observado ou violado o preceito em questão. Ora, sem esperar que tais controvérsias surjam, é do interesse de pelo menos uma das partes alcançar, por meio de uma interpretação vinculante da sentença precedente, a verificação da situação jurídica substancial.[372]

Da mesma forma, Vittorio Denti sustenta que o ato interpretativo pode ser objeto de uma demanda autônoma.[373]

Antonio Nasi manifesta-se contrariamente. Ele divide as sentenças em duas categorias: as que constituem título executivo e as que não constituem título exe-

---

[372] BETTI, Emilio. *Interpretação da lei e dos atos jurídicos*. Trad. Karina Jannini. São Paulo: Martins Fontes, 2007, p. 149. Texto original: "Quando, infatti, le formulazioni della sentenza (cioè del dispositivo messo in rapporto con la motivazione) presentino nella loro pratica applicazione difficoltà dipendenti dalla possibilità d'intenderne il significato in più modi, fra loro divergenti, è da dire che l'equivocità, l'oscurità o l'incertezza del significato si riflette e si ripercuote in un'incertezza della stessa situazione giuridica sostanziale regolata dal precetto della sentenza: incertezza, questa, cui si accompagna il pericolo di perplessità nel comportamento delle parti e di controversie che possono insorgere circa il punto se il comportamento tenuto dall'una o dall'altra parte abbia osservato o violato il precetto in questione. Ora, senza attendere che tali controversie insorgano, è interesse di almeno una delle parti di pervenire, attraverso una interpretazione vincolante della sentenza precedente, all'accertamento della situazione giuridica sostanziale." – BETTI, Emilio. *Interpretazione della legge e degli atti giuridici*: teoria generale e dogmatica. Milano: Giuffrè, 1949, p. 119.

[373] Ver DENTI, *L'interpretazione della sentenza civile*, p. 155-156, citado por SANTANGELI, *L'interpretazione della sentenza civile*, p. 438.

cutivo. Em ambos os casos a ação declaratória interpretativa seria incabível, mas por razões distintas. No caso das sentenças que constituem título executivo, a ação interpretativa seria incabível porque ela retiraria a certeza do título. O sucumbente deve fazer valer suas razões nos embargos à execução e quaisquer que sejam elas "não poderão fazer voltar a ser incerto o direito certo representado no título executivo – sentença".[374] No caso das sentenças meramente declaratórias, a ação interpretativa seria incabível porque a primeira ação tinha como fim exclusivo eliminar a incerteza. E propor uma nova ação para eliminar a incerteza causada pela primeira seria retornar ao ponto inicial. E "isso não pode ocorrer" – diz Nasi – "pois mesmo em um plano de simples bom senso prático entende-se como não pode acontecer que uma sentença, proferida exatamente para eliminar uma incerteza, ser ela mesma causadora de incerteza".[375]

A jurisprudência da *Corte Suprema di Cassazione* segue a linha de raciocínio de Nasi. Considera "inconcebível um provimento jurisdicional ulterior que, passado em julgado, tenha a função de tornar certo e incontrovertível o alcance de um julgado, isto é de atribuir a este características que já lhe são conaturais".[376]

Fabio Santangeli admite a ação interpretativa, mas com restrições: não a admite quando a solução da dúvida possa ser alcançada por outros meios processuais, em especial os embargos à execução.[377] Diz o autor:

> A orientação adotada é, porém, no sentido de considerar que a controvérsia sobre o significado ou sobre a própria existência do título são resolvíveis (não com a oposição aos atos executivos mas) com a oposição à execução, e que sobre a interpretação do título que essa tenha dado se forma a coisa julgada; derivando daí a inadmissibilidade de uma autônoma ação declaratória interpretativa.[378]

Para as demais situações, contra a doutrina e a jurisprudência que não admitem a ação interpretativa, Santangeli argumenta que outros ordenamentos a disciplinam expressamente e que isso provaria a sua utilidade. E quanto à afirmação de que uma ação interpretativa arruinaria a certeza do título, argumenta que a sentença interpretativa não deve alterar o que ficou decidido na sentença interpretanda e que o risco de uma sequência infinita de ações interpretativas é inelimínavel nos sistemas, como o italiano, que garantem a qualquer um o di-

---

[374] NASI, *Interpretazione della sentenza*, p. 308, tradução minha. Texto original: "... questa non può mai essere tale da far ritornare incerto il diritto certo rappresentato nel titolo esecutivo – sentenza."

[375] NASI, *Interpretazione della sentenza*, p. 309, tradução minha. Texto original: "Riteniamo chi questo non si possa dare, poiché già su di un piano di semplice buon senso pratico si capisce come non possa accadere che una sentenza, emessa proprio per eliminare un'incertezza, sia essa stessa generatrice d'incertezza."

[376] Precedente citado por SANTANGELI, *L'interpretazione della sentenza civile*, p. 440-441, identificado como "Cass., 26 settembre 1983 n. 5707".

[377] Ver SANTANGELI, *L'interpretazione della sentenza civile*, p. 448.

[378] SANTANGELI, *L'interpretazione della sentenza civile*, p. 471, tradução minha. Texto original: "L'orientamento seguito è però nel senso di ritenere che la contestazione sul significato o sulla stessa esistenza del titolo siano risolvibili (non con l'opposizione agli atti esecutivi ma) con l'opposizione all'esecuzione, e che sull'interpretazione del titolo che essa ha dato cada il giudicato; derivandone l'inammissibilità di un'autonoma azione di mero accertamento interpretativo".

reito de propor uma ação, sem entrar em consideração a sua admissibilidade e procedência (*ammissibilità e fondatezza*).[379] Além disso, se for verificado que a sentença é *clara*, o processo será extinto por *ausência de uma condição da ação* e se for verificado que ela é *incompreensível*, o provimento declarará *a inexistência da sentença*.[380] Santangeli entende que a distinção entre sentença *condenatória* e sentença *declaratória* não é relevante como critério de admissibilidade da ação interpretativa, pois em ambos os casos pode haver dúvidas em relação àquilo que foi decidido. Por outro lado, caberia distinguir entre (a) interpretação da sentença para entender o que foi decidido; e (b) interpretação da sentença como título executivo. No segundo caso, existe a via dos embargos à execução (*opposizioni all'esecuzione*), o que eliminaria a existência de interesse em uma ação interpretativa.[381]

2.5.2. Ação interpretativa e efeito negativo da coisa julgada

Um ponto que não me parece estar suficientemente desenvolvido na doutrina examinada diz respeito à relação entre a demanda interpretativa e a coisa julgada existente. Sabe-se que, no direito brasileiro, a coisa julgada impede um novo julgamento do mesmo objeto, ainda que no mesmo sentido do julgamento anterior.[382] Caso os objetos dos dois processos (o da demanda interpretativa e o da sentença interpretanda) se confundissem, a demanda interpretativa encontraria obstáculo no efeito negativo da coisa julgada. Mas são objetos diversos. A identificação do objeto do processo deve ser feita com base no *pedido* e na *causa de pedir*. Um processo entre as mesmas partes, com o mesmo objeto – ou mesmo sem a tríplice identidade, mas tendente a modificar uma sentença de mérito transitada em julgado, excepcionada a ação rescisória – deve ser extinto sem exame do mérito, com base no artigo 267, V, do CPC. Nisso consiste o efeito negativo da coisa julgada.[383] Cabe observar que as hipóteses de violação da coisa julgada não se esgotam aí: viola-a, também, a decisão que, mesmo em processo *sem a tríplice*

---

[379] Ver SANTANGELI, *L'interpretazione della sentenza civile*, p. 447.

[380] Ver SANTANGELI, *L'interpretazione della sentenza civile*, p. 447.

[381] Ver SANTANGELI, *L'interpretazione della sentenza civile*, p. 463-464 e 471.

[382] Ver GRINOVER, Ada Pellegrini. Notas. In: LIEBMAN, *Eficácia e autoridade da sentença*, p. 66-67.

[383] Alguns exemplos trazidos por Vicente Greco Filho: "Qual o defeito da sentença de liquidação em desacordo com a sentença transitada em julgado do processo de conhecimento? A resposta natural e imediata é: a ofensa á coisa julgada. Mas não há, no caso, a tríplice identidade. Aliás, há grande número de decisões rescindindo sentenças de liquidação, nessas condições, com fundamento no art. 485, IV, do Código de Processo Civil. Qual a objeção possível se A, depois de obter sentença irrecorrível de declaração de inexistência de relação jurídica em face de B, vê-se demandado por B, que pretende cobrar algum crédito decorrente dessa mesma relação? Poderia o juiz da segunda ação, ainda que *incidenter tantum*, reconhecer a existência daquela relação jurídica e concluir pela procedência do pedido? Qual o defeito que teria a segunda sentença se o fizesse? Todas essas perguntas são de muito simples resposta. Haveria coisa julgada. Mas não se encontra, no caso, a tríplice identidade." – GRECO FILHO, Vicente. *Direito processual civil brasileiro*. Vol. 2. 16. ed. São Paulo: Saraiva, 2003, p. 261-262.

identidade, decida de modo a não dar cumprimento a uma sentença coberta pela coisa julgada. Nisso consiste o efeito positivo da coisa julgada.[384]

Necessário, então, definir com precisão o objeto do processo que busca a interpretação da sentença coberta pela coisa julgada. Trata-se de uma demanda *sobre o significado* de um fato jurídico específico: a sentença anterior. Essa demanda envolve apenas a interpretação da decisão anterior, e não a rediscussão dos fatos ou do direito nela examinados.

A possibilidade de uma ação interpretativa após o trânsito em julgado da sentença não elimina a utilidade dos embargos de declaração e nem constitui forma de escapar à preclusão verificada pela sua não interposição. A disciplina dos embargos de declaração e da correspondente preclusão está ligada a efeitos endoprocessuais, enquanto a ação ora descrita tem por objeto e como resultado efeitos exoprocessuais: o objeto é a interpretação da sentença coberta pela coisa julgada (e não de sentença ainda sujeita a recurso), e o resultado é uma nova sentença também qualificada pela coisa julgada.

Além de objeto diverso do da primeira demanda, a demanda interpretativa possui outra causa de pedir. Esse elemento também afasta o obstáculo da coisa julgada e, assim, permite a apreciação da demanda interpretativa. Não há identidade na *causa da incerteza*, que integra, no caso das demandas declaratórias, a *causa petendi*.[385] Na primeira ação, a incerteza pode ser decorrente de inúmeros fatores como, por exemplo, alguma questão ligada à capacidade dos contratantes. Na segunda ação, os fatores de incerteza são novos. Não se retoma os fatores já discutidos e julgados na primeira ação: prossegue-se a partir do texto da sentença anterior para, por meio da interpretação deste, eliminar incertezas que possam ter surgido.

2.5.3. Base jurídica da possibilidade de uma ação interpretativa

Nasi diz que a certeza é um atributo natural da coisa julgada. Os litigantes tornam *incerta* uma relação jurídica quando *contestam* a sua existência/inexistência. Mas uma vez decidida a sua existência ou inexistência com força de *coisa julgada, o fato de algum dos litigantes continuar contestando a sua existência é irrelevante* pois, perante o direito, sua existência ou inexistência possui o atributo da *certeza* conferido pela coisa julgada. Na terminologia que venho empregando neste estudo, a sentença que se encontra em *estado de interpretação* (no qual a interpretação é *possível* e *necessária*) faz coisa julgada. Nasi provavelmente diria (embora não o tenha afirmado nestes termos) que não se pode permitir uma ação tendente a formar uma segunda coisa julgada sobre a mesma relação, pois: ou (a)

---

[384] Sobre o efeito positivo da coisa julgada, anotam Luiz Guilherme Marinoni e Daniel Mitidiero: "A coisa julgada pode servir como ponto de partida para que a parte interessada deduza *outra pretensão* em juízo, sendo essa a sua eficácia positiva." – MARINONI; MITIDIERO, *Código de processo civil comentado*, p. 446, grifo meu.

[385] Ver CRUZ E TUCCI, José Rogério. *A causa petendi no processo civil*. 2. ed. São Paulo: RT, 2001, p. 24.

ela será *igual à primeira* em seu sentido – embora com outras palavras, pois interpretativa – e portanto será inútil, além de proibida pelo direito; ou (b) ela terá sentido diferente da primeira, o que violaria a coisa julgada. Afastadas essas hipóteses, o momento interpretativo teria lugar apenas nos incidentes do processo executivo e na oposição à execução, para afastar interpretações desconformes à sentença transitada em julgado.

Com base na teoria de Nasi, seria possível formular o seguinte exemplo: Uma sentença declarou existente uma relação jurídica entre determinado segurado e o INSS, relação esta que dá ao segurado o direito ao benefício previdenciário b, no valor v. Formou-se a coisa julgada material. Posteriormente, uma das partes manifestou o entendimento de que os termos da sentença indicariam o direito ao benefício y, em vez de b. De acordo com a teoria de Nasi, isso seria irrelevante, pois já se formou coisa julgada no sentido de o benefício ser b. Qualquer pretensão no sentido de que o benefício não seja b, mesmo que sob a alegação de interpretação da sentença, iria contra a coisa julgada.

Trata-se de um argumento difícil de rebater, mas que penso deva ser enfrentado. Tentarei colocar o problema em outros termos. Conforme já visto nas Seções 1.3, 2.1 e 2.2, uma sentença pode encontrar-se em três situações distintas, em razão do grau de inteligibilidade do seu texto: ou (a) ela é ininteligível, situação na qual não chega a apresentar força ilocutória de sentença, ou seja, não existe juridicamente como sentença judicial, ou (b) é clara ou, ao menos, (c) interpretável. Nestas duas últimas situações *há coisa julgada*. O fato de haver coisa julgada não afasta a possibilidade fática de dúvidas interpretativas, decorrentes de obscuridade do texto. O direito não possui o poder de fazer com que os homens se expressem de modo perfeito. A sentença é um texto e frente a um texto sempre podem surgir dúvidas e controvérsias interpretativas. Quando necessário (situação de interpretação), primeiro interpreta-se o texto da sentença para depois saber qual é exatamente a prestação a ser adimplida. Isso não retira a força da coisa julgada, pois o comando está dado e pode ser, *com segurança*, traduzido, pela interpretação, em uma fórmula que elimine as dúvidas dos jurisdicionados. Aliás, é isso que muitas vezes é feito nos embargos à execução, com força de coisa julgada. O fato de a sentença estar na situação de interpretação (ou seja, necessitar de interpretação) habilita a disputa interpretativa a ser causa de uma demanda autônoma. Trata-se de uma demanda sobre o significado, dependente apenas da interpretação da decisão anterior, e não da rediscussão dos fatos ou do direito nela examinados. Resta, contudo, saber se o direito de impugnar a execução não elimina o interesse em toda e qualquer ação interpretativa.

Em primeiro lugar, há sentenças que não comportam execução, caso em que não há oportunidade para embargos. No direito brasileiro, as sentenças que condenem a um pagamento em dinheiro, à entrega de coisa ou a fazer ou deixar de fazer algo, são seguidas de uma *fase processual de cumprimento*. Nessa fase, o sucumbente pode apresentar uma impugnação em razão (dentre outras) de estar-lhe sendo exigido algo diverso do que consta do título judicial (a sentença). Mas há sentenças que, mesmo sendo de procedência do pedido, não comportam uma fase processual de cumprimento. São as sentenças *meramente declaratórias*, que continuam a existir no direito brasileiro mesmo após a introdução do art. 475-N no CPC.[386] Compartilho, no ponto, do entendimento de Carlos Alberto Alvaro de Oliveira, que escreve:

> (...) a sentença meramente declaratória é incompatível com qualquer espécie de execução: basta o seu trânsito em julgado para que se imponha o preceito declaratório decorrente do comando respectivo. O demandado deve ter apenas uma posição passiva (respeitar o preceito) e não uma ativa (prestar), como ocorre com a tutela condenatória. Em caso de mera declaração, ponto assaz importante, o comando sentencial opera para o futuro e não sobre o passado.[387]

E mais adiante conclui:

> Estabelecidas essas premissas, é possível concluir que a mera declaração mencionada no art. 4º revela-se totalmente distinta da declaração referida no art. 475-N, inciso I. A primeira diz respeito à existência ou inexistência de relação jurídica; a segunda concerne à declaração inderrogável da existência do inadimplemento (da violação de uma obrigação e, eventualmente, da lesão de um direito). A esse respeito, sustenta com acerto Calamandrei, quando procura traçar os contornos da garantia jurisdicional contra a transgressão do preceito, que esta última espécie de declaração de certeza não será, neste caso, um fim em si mesma, mas unicamente uma necessária preparação para pôr em prática os meios de coação (*v.g.*, pressão psicológica sobre a vontade do obrigado para induzi-lo a cumprir o preceito, *astreintes*, prisão civil do devedor de prestação alimentar; restituição direta, mediante entrega da coisa, ou por sub-rogação mediante extração de dinheiro do devedor). Mas, se assim é, o reconhecimento de que trata o art. 475-N, inciso I, só pode dizer respeito à tutela condenatória, mandamental ou executiva *lato sensu*, conforme a natureza da obrigação.[388]

Ora, a sentença meramente declaratória é como qualquer outro texto: pode necessitar de interpretação *sensu stricto*.[389] Há concreta ameaça de lesão a um direito quando uma das partes manifesta intenção de praticar ou exigir comportamento contrário ao regramento da relação jurídica reconhecida ou negada pela sentença. O desrespeito à sentença declaratória pode trazer consequências para as partes, como a possibilidade de um pedido de indenização, por exemplo. Qualquer das partes, mesmo que entenda que a sua interpretação é a correta, possui legítimo interesse em ver afastada (ou ao menos julgada) a interpretação contrária, de modo a poder dar andamento à sua vida e aos seus negócios sem um risco elevado

---

[386] A questão é polêmica e não poderei enfrentá-la aqui. Basta, por ora, que se admita que ao menos algumas sentenças declaratórias não comportam uma fase processual de cumprimento, até por não estarem enquadradas no art. 475-N, I, do CPC. Sobre o tema, remeto o leitor a ALVARO DE OLIVEIRA, *Teoria e prática da tutela jurisdicional*, p. 147-154; ZAVASCKI, Teori Albino. *Título executivo e liquidação*. 2. ed. São Paulo: Revista dos Tribunais, 2002, p. 105; STJ, REsp 588.202/PR, Rel. Min. Teori Albino Zavascki, 1ª T., DJ 25-2-2004 e EREsp 502.618/RS, Rel. Min. João Otávio de Noronha, 1ª S., DJ 1-7-2005.

[387] ALVARO DE OLIVEIRA, *Teoria e prática da tutela jurisdicional*, p. 150.

[388] ALVARO DE OLIVEIRA, *Teoria e prática da tutela jurisdicional*, p. 152.

[389] Ver Subseção 1.3.1.

de uma demanda futura. Em alguns negócios, inclusive, é fundamental que não paire qualquer dúvida sobre transações de grande vulto. Basta lembrar as somas bilionárias que são negociadas diariamente no mercado acionário e os reflexos que a mera possibilidade de uma *disputa sobre uma patente industrial* pode eventualmente ter. Caso circulem alegações de que uma empresa está utilizando indevidamente uma tecnologia patenteada, essa empresa tem todo o direito de saber se foi ela que interpretou mal a sentença anterior ou se foi a parte contrária e, com isso, pôr fim à questão.

Nesse aspecto, cabe uma complementação aos argumentos de Santangeli. Ele afirma que *outros ordenamentos* disciplinam expressamente a ação interpretativa e que isso provaria a sua utilidade. Contudo, os únicos exemplos por ele citados referem-se às cortes internacionais. De fato, os regulamentos da Corte Internacional de Justiça,[390] da Corte Interamericana de Direitos Humanos[391] [392] e do Tribunal de Justiça da União Europeia[393] autorizam as partes a ingressar com um pedido de interpretação em caso de dúvida quanto ao significado da sentença. Poder-se-ia objetar que o argumento é insuficiente, pois se estamos tratando

---

[390] The Rules of Court (1978), Article 98, tradução minha: "1. No caso de disputa sobre o significado ou o alcance de uma decisão, qualquer parte pode propor uma demanda para sua interpretação, quer o procedimento original tenha sido iniciado através de um requerimento ou através de uma notificação de um acordo especial." ("1. In the event of dispute as to the meaning or scope of a judgment any party may make a request for its interpretation, whether the original proceedings were begun by an application or by the notification of a special agreement.")

[391] Convenção Americana sobre Direitos Humanos (1969), art. 67: "A sentença da Corte será definitiva e inapelável. Em caso de divergência sobre o sentido ou alcance da sentença, a Corte interpretá-la-á, a pedido de qualquer das partes, desde que o pedido seja apresentado dentro de noventa dias a partir da data da notificação da sentença".

[392] Regulamento da Corte Interamericana de Direitos Humanos, art. 59: "Pedido de interpretação de sentença. 1. O pedido de interpretação a que se refere o artigo 67 da Convenção poderá ser formulado em relação às sentenças de mérito ou de reparações e se apresentará na Secretaria da Corte, cabendo nela indicar com precisão as questões relativas ao sentido ou ao alcance da sentença cuja interpretação é solicitada. 2. O Secretário comunicará o pedido de interpretação das partes no caso e as convidará a apresentar por escrito as razões que considerem pertinentes, dentro do prazo fixado pelo Presidente. 3. Para fins de exame do pedido de interpretação, a Corte reunir-se-á, se é possível, com a mesma composição com que emitiu a sentença de que se trate. Não obstante, em caso de falecimento, renúncia, impedimento, escusa ou inabilitação, proceder-se-á à substituição do juiz que corresponder, nos termos do artigo 16 deste Regulamento. 4. O pedido de interpretação não exercerá efeito suspensivo sobre a execução da sentença. 5. A Corte determinará o procedimento a ser seguido e decidirá mediante sentença".

[393] Rules of Procedure (1991 version 2007), art. 102, tradução minha: "1. Uma petição para interpretação de um julgado deve ser feita de acordo com os artigos 37 e 38 destas Regras. Adicionalmente, ela deve especificar: (a) o julgamento em questão; (b) as passagens das quais a interpretação é buscada. A petição deve dirigir-se contra todos aqueles que foram parte no processo em que a decisão foi proferida. 2. A Corte deve proferir sua decisão na forma de um julgamento após ter concedido às partes uma oportunidade de submeter suas observações e após ouvir o Advogado-Geral. O original do julgamento interpretante deve ser anexado ao original do julgamento interpretado. Uma nota sobre o julgamento interpretante deve ser feita na margem do original do julgamento interpretado." ("1. An application for interpretation of a judgment shall be made in accordance with Articles 37 and 38 of these Rules. In addition it shall specify: (a) the judgment in question; (b) the passages of which interpretation is sought. The application must be made against all the parties to the case in which the judgment was given. 2. The Court shall give its decision in the form of a judgment after having given the parties an opportunity to submit their observations and after hearing the Advocate General. The original of the interpreting judgment shall be annexed to the original of the judgment interpreted. A note of the interpreting judgment shall be made in the margin of the original of the judgment interpreted.")

do tema no âmbito dos *ordenamentos jurídicos nacionais*, deveriam ser citados exemplos nesse âmbito. O fato é que os ordenamentos nacionais não costumam tratar dessa questão, daí as divergências doutrinárias.[394] Mas em um certo aspecto o exemplo das cortes internacionais favorece o entendimento que defendi no parágrafo anterior (cabimento da ação interpretativa quando a sentença interpretanda é meramente declaratória), pois a sentença dessas cortes é do tipo que conta com o *cumprimento voluntário* pelas partes, inclusive pelo tipo de relações – relações internacionais – de que se trata nas suas sentenças.[395] Além disso, mesmo com todas as ressalvas feitas, o exemplo das cortes internacionais indica realmente a *utilidade* da aceitação e do uso da ação interpretativa, conforme ressaltado por Jo M. Pasqualucci:

> Uma interpretação de um julgado pode aumentar a transparência do procedimento da Corte em certos casos por meio da eliminação de qualquer dúvida sobre o conteúdo e o alcance de um julgado. A Corte tem reiterado uma regra estabelecida pela *case law* de outras cortes internacionais, de que "a interpretação de um julgado envolve não apenas definição precisa do texto das partes operativas do julgado, mas também a especificação de seu alcance, significado e propósito, com base nas considerações do julgado".[396] [Corte Interamericana de Direitos Humanos, Velásquez Rodríguez *v.* Honduras].

Caso adotada a tese da *inadmissibilidade* de uma ação declaratória interpretativa, o caminho seria cada pessoa interpretar e respeitar a sentença à sua maneira e, caso alguém alegasse violação da sentença, reclamar ao juiz. Por analogia, o juiz seria o mesmo competente para a fase de cumprimento dos processos que possuem fase de cumprimento. Mas, com isso: (a) negar-se-ia a aplicação da ação declaratória justamente na situação para a qual ela existe: resolver um estado jurídico de incerteza, prevenindo litígios; (b) afastar-se-ia da apreciação do Judiciário uma ameaça de lesão a direito (violação da CRFB/1988, art. 5º, XXXV); e (c) restringir-se-ia o acesso à justiça.

A sentença meramente declaratória não é a única cuja interpretação pode ser objeto de uma demanda autônoma. Santangeli está certo quando afirma que a distinção entre as espécies de sentença do processo de conhecimento não é relevante

---

[394] Durante os trabalhos preparatórios do CPC italiano de 1942, havia propostas prevendo uma ação, ou ao menos um procedimento, para interpretação da sentença, mas o dispositivo jamais chegou a fazer parte do texto legal. Ver SANTANGELI, *L'interpretazione della sentenza civile*, p. 438. No direito brasileiro, apenas no que se refere à interpretação das *sentenças normativas da Justiça do Trabalho* é que se encontra consagrada a possibilidade de uma ação interpretativa, disciplinada pela jurisprudência do TST e por norma regimental (TST-RI, art. 220).

[395] Ver ROSENNE, Shabtai; GILL, Terry D. *The world court*: what it is and how it works. Boston: M. Nijhoff, 1989, p. 41; REZEK, José Francisco. *Direito internacional público*: curso elementar. 9. ed. rev. São Paulo: Saraiva, 2002, p. 353; PASQUALUCCI, Jo M. *The practice and procedure of the Inter-American Court of Human Rights*. Cambridge: Cambridge University Press, 2003, p. 288; KELSEN, *Reine Rechtslehre*, p. 324.

[396] PASQUALUCCI, *The practice and procedure of the Inter-American Court of Human Rights*, p. 217, tradução minha. Texto original: "An interpretation of a judgment may enhance the transparency of the Court's proceedings in appropriate cases by dissipating any doubts about the content and scope of a judgment. The Court has reiterated a rule established by the case law of other international courts that '[t]he interpretation of a judgment involves not only precisely defining the text of the operative parts of the judgment, but also specifying its scope, meaning and purpose, based on the considerations of the judgment'."

para um juízo sobre o cabimento de uma ação interpretativa.[397] Basta lembrar que "o componente declaratório é sempre um elemento integrante de todo ato jurisdicional".[398] Ora, se cabe uma ação interpretativa para elucidar uma sentença meramente declaratória, conforme acabei de defender, isso é um forte indicativo de que, ao menos no que se refere ao componente declaratório das demais espécies de sentença, é cabível também uma ação interpretativa.

A sentença que não seja *meramente* declaratória comporta uma *fase de cumprimento*, a iniciar-se assim que encerrada a fase de conhecimento. Essa é uma diferença relevante quando se examina a possibilidade de uma ação interpretativa, pois na fase de cumprimento a interpretação da sentença compete ao juiz perante o qual ela tramita, ou seja, já existe um juiz competente e uma fase processual (não autônoma) onde a sentença deve ser interpretada, caso necessário. Resta saber se a previsão dessa via elimina qualquer possibilidade de *interesse* em uma ação autônoma com objeto consistente na interpretação da sentença anterior.

Penso que a existência de meios de defesa do executado não é suficiente para eliminar por completo a possibilidade de interesse em uma ação declaratória interpretativa da sentença anterior. A condição *interesse* deve ser verificada em concreto. Não se pode, apriorística e dogmaticamente, excluir por completo a possibilidade de sua ocorrência (a menos que se apele à tautologia). É claro que caberá à parte demonstrar o seu interesse. O que não se pode é, sem o contato empírico com uma situação concreta, dizer que essa via de acesso à justiça está interditada. O interesse necessário para a ação declaratória – gênero a que pertence a ação que busca a interpretação de uma sentença – "está no prejuízo que causa a impossibilidade de prever o próximo desenvolvimento das coisas".[399] E muitas vezes esse prejuízo pode ser afastado, ou minimizado, por meio da mera declaração de que o sentido da sentença é *a* e não *b*. Para obter essa declaração, mesmo com a fase de cumprimento em curso, não é necessário garantir o juízo, caso em que não se obtém a suspensão dos atos coercitivos (exceto excepcionalmente).[400] Como se percebe, pode haver mais de um caminho para estabelecer a correta interpretação de uma sentença que está sendo executada. A possibilidade de acesso a qualquer um desses caminhos não elimina o *interesse* no outro. Ao contrário, só reforça a

---

[397] "Quanto à interpretação da sentença *dirigida àquilo que ficou decidido*, ... não parece oportuno e nem útil distinguir segundo seja a sentença interpretanda meramente declaratória, ou condenatória, ou constitutiva" ("Quanto all'interpretazione della sentenza *in ordine a ciò che è stato deciso*, ... non sembra opportuno né utile distinguere a seconda che la sentenza interpretanda sia una sentenza di mero accertamento, o di condanna, o costitutivo.") – SANTANGELI, *L'interpretazione della sentenza civile*, p. 463, grifo meu, tradução minha.

[398] BAPTISTA DA SILVA, Ovídio Araújo. *Comentários ao código de processo civil*: v. 1: do processo de conhecimento. Coord. Ovídio Araújo Baptista da Silva. São Paulo: RT, 2000, p. 48.

[399] WACH, Adolf. *La pretensión de declaración*. Trad. Juan M. Semon. Buenos Aires: EJEA, 1962, p. 111, tradução minha. Texto da versão em espanhol: "El interés exigido por la ley está en el perjuicio que causa la imposibilidad de prever el próximo desarollo de las cosas ...".

[400] No ordenamento atual, a simples apresentação de impugnação não basta para suspender a execução. A suspensão é medida excepcional, a ser deferida apenas se "relevantes seus fundamentos e o prosseguimento da execução seja manifestamente suscetível de causar ao executado grave dano de difícil ou incerta reparação" (CPC, art. 475-M).

sua existência. Se tenho interesse em embargar à execução, motivado por questões relativas à interpretação da sentença, é evidente que tenho interesse em uma interpretação pura e simples. A questão toda se resume em saber *o que ocorre caso eu resolva utilizar as duas vias ao mesmo tempo*. Não é uma questão de *interesse*, portanto, mas uma questão de *reunião dos processos* (conexão, continência) ou até de extinção de algum (litispendência, coisa julgada).[401]

Tentarei formular um exemplo. Durante a crise financeira mundial que iniciou em 2008, um grande banco, que intermediava aplicações em títulos derivados de hipotecas imobiliárias, foi condenado a indenizar parcialmente os seus clientes pelos prejuízos sofridos nos investimentos nesses títulos. A imprensa logo noticiou a condenação do banco e informou sobre supostos "temores no mercado" em relação à liquidez dos depósitos por ele administrados. Os autores da ação concederam entrevistas afirmando que pretendiam requerer a execução em breve e que estavam felizes por poder reaver todo o valor aplicado. Ocorre que a sentença condenatória era bastante complexa, em razão da complexidade do contrato entre as partes, e estava redigida em linguagem técnica (o que não impedia fosse perfeitamente interpretável). O departamento jurídico do banco estudou-a com atenção e estava convicto de que a condenação não ia além da devolução de algumas taxas de intermediação, de valor comparativamente baixo, sem o menor potencial para levar o banco à insolvência. Caso o banco aguardasse a execução para então saber

---

[401] Cito dois (dentre os diversos) precedentes do STJ que reconhecem a conexão e a possibilidade de coisa julgada quando utilizadas em paralelo as vias da ação declaratória e dos embargos à execução:

(1º) "..2. Se é certo que a propositura de qualquer ação relativa ao débito constante do título não inibe o direito do credor de promover-lhe a execução (CPC, art. 585, § 1º), o inverso também é verdadeiro: *o ajuizamento da ação executiva não impede que o devedor exerça o direito constitucional de ação para ver declarada a nulidade do título ou a inexistência da obrigação*, seja por meio de embargos (CPC, art. 736), seja *por outra ação declaratória ou desconstitutiva*. 3. Para dar à ação declaratória ou anulatória anterior o tratamento que daria à ação de embargos, no tocante ao efeito suspensivo da execução, é necessário que o juízo esteja garantido. 4. Entre ação de execução e outra ação que se oponha ou possa comprometer os atos executivos, não há prejudicialidade, mas *evidente laço de conexão* (CPC, art. 103), a determinar, em nome da segurança jurídica e da economia processual, a reunião dos processos, prorrogando-se a competência do juiz que despachou em primeiro lugar (CPC, art. 106). Nesse sentido: REsp 557.080/DF, 1ª T., de minha relatoria, DJ de 07/03/2005; REsp 887.607/SC, 2ª T., Ministra Eliana Calmon, DJ de 15.12.2006; REsp 747.389/RS, 2ª T., Min. Castro Meira, DJ de 19/09/2005; REsp 834.028/RS, 1ª T., Ministro José Delgado, DJ de 30/6/06. 5. Na hipótese dos autos, em que a recorrente ajuizou ação declaratória de inexistência de relação jurídico-tributária cumulada com anulatória de débito fiscal sem qualquer pretensão de suspensão da exigibilidade do crédito tributário, deve ser respeitado seu direito subjetivo de ação, razão pela qual o acórdão que determinou a extinção do processo sem resolução do mérito merece reforma. 6. Recurso especial parcialmente conhecido e, nesta parte, provido." (STJ, REsp 854.942/RJ, Rel. Min. Teori Albino Zavascki, 1ª T., DJ 26-3-2007, grifos meus).

(2º) "1. A jurisprudência do STJ é pacífica em admitir haver conexão entre ação declaratória de obrigação e ação de execução do título pertinente à mesma obrigação, pela identidade dos seus elementos (art. 103 do CTN). 2. A conexão enseja a reunião dos processos, em benefício da Justiça, para evitar decisões contraditórias, e por economia processual, inexistindo prejuízo caso não haja a reunião das demandas. 3. Se uma das ações tiver sido julgada antes da reunião pleiteada, rompe-se a conexão, e a ação julgada passa a funcionar em relação à outra como prejudicial (dá sentido à ação remanescente). 4. *Enquanto não houver trânsito em julgado, há lide pendente. Com o trânsito em julgado, o decisório dará sentido à ação remanescente*. 5. Ação declaratória julgada improcedente, com trânsito em julgado, acarretando a extinção dos embargos à execução. 6. Recurso especial improvido." (STJ, REsp 501.769/RS, Rel. Ministra Eliana Calmon, 2ª T., DJ 15-12-2003, grifos meus).

a interpretação judicial da sentença, perderia um volume enorme de depósitos durante a espera e sofreria inúmeras consequências contratuais em razão da perda do valor de mercado das suas ações (utilizadas como garantia de outros contratos). Nessa situação, a tutela jurisdicional do tipo cautelar não resolveria, pois ela não elimina a incerteza com definitividade. Sem abrir mão dos meios de defesa que pode utilizar em caso de execução excessiva, o banco possui legítimo interessa para, desde logo, pedir a eliminação da incerteza que se mostra atual e lesiva aos seus interesses. A possibilidade de utilização de uma ação autônoma, interpretativa da sentença anterior, não elimina o interesse nos meios de oposição à execução (impugnação, embargos). Nem a faculdade de oposição destes elimina o interesse naquela. Mas dependendo dos contornos de cada um dos remédios utilizados, sua coexistência poderá atrair o reconhecimento de conexão, continência, litispendência ou coisa julgada.

Cândido Rangel Dinamarco chega à mesma conclusão, embora não se refira especificamente à ação declaratória interpretativa. Ele afirma que as defesas admitidas como fundamentos dos embargos à execução não são exclusividade destes: elas podem ser agitadas por outros meios, antes da oposição, durante a tramitação e, em alguns casos, até mesmo após o julgamento dos embargos à execução. São ressalvados apenas "os casos de defesas por fundamentos coincidentes com os já postos nos embargos, nos quais a coisa julgada ou a litispendência impedem o conhecimento daquelas objeções".[402] Um dos meios citados por Dinamarco é justamente uma "demanda visando à *declaração* de que determinada obrigação inexiste apesar da aparência criada pela inclusão em um título executivo, ou de que ela tem valor menor ou objeto diferente".[403]

Entendo, entretanto, que a mera necessidade de *individuação do bem* ou de fixação da *quantia* não são suficientes como causa de pedir para a ação interpretativa. Isso porque a sentença pode ser perfeitamente clara e ainda assim carecer de posterior individuação do bem ou fixação da quantia, funções típicas da *liquidação de sentença*.

A interpretação judicial de uma sentença, não difere, em essência, da interpretação judicial de uma cláusula contratual. É certo que a autoridade de uma é maior do que a de outra, mas em ambas as hipóteses, independentemente da autoridade de cada uma, é preciso antes *saber qual é o conteúdo* que ela ostenta. O CPC, quando trata da ação declaratória, "refere-se a relações jurídicas em geral, sem restringir sua natureza".[404] Daí conclui-se que, mesmo que a dúvida tenha origem no texto de uma sentença judicial transitada em julgado, é adequado o uso de uma ação declaratória, principal ou incidente, com pedido de interpretação da sentença anterior.

---

[402] DINAMARCO, *Instituições de direito processual civil*, IV, p. 710.
[403] DINAMARCO, *Instituições de direito processual civil*, IV, p. 710.
[404] BARBI, *Ação declaratória principal e incidente*, p. 85.

2.5.4. Conclusão

A sentença de mérito agrega uma norma concreta ao ordenamento jurídico, de modo que a relação jurídica discutida no processo passa a ter uma regulação, ao menos parcialmente, nova.[405] A *imperatividade* da sentença, mesmo da sentença meramente declaratória, faz, agora, parte da relação jurídica entre as partes, afastando a possibilidade de alegação de incertezas que já tenham sido extirpadas com força de coisa julgada. A norma contida na sentença integra a relação jurídica, nos limites objetivos da coisa julgada. Os contornos dessa relação jurídica, em caso de incerteza, podem ser objeto de uma ação declaratória. O mesmo vale para a parcela (ou os aspectos) em que esses contornos são regidos por uma sentença. O estado de incerteza que justifica o uso da ação declaratória pode, portanto, tanto ser remanescente da relação original como criado pela sentença. Não há diferença, para fins do cabimento da ação declaratória, entre as fontes normativas que regem a relação jurídica sobre a qual pairem dúvidas. A causa da incerteza gerada por uma sentença pode ser a obscuridade do seu texto. Essa obscuridade, dependendo da sua gravidade, pode (estado de interpretação) ou não (estado de criação) ser solucionada por meio de interpretação da sentença, em sentido estrito. Quando a interpretação é possível, ou seja, quando o texto permite extrair com razoável segurança um sentido, cabe: (a) a interpretação pelo juiz da fase de cumprimento ou, (b) excepcionalmente (desde que demonstrada existência do interesse processual), uma ação declaratória interpretativa.

---

[405] Ver KELSEN, *Reine Rechtslehre*, p. 250; VELLANI, Mario. *Naturaleza de la cosa juzgada*. Trad. Santiago Sentís Melendo. Buenos Aires: EJEA, 1963, p. 121-122; LIEBMAN, *Eficácia e autoridade da sentença*, p. 23 e ALVARO DE OLIVEIRA, *Teoria e prática da tutela jurisdicional*, p. 90-91.

Conclusões

Abaixo estão expostas as principais conclusões alcançadas no decorrer da exposição. Caso elas pareçam ao leitor algo muito simples, ou até mesmo obviedades, terei alcançado o objetivo de expor essas ideias de modo claro e direto. Rogo, contudo, que o leitor as considere meras hipóteses, hipóteses que criam novos problemas e estímulos para a busca de soluções melhores.

1. Sentenças judiciais obscuras são cada vez mais comuns na prática forense. Entre suas principais causas estão: o número excessivo de casos para julgamento, a replicação de textos por processos mecânicos ou informatizados, o uso de modelos genéricos sem a necessária atenção a detalhes particulares do caso e o abandono do rigor lógico.

2. Não há uniformidade no tratamento das sentenças obscuras. As soluções mais comuns têm sido as de tratar a obscuridade como: vício rescisório, causa de ineficácia da sentença, causa de inexistência da sentença ou lacuna a ser suprida pelo juiz da fase de cumprimento. Na prática, a solução mais comum tem sido essa última, o preenchimento do sentido da sentença obscura pelo juiz da fase de cumprimento.

3. O dever do Estado de realizar a tutela jurisdicional é indeclinável. Não é possível que, diante de um conflito de interesses regulados pelo direito, o Estado remeta as partes a um estado de incerteza permanente. Sempre que não houver coisa julgada, haverá coisa julgável. Mesmo a sentença obscura gera uma dessas duas situações, dependendo do seu grau de obscuridade.

4. Diversos problemas linguísticos podem fazer com que o significado da sentença seja inacessível. É possível julgar um texto quanto à sua clareza e presença ou ausência de significado. Em um texto significativo, o significado é algo contextualmente determinável e os diversos significados possíveis não são igualmente legítimos. Quando isso não se verifica, o texto carece de significado ou, no mínimo, de um significado que possa ser imposto, com força de sentença, às partes em um processo judicial. A decisão judicial sem significado não decide. O juiz pode ter decidido algo no seu íntimo, mas é preciso que expresse sua decisão de forma publicamente compreensível, ou o texto da sentença não configurará o

ato ilocutório sentença de mérito, ou seja, não terá força de sentença de mérito e, portanto, não fará coisa julgada material.

5. Pode-se falar de *interpretação* em diversos sentidos, que convém não confundir. Em certo sentido, interpreta-se fenômenos naturais (interpretação natural), em outro sentido, interpreta-se quaisquer manifestações culturais (interpretação *sensu largissimo*), em outro, interpreta-se qualquer texto (interpretação *sensu largo*) e em outro, ainda, interpreta-se somente textos cujo sentido não esteja prontamente visível (interpretação *sensu stricto*).

6. Em sentido estrito, é possível afirmar que algumas sentenças não carecem de interpretação (*situação de isomorfia*, clareza, transparência), outras precisam de interpretação e a sua interpretação é possível (*situação de interpretação*) e outras precisariam ser interpretadas, mas a sua interpretação é impossível, situação em que qualquer atribuição de sentido será um ato de criação (*situação de criação*, impossibilidade de interpretação segura). Qualquer texto pode cair sob uma dessas três situações. Quando isso ocorre com o texto de uma sentença judicial, cada situação dá lugar a providências judiciais de tipo distinto: a situação de isomorfia permite a *aplicação* da sentença; a situação de interpretação permite a sua *interpretação*; e a situação de criação requer que um comando sentencial claro seja *produzido*. A situação de aplicação é a situação em que toda a sentença deveria se encontrar. É a situação ideal. Necessário definir, quanto às outras duas situações, o procedimento a ser adotado.

7. A sentença interpretável é apta a formar coisa julgada material (se for sentença de mérito). Após o seu trânsito em julgado, não cabe mais ao órgão que a prolatou fazer a sua interpretação. Esta deve ser feita pelo juiz responsável pelo cumprimento da sentença ou em ação autônoma com pedido específico de interpretação.

8. A sentença incompreensível (não interpretável *sensu stricto*) inexiste juridicamente como sentença. Ela ainda deve ser criada, ou o respectivo processo permanece pendente. A criação da sentença de mérito, nessa situação, deve ocorrer no mesmo processo, exceto se a sentença for objetivamente complexa e a obscuridade estiver restrita à decisão de um dos pedidos. Nesse caso, existe sentença, mas ela é *citra petita*, o que permite a reiteração do pedido em um novo processo.

9. Uma sentença obscura pode ser consequência de uma inexatidão material ou de um erro de cálculo. Nesses casos, a lei permite a correção do erro a qualquer tempo, mesmo após o trânsito em julgado do restante da decisão, pelo juiz que esteja na condução do processo no momento da correção. Enquadra-se no conceito de erro material que permite correção a qualquer tempo apenas o erro evidente e cuja solução possa ser obtida com segurança a partir da interpretação da decisão, vedada a introdução de um novo julgamento da causa ou a alteração do significado da decisão.

10. Fundamentação ininteligível equivale a ausência de fundamentação. Uma sentença com fundamentação ininteligível não é, automaticamente, nula. O

artigo 93 da Constituição estabelece apenas uma causa que autoriza, e até mesmo impõe, a decretação da nulidade pela autoridade competente. Mas a sentença somente será nula depois de anulada. Se a anulação não ocorrer antes do trânsito em julgado, forma-se a coisa julgada material, que faz com que uma futura anulação dependa da propositura de uma *ação rescisória* (CPC, art. 475).

11. Existe ainda uma solução excepcional que, embora de escassa aplicabilidade, não deve ser descartada de antemão: a demanda autônoma de interpretação. Os contornos de uma relação jurídica regida por uma sentença, em caso de incerteza decorrente da obscuridade do texto, podem ser objeto de uma ação declaratória com pedido de interpretação, mas somente se a sentença está na *situação de interpretação*, ou seja, se o texto permite, apesar das dificuldades, encontrar com razoável segurança um sentido.

Apêndice:
terminologia da teoria do fato jurídico

A *teoria do fato jurídico* possui um lugar único no interior da teoria geral do direito, na dogmática jurídica e na prática, por constituir o ponto de ligação entre a teoria do direito objetivo e a teoria da situação jurídica. Diversos ordenamentos inspiraram-se nela e adotam as suas categorias, o que a faz imprescindível à prática jurídica. Contudo, ela tem recebido as mais diversas formulações, subdivisões, limitações e denúncias de insuficiência – o que faz com que seus conceitos tenham de ser constantemente repensados.[406]

Os esquemas, classificações e conceitos utilizados na teoria do fato jurídico são objeto de inúmeras controvérsias, algumas meramente terminológicas, outras não. Explicitar, de um modo claro e direto, os pressupostos (pontos de vista e ideologias) ligados à adoção da cada conceito, bem como situá-los em um esquema conceitual abrangente, deve eliminar as principais dúvidas que a sua utilização poderia causar. Essa é, em síntese, a proposta deste Apêndice.

Aqui não se enfrenta o problema da *sentença obscura*, mas apenas se esclarece o sentido da terminologia empregada no tratamento do problema. A prolação de uma sentença judicial, como fenômeno com lugar no tempo, *é fato* e, portanto, se submete a uma análise de sua relação com o direito, com todo o aparato conceitual que essa empresa requer.[407]

---

[406] O emprego de conceitos é inevitável na ciência do direito, pois "o dado, que o jurista encontra diante de si, não pertence à natureza, mas à história dos homens. A norma é fruto do pensar e do querer humano. E este querer e pensar, no ato de estabelecer as regras de conduta, e de selecionar os eventos relevantes para o direito, não pode não *conceitualizar* a realidade, reduzi-la a tipos e esquemas gerais. Portanto a ciência jurídica é ciência de segundo grau, ciência de um objeto que já é, por si, um saber, um observar a realidade por meio de tipificações conceituais." – IRTI, Natalino. La polemica sui concetti giuridici. *Rivista trimestrale di diritto e procedura civile*, Milano, Giuffrè, vol. 58, n. 1, p. 9-22, 2004, p. 12, tradução minha. Texto original: "Il dato, che il giurista trova dinanzi a sé, non appartiene alla natura, ma alla storia degli uomini. La norma è frutto del pensare e volere umano. E questo volere e pensare, nell'atto di stabilire le regole di condotta, e di selezionare gli eventi rilevanti per il diritto, non può non *concettualizzare* la realtà, ridurla a tipi e schemi generali. Sicché la scienza giuridica è scienza di secondo grado, scienza di un oggetto che è già, di per sé, un sapere, un guardare la realtà attraverso tipizzazioni concettuali."

[407] Essa noção de *fato* como *acontecimento no tempo*, indissociável do fenômeno no espaço (objeto), segue FALZEA, *Ricerche di teoria generale del diritto e di dogmatica giuridica*, II, p. 101; CALMON DE PASSOS, *Esboço de uma teoria das nulidades aplicada às nulidades processuais*, p. 20 e HERBST, Peter. The nature of

1. Fato e direito

O estudo do *fato* sempre teve uma posição privilegiada na ciência jurídica e em cada uma das disciplinas jurídicas.[408] Isso porque o direito opera por meio de normas e estas, para ter alguma utilidade na organização social, precisam referir-se aos comportamentos esperados perante determinados estados de coisas. Essa forma de atuação do direito abrange tanto a aplicação como a criação do direito. Também "a criação do direito é regulada pelo direito".[409] Hans Kelsen explica a significação jurídica dos fatos da seguinte maneira:

> Se analisarmos qualquer dos fatos que classificamos de jurídicos ou que têm qualquer conexão com o Direito – por exemplo, uma resolução parlamentar, um ato administrativo, uma sentença judicial, um negócio jurídico, um delito, etc. –, poderemos distinguir dois elementos: primeiro, um ato que se realiza no espaço e no tempo, sensorialmente perceptível, ou uma série de tais atos, uma manifestação externa de conduta humana; segundo, a sua significação jurídica, isto é, a significação que o ato tem do ponto de vista do Direito. Numa sala encontram-se reunidos vários indivíduos, fazem-se discursos, uns levantam as mãos e outros não – eis o evento exterior. Significado: foi votada uma lei, criou-se Direito. Nisto reside a *distinção* familiar aos juristas entre o *processo legiferante* e o seu produto, a *lei*.[410]

Desde o século passado – afirma Angelo Falzea – a "teoria da norma como proposição hipotética pode ser considerada *communis opinio*".[411] É assim na generalidade das proposições legislativas, conforme pode ser facilmente verificado. Normas podem ser *hipotéticas* (dever-ser condicionado) ou *categóricas* (dever-ser incondicionado).[412] A primeira espécie é a que, salvo raras exceções, se en-

---

facts. In: BROTMAN, H. *et alli*. *Essays in conceptual analysis*. London: Macmillan, 1956, p. 150. Essa noção não deve ser confundida com a de *fato* como *conteúdo de enunciados verdadeiros*, formulada por P. F. STRAWSON (*Logico-linguistic papers*. London: Methuen, 1971, p. 195) e adotada, entre outros, por: HABERMAS, Jurgen. Wahrheitstheorien. In: *Wirklichkeit und Reflexion*: Festschrift für W. Schultz. Pfullingen: H. Fahrenbach, 1973, p. 242; ALEXY, *Teoría de la argumentación jurídica*, p. 112 e CARVALHO, Paulo de Barros. *Direito tributário*: fundamentos jurídicos da incidência. 7. ed. São Paulo: Saraiva, 2009, p. 119. Para uma comparação entre ambas concepções, ver HAGE, Jaap. *Studies in legal logic*. Dordrecht: Springer, 2005, p. 176-181.

[408] Ver, a propósito, FRANCESCHELLI, Vincenzo. *I rapporti di fatto*. Milano: Giuffrè, 1984, p. 3ss.

[409] WRÓBLEWSKI, Jerzy. Criação do direito. In: *Dicionário enciclopédico de teoria e de sociologia do direito*. Dir. André-Jean Arnaud et al. Trad. Patrice Charles e F. X. Willaume. Rio de Janeiro: Renovar, 1999, p. 175. Ver também KELSEN, *Reine Rechtslehre*, p. 72-73 e CALMON DE PASSOS, José Joaquim. *Direito, poder, justiça e processo*: julgando os que nos julgam. Rio de Janeiro: Forense, 1999, p. 93-104.

[410] KELSEN, *Teoria pura do direito*, p. 2, grifos meus. Texto original: "Analysiert man nämlich irgendeinen der als Recht gedeuteten oder mit dem Recht in irgendeinem Zusammenhang stehenden Tatbestände, wie etwa einen Parlamentsbeschluß, einen Verwaltungsakt, ein richterliches Urteil, ein Rechtsgeschäft, ein Delikt, so kann man zwei Elemente unterscheiden: das eine ist ein in Zeit und Raum vor sich gehender, sinnlich wahrnehmbarer Akt, oder eine Reihe solcher Akte, ein äußerer Vorgang menschlichen Verhaltens; das andere seine rechtliche Bedeutung, das heißt die Bedeutung, die der Akt von Rechts wegen hat. In einem Saal kommen Menschen zusammen, halten Reden, die einen erheben ihre Hände, die anderen nicht; das ist der äußere Vorgang. Seine Bedeutung: daß ein Gesetz beschlossen, daß Recht erzeugt wird. Hier liegt die dem Juristen durchaus geläufige Unterscheidung zwischen dem Gesetzgebungsverfahren und seinem Produkt, dem Gesetz, vor." – KELSEN, *Reine Rechtslehre*, p. 2.

[411] FALZEA, *Ricerche di teoria generale del diritto e di dogmatica giuridica*, II, p. 27.

[412] Sobre imperativos e juízos de valor, categóricos e hipotéticos, ver KANT, Immanuel. *Fundamentação da metafísica dos costumes*. Trad. Paulo Quintela. Lisboa: Edições 70, 2005, p. 50; KELSEN, *Teoria geral das*

contrada na técnica legislativa ("quando A é, B deve ser")[413] e a segunda espécie é encontrada normalmente nas proposições judiciais ("o ladrão Schulze deve ser posto na cadeia")[414]

Tendo em mente o esquema das normas hipotéticas, utilizo o termo "fato" na acepção de *evento com lugar no tempo*, e "fato jurídico" na acepção de *fato indicado como condição, ainda que não exclusiva, para a ocorrência de efeitos jurídicos*.[415] E, por *efeito jurídico*, designo *qualquer mudança no universo do dever-ser jurídico*.[416] A alteração pode ocorrer em caráter *geral*, o que consiste na alteração do *direito positivo* vigente (por exemplo, a entrada em vigor de uma lei penal), ou em caráter individual, o que consiste na alteração da *situação jurídica* de algum, ou alguns, indivíduos (por exemplo, quando uma sentença condenatória ou um negócio jurídico adquirem eficácia). Quando falo de "situação jurídica", refiro-me a um *estado de coisas do plano do dever-ser*. Conforme Angelo Falzea, uma situação jurídica é "atribuída a determinados sujeitos mediante um efeito jurídico".[417] Note-se que a ideia é mais ampla que as de direito subjetivo ou relação jurídica.[418]

Pois bem, quando se trata de normas hipotéticas, é preciso, para que uma situação jurídica concreta seja alterada, que se realize o fato estipulado pela norma como condição. Para um juízo sobre a ocorrência de um fato jurídico, faz-se uma comparação entre o fato comum concreto e a hipótese fática (*fattispecie, Tatbestand*) abstratamente indicada pela norma. Mas a mera *real*-ização de uma *fattispecie* abstrata ainda não basta para que ocorra o efeito jurídico. Mesmo correspondendo a uma *fattispecie*, é preciso que o ato não tenha seus efeitos (a) impedidos pela lei (em razão de alguma causa de ineficácia), nem (b) tenha seus efeitos extintos pela autoridade competente, e nem (c) estejam seus efeitos pendentes,

---

normas, p. 18-19; BOBBIO, Norberto. *Teoria da norma jurídica*. Trad. Fernando Pavan Baptista e Ariani Bueno Sudatti. Bauru: EDIPRO, 2001, p. 135-140; GLAZEL, Lorenzo Passerini. *La forza normativa del tipo*. Macerata: Quodlibet, 2005, p. 148-152.

[413] KELSEN, *Teoria pura do direito*, p. 87. Texto original: "wenn A ist, B sein soll" – KELSEN, *Reine Rechtslehre*, p. 80.

[414] KELSEN, *Teoria geral das normas*, p. 25.

[415] Ver FALZEA, *Ricerche di teoria generale del diritto e di dogmatica giuridica*, II, p. 128-129 e 332. A relação entre o fato e os efeitos jurídicos é de *causalidade jurídica* (Falzea) ou de *imputação* (Kelsen). A diferença entre os dois conceitos, se é que existe, não precisa ser aprofundada aqui.

[416] Alguns autores utilizam o termo "eficácia" em sentido amplo, para designar "os efeitos próprios e finais dos fatos jurídicos" (MELLO, Marcos Bernardes de. *Teoria do fato jurídico: plano da eficácia*, 1ª parte. 5. ed. São Paulo: Saraiva, 2009, p. 33). Da mesma forma, Pontes de Miranda, quando afirma que a "eficácia supõe que exista mundo jurídico, que o nosso espírito capta em suas relações, de modo que toda mudança desse mundo é *eficácia jurídica*" (PONTES DE MIRANDA, *Tratado das ações*, I, § 33, 1). Mas, em sentido estrito, eficácia é a suficiência do ato para a produção dos efeitos pretendidos. Por tratar-se de efeitos *pretendidos*, a eficácia somente pode ser predicada em relação aos atos em que a manifestação da *vontade do efeito* seja levada em conta pelo direito.

[417] FALZEA, *Ricerche di teoria generale del diritto e di dogmatica giuridica*, II, p. 116. Ver também CALMON DE PASSOS, *Esboço de uma teoria das nulidades aplicada às nulidades processuais*, p. 56.

[418] Sobre *situação jurídica*, ver FALZEA, *Ricerche di teoria generale del diritto e di dogmatica giuridica*, II, p. 115-132 e PUGLIESE, Giovanni. *Istituzioni di diritto romano*. Torino: Giappichelli, 1991, p. 50-59.

por dependerem da ocorrência de outro fato (como a passagem do tempo ou a remoção de uma impossibilidade). Antes de examinar cada uma das situações que se relacionam negativamente com o efeito jurídico, será necessário classificar os fatos jurídicos em espécies, pois o estudo dos efeitos leva em conta as diferenças entre as espécies.

2. Tipologia dos fatos jurídicos

Na ciência jurídica, costuma-se diferenciar os *fatos naturais* dos *fatos do homem*, estes denominados *atos jurídicos*.[419] Os atos jurídicos, por sua vez, recebem subdivisão em ilícitos e lícitos,[420] e estes em *atos jurídicos em sentido estrito* e *negócios jurídicos*. Os *atos*, portanto, integram a categoria mais ampla dos *fatos*. Para designar exclusivamente fatos sem a participação humana, ou cuja participação humana seja juridicamente tratada como evento natural,[421] fala-se em *fato jurídico em sentido estrito*.

Negócios jurídicos (*Rechtsgeschäfte*) são as "ações humanas que, por força do direito objetivo, produzem efeitos jurídicos *em consideração à vontade do agente*, e não simplesmente pelo fato objeto dessa atuação".[422] A vontade deve ser *manifestada*, não basta que exista intimamente.[423] A vontade pode ser manifestada por qualquer meio, não apenas por declaração.[424] Em todo negócio jurídico, há (a) a manifestação de uma vontade *programática* (isto é, que não *realiza* a vontade do

---

[419] A opção pelos termos *fato* e *ato*, em vez de *evento* e *comportamento*, justifica-se pela seguinte razão: embora todos eles apresentem polissemia, os dois últimos remetem, no português do Brasil, a significados que podem gerar confusão. Em uma de suas principais acepções, *evento* significa "festa, espetáculo, comemoração, solenidade". E *comportamento*, em razão sufixo "-mento", remete a um *padrão*, a um *modo* de agir, e não apenas ao simples agir. O uso dos termos *evento* e *comportamento* é preferido por FALZEA, *Ricerche di teoria generale del diritto e di dogmatica giuridica*, II, p. 350ss.

[420] Ver PUCHTA, Georg F. *Cursus der Institutionen*. Zweiter Band. 10. Auflage nach dem Tode des Verfassers besorgt von Paul Krüger. Leipzig: Breitkopf und Härtel, 1893, p. 33 e MELLO, *Teoria do fato jurídico: plano da existência*, p. 119-123.

[421] O que alguns autores chamam de ato-fato jurídico. Sem questionar essa opção, creio que, para os fins deste estudo, não seja necessário tal nível de detalhamento.

[422] ALVES, José Carlos Moreira. *A parte geral do projeto de Código Civil brasileiro*. 2. ed. aum. São Paulo: Saraiva, 2003, p. 103. José Roberto dos Santos Bedaque oferece uma definição similar: "Se os efeitos produzidos pelos atos constituem resultado direto do querer, estamos diante dos negócios jurídicos." – BEDAQUE, *Efetividade do processo e técnica processual*, p. 407.

[423] Ver ROBLEDA, Olis. *La nulidad del acto jurídico*. 2. ed. Roma: Università Gregoriana, 1964, p. 11-15 e CALMON DE PASSOS, *Esboço de uma teoria das nulidades aplicada às nulidades processuais*, p. 57.

[424] "A manifestação de vontade é elemento essencial do suporte fático, que é o negócio; com a entrada desse no mundo jurídico, tem-se o negócio jurídico. Daí o erro de se identificarem manifestação de vontade, que é acontecimento do mundo fático, e negócio jurídico, que é juridicização do suporte fático (manifestação de vontade + x + incidência da lei). Há manifestações de vontade que entram no mundo jurídico sem produzirem negócio jurídico. Tampouco, precisa ela, para produzir negócio jurídico, ser "clara" (= declarada)". PONTES DE MIRANDA, F. C. *Tratado de direito privado*. Tomo III. 3. ed. Rio de Janeiro: Borsoi, 1970, p. 4.

agente, apenas projeta uma realização);[425] e (b) identificadora de um interesse que o direito seja chamado a valorizar pela primeira vez, isto é, um interesse específico que não esteja ainda protegido pelo direito. Segundo Angelo Falzea, quando o caso é de um interesse "já conhecido, valorizado e feito juridicamente eficaz", não se tem um *negócio jurídico*, mas uma *declaração não negocial*,[426] espécie de ato jurídico em sentido estrito, na terminologia aqui adotada.

O negócio jurídico é um ato praticado com o uso da *autonomia* (reger-*se* segundo leis próprias) privada, conceito oposto ao de *heteronomia* (sujeição à vontade de *outrem*).[427] O exemplo típico é o contrato.

Atos jurídicos em sentido estrito (*Rechtshandlungen*) são aqueles atos humanos voluntários que, tal qual os negócios jurídicos, constituem suporte fático para a produção de efeitos jurídicos, mas *sem que a vontade do agente tenha relevância* na definição desses efeitos.[428] No ato jurídico em sentido estrito, a lei considera apenas a *vontade de praticar o ato* (nisso difere do mero fato jurídico), mas é irrelevante a *vontade de obter o efeito jurídico* (nisso difere do negócio jurídico). Note-se que a irrelevância da *vontade de obter o efeito jurídico* opera como mero elemento negativo em relação ao conceito de negócio jurídico.[429] Como exemplo, pode-se citar o reconhecimento de paternidade: mesmo que o agente não queira produzir os efeitos jurídicos, e até mesmo se os desconhecer completamente, uma vez realizado o reconhecimento, terá posto os efeitos jurídicos em movimento.

A teoria do fato jurídico pertence à teoria geral do direito e tem alcance sobre todos os seus ramos. O direito processual não é exceção, embora possa haver limi-

---

[425] Ver FALZEA, *Ricerche di teoria generale del diritto e di dogmatica giuridica*, II, p. 774 e SCALISI, Vincenzo. *Il negozio giuridico tra scienza e diritto positivo*. Milano: Giuffrè, 1998, p. 370. A característica programática do negócio jurídico encontra-se subentendida nas definições que o ligam a *norma* e *autorregulação*, como esta: "negócio jurídico ... é a norma estabelecida pelas partes, que podem auto-regular, nos limites legais, seus próprios interesses." – DINIZ, Maria Helena. *Compêndio de introdução à ciência do direito*. 12. ed. São Paulo: Saraiva, 2000, p. 522.

[426] FALZEA, *Ricerche di teoria generale del diritto e di dogmatica giuridica*, II, p. 807.

[427] Sobre autonomia e heteronomia, ver KANT, Immanuel. *Fundamentação da metafísica dos costumes*. Trad. Paulo Quintela. Lisboa: Edições 70, 2005, p. 93-105; WEBER, Max. *Economia e sociedade*. Trad. Regis Barbosa e Karen Elsabe Barbosa. Brasília: UnB, 1999, v. II, p. 14-67; SCHNEEWIND, J. B. *A invenção da autonomia*: uma história da filosofia moral moderna. Trad. Magda França Lopes. São Leopoldo: UNISINOS, 2001, p. 527-575; KELSEN, Hans. *Teoria geral do direito e do estado*. Trad. Luís Carlos Borges. 3. ed. São Paulo: Martins Fontes, 1998, p. 199; IRTI, Natalino. Il negozio giuridico come categoria storiografica. *Quaderni Fiorentini*, p. 557-576, 1990, p. 574.

[428] José Roberto dos Santos Bedaque oferece uma definição similar: "Se a vontade, embora essencial à existência do ato, é irrelevante para determinação das consequências, que são previamente estabelecidas pelo legislador, o fenômeno é denominado 'ato jurídico *stricto sensu*'." (BEDAQUE, *Efetividade do processo e técnica processual*, p. 407-408). Ver também MANIGK, Alfred. Studi di diritto italiano e tedesco sulla natura e l'inquadramento sistematico degli atti giuridici privati. *Ann. Dir. Comp.*, XVI, 1943, p. 142 e ANDREOLI, Giuseppe. *Contributo alla teoria dell'adempimento*. Padua: Cedam, 1937, p. 58.

[429] Ver PANUCCIO, Vincenzo. *Le dichiarazioni non negoziali di volontà*. Milano: Giuffrè, 1966, p. 33 e ALVES, José Carlos Moreira. *A parte geral do projeto de Código Civil brasileiro*. 2. ed. aum. São Paulo: Saraiva, 2003, p. 100-103.

tações.[430] A sistematização trazida pela teoria do fato jurídico é compatível inclusive com os atos de direito público, como o ato de votar uma lei, nomear um Ministro para o STF ou proferir uma sentença.[431] Mas o reconhecimento do valor cognitivo dessa teoria não deve ser entendido como necessidade de aplicação rígida e cega às peculiaridades de cada ramo.[432] Feita essa ressalva, cabem algumas considerações sobre a classificação da *sentença* judicial no quadro dos atos jurídicos. A sentença judicial, produto intelectual e volitivo humano, sem dúvida, pertence ao gênero ato jurídico. Importa definir a sua *espécie*. Pois bem, a sentença não se insere nem na categoria dos *atos jurídicos em sentido estrito* e nem na dos *negócios jurídicos*.

Os principais efeitos da sentença de mérito não são os de um ato jurídico *em sentido estrito*,[433] pois importa, para a geração e configuração dos efeitos jurídicos, o *conteúdo* da manifestação que juiz faz na sentença.[434] Na sentença de mérito, o juiz formula a norma concreta e nisso consistem os seus efeitos jurídicos, que não estão predefinidos pelo legislador. Na sentença terminativa, o juiz, nos termos da sua manifestação, influi sobre o processo como situação jurídica.[435] No ato jurídico em sentido estrito, não é necessário que a vontade do agente esteja dirigida ao efeito jurídico. Na sentença, é essencial que a manifestação de vontade do juiz esteja dirigida ao efeito jurídico, pois é a própria sentença que diz as alterações que a situação jurídica das partes sofrerá.

A sentença não é *negócio jurídico*, pois é da essência do negócio jurídico a *autonomia da vontade*, ou seja, o estabelecimento de regras para a conduta *dos próprios agentes* que realizam o negócio. Em um contrato, por exemplo, "as partes contratantes acordam que devem proceder de determinada maneira, uma em relação à outra".[436] Na sentença, as partes não estabelecem como devem se conduzir: o juiz o faz. Não é, portanto, um ato de *auto*nomia, mas *hetero*nomia.[437]

---

[430] Ver MELLO, *Teoria do fato jurídico: plano da existência*, p. 158; CALMON DE PASSOS, *Esboço de uma teoria das nulidades aplicada às nulidades processuais*, p. 78; LACERDA, Galeno. *Despacho saneador*. 3. ed. Porto Alegre: Fabris, 1990, p. 71 e 125; WAMBIER, *Nulidades do processo e da sentença*, p. 144; MITIDIERO, Daniel. O problema da invalidade dos atos processuais no direito processual civil brasileiro contemporâneo. *Revista Forense*. Rio de Janeiro, v. 386, p. 81-97, jul./ago. 2006, p. 82; CABRAL, Antonio do Passo. *Nulidades no processo moderno*. Rio de Janeiro: Forense, 2009, p. 32.

[431] Ver ROBLEDA, Olis. *La nulidad del acto jurídico*. 2. ed. Roma: Università Gregoriana, 1964, p. 35.

[432] Nesse sentido, WAMBIER, *Nulidades do processo e da sentença*, p. 144-157.

[433] Contra, entendendo que se trata de ato jurídico *stricto sensu*: ALVARO DE OLIVEIRA, Execução de título judicial e defeito ou ineficácia da sentença, p. 69.

[434] E "não há dúvida de que a sentença jurisdicional, a par de configurar o resultado de um processo lógico, exterioriza uma *manifestação de vontade* do ente estatal..." (ALVARO DE OLIVEIRA, Execução de título judicial e defeito ou ineficácia da sentença, p. 69).

[435] Mas não importa o conteúdo da sentença para que ela se torne irretratável para o juiz que a proferiu (admitidas exceções legais) e, quando associada ao trânsito em julgado, extinga uma fase processual ou o próprio processo. Nesse ponto, a sentença funciona como um *ato jurídico em sentido estrito*.

[436] KELSEN, *Reine Rechtslehre*, p. 261, tradução minha. Texto original: "In einem Vertrag vereinbaren die vertragschließenden Partein, daß sie sich gegenseitig in einer bestimmten Weise verhalten sollen".

[437] Sob aspecto dos limites impostos ao agir dos entes públicos, ou seja, sob o aspecto da relação entre o comportamento do ente público e as normas que o regem, pode-se falar também de *autonomia pública*. A esse respeito, ver FALZEA, *Ricerche di teoria generale del diritto e di dogmatica giuridica*, II, p. 789.

Embora a sentença não possa ser classificada nem como ato jurídico em sentido estrito e nem como negócio jurídico, creio que seria inútil classificá-la meramente como ato jurídico *processual*, pois com isso não se aproveitaria o desenvolvimento científico fornecido pela teoria do fato jurídico. Não se saberia, por exemplo, se é possível falar de *eficácia* da sentença pois, ao menos para parte da doutrina, esse é um atributo que se aplica exclusivamente ao negócio jurídico e não ao ato jurídico em sentido estrito.

Parece-me necessário reconhecer a existência de uma outra espécie de ato jurídico, ao lado das duas mencionadas, a saber: a dos *provimentos jurídicos*. Provimentos jurídicos são ações humanas que, por força do direito objetivo, e *em consideração à vontade do agente*, produzem efeitos jurídicos em relação a terceiros. São atos que estabelecem normas para a conduta de outras pessoas (*v.g.* sentença judicial), ou para a conduta de outras pessoas e também dos agentes (*v.g.* aprovação de um projeto de lei). Os provimentos compartilham com o negócio jurídico a *produção de normas* de acordo com uma *manifestação de vontade* e diferem do negócio jurídico por estabelecer normas para a conduta de terceiros. São atos voluntários de heteronomia.[438]

3. Obstáculos ao efeito jurídico

O fato jurídico possui um lugar central na teoria geral do direito pelo seu caráter de correlato do *efeito jurídico*.[439] Mas a correlação não é perfeita. Ela pode falhar no *negócio jurídico,* nos *atos jurídicos em sentido estrito* e nos *provimentos das autoridades*.[440] Uma classificação dos fatos quanto à eficácia jurídica incluiria apenas duas categorias: eficazes e não eficazes. Para o direito como universo de

---

[438] Sobre os *provimentos* como uma categoria especial de atos jurídicos, ver PONTES DE MIRANDA, F. C. *Tratado de direito privado*. Tomo I. 3. ed. Rio de Janeiro: Borsoi, 1970, p. 95; BETTI, Emilio. *Interpretação da lei e dos atos jurídicos*. Trad. Karina Jannini. São Paulo: Martins Fontes, 2007, p. 341; MELLO, *Teoria do fato jurídico: plano da existência*, p. 158.

[439] Ver FALZEA, *Ricerche di teoria generale del diritto e di dogmatica giuridica*, II, p. 102 e 331; CAMMARATA, Angelo Ermanno. Il significato e la funzione del "fatto" nell'esperienza giuridica. In: *Formalismo e sapere giuridico*. Milano: Giuffrè, 1963, p. 249; FRANCESCHELLI, Vincenzo. *I rapporti di fatto*. Milano: Giuffrè, 1984, p. 6; NEPPI, Vittorio. Determinazione del concetto di "fatto giuridico". *Rivista Internazionale di Filosofia del Diritto*, anno XXXIII, serie III, 1956, p. 211 e SCOGNAMIGLIO, Renato. Fatto giuridico e fattispecie complessa: considerazioni critiche in torno alla dinamica del diritto. *Rivista Trimestrale di Diritto e Procedura Civile*, anno VIII, 1954, p. 330. Para considerações críticas sobre a ideia de nexo entre fato e efeito, ver GLAZEL, Lorenzo Passerini. *La forza normativa del tipo*. Macerata: Quodlibet, 2005, p. 155.

[440] Conforme Vincenzo Scalisi, "a eficácia ... refere-se exclusivamente ao perfil da realização dos interesses dos sujeitos. Como tal, pode dar lugar a uma situação autônoma em relação à irrelevância unicamente nos atos nos quais a realização do interesse possa importar como momento logicamente e juridicamente distinto da fase da sua programação. De ineficácia, por isso, não se pode falar a propósito dos atos reais, a respeito dos quais é juridicamente relevante um só momento, aquele da realização e não também aquele da programação." (SCALISI, Vincenzo. *Il negozio giuridico tra scienza e diritto positivo*. Milano: Giuffrè, 1998, p. 370, tradução minha). Está correto. Uma vez que não há uma manifestação programática no puro fato e nem no ato jurídico em sentido estrito, esses têm simplesmente os efeitos que o direito lhes atribuir, sem que se possa falar em ineficácia em relação a outros efeitos, pois não existe nada que aponte *outros* efeitos.

normas, importam apenas os fatos pertencentes à primeira categoria. Mas, para solução de problemas práticos, a segunda categoria é extremamente útil e importante, pois, conquanto a *ineficácia* seja uma qualidade simples, diversas podem ser as suas origens (ou causas) e a aplicação do direito requer que se reconheça cada uma delas. No caminho dos atos até o efeito pretendido, muitas coisas podem acontecer (a obscuridade da sentença é apenas um exemplo) e são cabíveis inúmeras distinções. Passemos a elas.

4. Inexistência jurídica

O efeito jurídico estabelecido por uma norma hipotética depende, para ser desencadeado, de fatos. É compreensível, portanto, que muitos autores conceituem o fato jurídico simplesmente como a causa (causalidade jurídica,[441] ou imputação[442]) de efeitos jurídicos. Se, por *efeito* jurídico, entendêssemos a simples *relevância* para o direito, esse conceito poderia ser aceito. Mas, para os fins desta exposição, adotou-se um conceito operacional de efeito jurídico, o qual, por conveniência, cabe repetir: efeito jurídico é qualquer mudança no universo do dever-ser jurídico. Para o surgimento do efeito jurídico, o fato jurídico pode não bastar, pois (a) ele pode corresponder à hipótese de uma regra parcial, que não tenha efeitos por si mesma, (b) ele pode ter sofrido a sanção de nulidade ou, ainda, (c) os seus efeitos podem estar pendentes por alguma razão. Nada disso quer dizer que não tenha ocorrido um fato previsto hipoteticamente pelo direito.

A relevância jurídica não é exclusividade de fatos atual e expressamente previstos pelo direito. Um fato que não esteja previsto pelo direito pode vir a adquirir relevância jurídica, vide toda a teoria das situações *de facto* e, ainda, a das lacunas jurídicas.[443] O legislador pode atribuir efeitos jurídicos a fatos já ocorridos e que, ao tempo da ocorrência, não estavam previstos em qualquer norma. O juiz pode fazer

---

[441] Conforme FALZEA, *Ricerche di teoria generale del diritto e di dogmatica giuridica*, II, p. 81-82.

[442] Conforme KELSEN, Hans. Causality and imputation. *Ethics*, University of Chicago, vol. 61, n. 1, p. 1-11, Oct. 1950.

[443] Sobre as situações *de facto*, ver FRANCESCHELLI, Vincenzo. *I rapporti di fatto*. Milano: Giuffrè, 1984 e FALZEA, *Ricerche di teoria generale del diritto e di dogmatica giuridica*, II, p. 817-822. Sobre lacunas, ver BOBBIO, Norberto. *Teoria do ordenamento jurídico*. Trad. Maria Celeste Cordeiro Leite dos Santos. 10. ed. Brasília: UnB, 1999, p. 115-160; ALCHOURRÓN; BULYGIN, *Introducción a la metodología de las ciencias jurídicas y sociales*, p. 201-224; MODUGNO, Franco. *Lineamenti di teoria del diritto oggettivo*. Torino: Giappichelli, 2009, p. 188-206. Sobre lacuna axiológica, ver DINIZ, Maria Helena. *Norma constitucional e seus efeitos*. 4. ed. São Paulo: Saraiva, 1998, p. 64-75; REALE, Miguel. *Filosofia do direito*. 14. ed. São Paulo: Saraiva, 1991, p. 706-710; MacCORMICK, Neil. *Institutions of law*: an essay in legal theory. New York: Oxford, 2007, p. 70-74. Outra situação que merece ser lembrada aqui é a da técnica legislativa das *cláusulas gerais*. Embora as cláusulas gerais possuam *fattispecie*, esta é dotada de grande abertura semântica, de modo que "a cláusula geral introduz no âmbito normativo no qual se insere *um critério ulterior de relevância* jurídica, à vista do qual o juiz seleciona certos fatos ou comportamentos para confrontá-los com um determinado parâmetro e buscar, neste confronto, certas conseqüências jurídicas que não estão predeterminadas" (MARTINS-COSTA, Judith Hofmeister. O Direito Privado como um "sistema em construção": as cláusulas gerais no Projeto do Código Civil brasileiro. *Revista da Faculdade de Direito da UFRGS*, n. 15, p. 129-154, 1998, p. 133-134, grifo meu).

o mesmo no caso concreto, pelo seu poder de suprir lacunas. Nada impede que esse mesmo fato seja considerado típico em relação a outras normas, presentes ou futuras, ou, até mesmo, que venha a ter eficácia jurídica apenas por força de sentença judicial, pois, como fato do mundo dos fatos, pode sempre vir a ser juridicizado e a lei não pode prever, de antemão, todas as possibilidades fáticas relevantes para o direito. Ora, se a utilidade da perquirição sobre a existência de um fato jurídico consiste em descobrir se um determinado fato comum possui importância para o direito e se, na verdade, qualquer fato (previstos e não previsto) pode vir a ter importância para o direito, qual é então a utilidade de trabalhar com o conceito "inexistência jurídica"? A utilidade encontra-se em uma etapa essencial de todo o raciocínio jurídico: aquela em que se busca saber se o fato verificado é *da espécie (fattispecie)* prevista por uma norma determinada. No cotejo do fato com a norma, o raciocínio pode ir em duas direções não excludentes: (a) busca-se identificar a norma aplicável à espécie fática; ou (b) busca-se saber se a espécie fática prevista por uma norma (que se pretende ver aplicada ou com base na qual se alega um direito) ocorreu.[444] Se o fato sequer é da *espécie prevista* pela norma, desnecessário fazer indagações posteriores sobre o preenchimento de todos os requisitos exigidos para a ocorrência do efeito jurídico pretendido. Conforme assevera Ferruccio Auletta, ...

> Um fato é relevante se é possível julgá-lo segundo o direito e, julgando-o, predicar sobre ele até mesmo a negatividade absoluta, a qual exprimiria em qualquer caso a recondutibilidade do caso ao tipo. Se um fato vem definido com a medida do direito, isso basta para denunciar-lhe a relevância, dispensável teste adicional de sua eficácia, da qual a relevância prescinde: tanto porque a relevância se exaure na possibilidade da valoração, mesmo puramente negativa, como a irrelevância reside na impossibilidade da valoração jurídica. E os efeitos geram-se não do fato, mas do juízo subsuntivo ou classificatório, têm índole inteiramente lógica, exprimem a necessidade que da inscrição da noema do fato na noema da norma resulte a solução jurídica do problema.[445]

Em síntese, pode-se dizer, com Natalino Irti, que "o juízo subsuntivo possui um valor lógico autônomo; a produção de efeitos requer, por outro lado, o juízo subsuntivo".[446]

Na exposição acima, dedicada às razões para a utilização da categoria da inexistência jurídica, encontra-se implícita uma definição que pode ser assim sintetizada: *inexistência jurídica é a ausência de significado de um fato para o*

---

[444] O CPC brasileiro, no art. 259, V, prevê expressamente a possibilidade de discutir-se em juízo a *existência* de negócio jurídico.

[445] AULETTA, *Nullità e "inesistenza" degli atti processuali civili*, p. 50, tradução minha. Texto original: "Un fatto è rilevante se è possibile giudicarlo per il diritto e, giudicandolo, predicare del medesimo finanche la negatività assoluta, la quale esprimerebbe in ogni caso la riconducibilità del caso al tipo. Se un fatto viene definito con la misura del diritto, ciò basta a denunciarne la rilevanza, non occorrerà saggiarne altresì l'efficacia, dalla quale la rilevanza prescinde: tanto perché la rilevanza si esaurisce nella possibilità della valutazione, fosse pure negativa, come l'irrilevanza risiede nell'impossibilità della valutazione giuridica. E gli effetti si generano non dal fatto, ma dal giudizio sussuntivo o classificatorio, hanno indole interamente logica esprimono la necessità che dall'inscrizione del noema del fatto nel noema della norma consegua la soluzione giuridica del problema".

[446] IRTI, Natalino. Rilevanza giuridica. In: AZARA, Antonio; EULA, Ernesto (Dir.). *Novissimo digesto italiano*. v. XV. Torino: UTET, 1968, p. 1111.

direito. Ela ocorre quando o fato não possui os elementos necessários para ser reconhecido como exemplo (ocorrência, concretização) de uma espécie fática relevante para o direito.[447] Nessa acepção, o conceito de existência jurídica coincide em grande parte com o de *relevância jurídica*. Entendo, porém, relevância como um conceito um pouco mais amplo, que abarca fatos que, embora não previstos por norma alguma, reclamem, ainda assim, um tratamento jurídico a ser conferido pelo magistrado no caso concreto. Para a relevância basta que um valor seja juridicamente protegido, enquanto para a existência é necessário que uma espécie fática esteja prevista, ainda que com grande abertura semântica.[448]

Ressalte-se que, na definição formulada, existência jurídica não é equivalente à totalidade dos fatos necessários para a ocorrência do efeito jurídico.[449] Se fosse assim, o conceito abarcaria o modo, o termo e as condições do negócio jurídico, bem como a não aplicação da sanção da nulidade e ainda a ausência de outras situações em que os efeitos sofrem de alguma espécie de impossibilidade.[450] Com isso, o conceito perderia muito da sua utilidade e, em termos práticos, se confundiria com o efeito jurídico.

Há uma diferença clara entre o juízo de *validade* (no sentido de correção, legalidade, perfeição, regularidade) e o juízo de *existência jurídica* (ou ocorrência). No juízo positivo de existência jurídica, conclui-se pela incidência da norma e, no juízo negativo, pela não incidência. No juízo de validade, quer positivo (validade) quer negativo (invalidade), não se questiona a incidência da norma: ela sempre incide. No primeiro caso, incide para valorizar o ato, no segundo, para desvalorizá-lo. As normas que penalizam os vícios dos atos jurídicos também incidem e a sua hipótese de incidência é justamente o vício do ato. O caso da inexistência jurídica é outro: nesta não há incidência da norma, o fato está fora das hipóteses de valorização ou desvalorização.

A distinção entre *inexistência jurídica* e *nulidade* será feita no tópico referente a esta última.

5. Invalidade

Ao tratar de diferenciar *inexistência jurídica* de *invalidade*, manifestei minha preferência pela utilização deste termo no sentido de incorreção, defeito, ili-

---

[447] Ver IRTI, Natalino. Rilevanza giuridica. In: AZARA, Antonio; EULA, Ernesto (Dir.). *Novissimo digesto italiano*. v. XV. Torino: UTET, 1968, p. 1110; TALAMINI, *Coisa julgada e sua revisão*, p. 281 e 289; CALMON DE PASSOS, *Esboço de uma teoria das nulidades aplicada às nulidades processuais*, p. 89ss.

[448] Conforme Pietro Perlingieri, "Fato juridicamente relevante é, não somente aquele produtor de consequências jurídicas bem individualizadas, mas qualquer fato, como expressão positiva ou negativa de valores ou de princípios presentes no ordenamento." (PERLINGIERI, Pietro. *Il diritto civile nella legalità costituzionale*. Napoli: Edizioni Scientifiche Italiane, p. 229, tradução minha).

[449] Angelo Falzea trata do tema com as expressões *fattispecie* parcial e *fattispecie* total e seus correlatos quasi-efeito e efeito. Ver FALZEA, *Ricerche di teoria generale del diritto e di dogmatica giuridica*, II, p. 78.

[450] Ver PONTES DE MIRANDA, *Tratado da ação rescisória das sentenças e de outras decisões*, p. 25.

citude. *Validade* é um termo de larga utilização no direito e suas acepções são variadas, não apenas no uso dos juristas, mas também no das leis. Marcos Bernardes de Mello lista as seguintes acepções, em rol não exaustivo:

(*a*) No campo da Filosofia do Direito é utilizada:

(*a.a*) Para designar o plano lógico, *plano do dever-ser*, em que se desenvolve o fenômeno jurídico, diferente do plano da causalidade física, natural, que constitui o *plano do ser*. Por isso, tem-se que validade está em oposição a causalidade. Validade é produto de imputação do homem aos fatos, enquanto causalidade é facticidade, realidade física, completamente alheia e infensa à imputação. Nesse sentido, diz-se que o direito se desenvolve num *plano de validade*.

(*a.b*) Utiliza-se, ainda, para qualificar o direito que está conforme, ou não, com os seus próprios fundamentos, sejam éticos, sociológicos ou dogmáticos. Nessa acepção, as normas que integram o ordenamento jurídico serão consideradas válidas ou inválidas, consoante estejam, ou não, de acordo com aqueles fundamentos.

[...]

(*c*) No campo da Teoria Jurídica em que o direito é visto sob a perspectiva da Dogmática Jurídica, validade é qualificação que se atribui a atos jurídicos, inclusive de natureza legislativa, que são conformes com o direito daquela comunidade, especificamente, não contendo qualquer mácula que os torne defeituosos. Sob esse aspecto é que se fala em negócio jurídico válido [...].[451]

Mas esse quadro está longe de ser pacífico, conforme anota o próprio Bernardes de Mello.[452] Mesmo no interior da Ciência Jurídica e da Filosofia do Direito, encontram-se utilizações das mais variadas.[453] As duas principais são: validade como obrigatoriedade (e afins como, imperatividade, vigência, caráter vinculante ou pertinência)[454] e validade como correção (e afins como legalidade ou perfeição).[455] É importante destacar que os conceitos *assemelhados* a validade (na primeira acepção, obrigatoriedade, imperatividade, vigência, caráter vinculante ou pertinência e, na segunda acepção, correção, legalidade ou perfeição) *não são sinônimos* de validade, são apenas vetores para o pensamento. É provável que não exista um sinônimo perfeito para *validade*.

---

[451] MELLO, Marcos Bernardes de. *Teoria do fato jurídico: plano da validade*. 9. ed. São Paulo: Saraiva, 2009, p. 1-2.

[452] MELLO, *Teoria do fato jurídico: plano da validade*, p. 2.

[453] Ver FARIÑAS DULCE, Maria José. *El problema de la validez jurídica*. Madrid: Civitas, 1991, *passim*.

[454] Ver DELGADO ECHEVERRÍA, Jesús. El concepto de validez de los actos jurídicos de Derecho privado: notas de teoría y dogmática. Madrid, Boletín Oficial del Estado, *Anuario de Derecho Civil*, Núm. LVIII-1, Janeiro 2005; BETTI, Emilio. *Teoria geral do negócio jurídico*, tomo III. Trad. e anot. Ricardo Rodrigues Gama. Campinas: LZN, 2003, p. 4; CALMON DE PASSOS, *Esboço de uma teoria das nulidades aplicada às nulidades processuais*, p. 123; CARVALHO, Paulo de Barros. *Direito tributário*: fundamentos jurídicos da incidência. 7. ed. São Paulo: Saraiva, 2009, 75.

[455] Ver PONTES DE MIRANDA, F. C. *Tratado de direito privado*. Tomo IV. 3. ed. Rio de Janeiro: Borsoi, 1970, p. 3ss; MELLO, *Teoria do fato jurídico: plano da validade*, p. 4; DELGADO PINTO, José. Sobre la vigencia y la validez de las normas jurídicas. *Doxa*, Alicante, n. 7, p. 101-167, 1990, p. 107; MODUGNO, Franco. Lineamenti di teoria del diritto oggettivo. Torino: Giappichelli, 2009, p. 147; COELHO, Fábio Ulhoa. *Curso de Direito Civil*. Vol. 1. São Paulo: Saraiva, 2003, p. 312 e SOUZA, *Sentença civil imotivada*, p. 136.

Não se pode falar de uma acepção que seja a *verdadeira*, pois "não faz sentido discutir sobre o verdadeiro significado das palavras. O que interessa é distinguir os diversos significados possíveis de uma palavra e ter bem claro para si com que significado se quer empregá-la".[456] Apesar disso, o problema da validade dos atos jurídicos não pode ser considerado como meramente terminológico. Qualquer que seja a opção adotada, ela possui raízes em um conjunto de convicções filosóficas e traz consequências para todo o quadro teórico referente aos efeitos jurídicos dos fatos.[457] Por isso, será necessário fazer uma breve comparação entre *validade-correção* e *validade-obrigatoriedade*.

A etimologia de *válido* leva ao adjetivo latino *validus* (forte, robusto vigoroso). Na sua origem, podia-se falar, por exemplo, de uma ponte válida, *validi pons* (*i.e.*, segura, sólida), de uma cor válida, *validus color* (*i.e.*, cor de pessoa saudável), ou ainda de um soldado, de um exército, de um muro, de um número, de um remédio, de um veneno, de um amor, de uma correnteza ou de um orador válidos.[458] Mas o uso do termo possui uma longa história e não é mais possível tentar limitar seu significado àquele original.

Um dos usos mais seguros do termo ocorre na lógica, onde um argumento *válido* é um argumento *correto*, que apresenta uma forma que está de acordo com as regras da lógica.[459] Para um juízo de *validade (Gültigkeit)*,[460] não importam a *verdade* ou *falsidade* da conclusão. De fato, existem argumentos válidos cujas conclusões são falsas. Importa, para a validade, apenas se o raciocínio é logicamente correto ou não. Se válido é o argumento formalmente *correto*, pode-se definir a validade como *a conformidade às regras* aplicáveis. Essa noção, primordial para a Lógica, tem sua gênese intimamente ligada ao Direito. Tanto que é a linguagem dos juristas (*quid iuris*) que Kant invoca para explicar a dedução lógica.[461] A linguagem do Direito e a da Lógica exerceram influências recíprocas nesse

---

[456] TUGENDHAT, Ernst. *Lições sobre ética*. Trad. grupo de doutorandos do curso de pós-graduação em Filosofia da PUCRS. Petrópolis: Rio de Janeiro: Vozes, 1996, p. 32.

[457] Cf. MELLO, *Teoria do fato jurídico: plano da validade*, p. 2.

[458] Ver SARAIVA, F. R. dos Santos. *Novíssimo dicionário latino-português*. 11. ed. Rio de Janeiro: Garnier, 2000 (reimpressão da 9. ed., 1927), p. 1253.

[459] Nessa acepção, validade deve ser entendida como a "*conformidade com regras* de procedimento estabelecidas ou reconhecidas. Nesse sentido, diz-se que há validade na inferência que se conforme às regras da lógica, na lei que se conforme às regras constitucionais, na sentença que se conforme às leis, na ordem que seja dada pela pessoa a quem cabe dá-la e nas formas estabelecidas pelas regras. Com esse sentido, validade deve ser distinguida de valores de verdade, de justiça, etc. De fato, uma inferência válida, isto é, realizada em conformidade com regras lógicas, não é uma inferência verdadeira, mas só será verdadeira se as suas premissas forem verdadeiras. Assim, uma lei ou uma sentença válidas nem por isso são justas, etc." (ABBAGNANO, Nicola. *Dicionário de filosofia*. Trad. Alfredo Bosi e Ivone Castilho Benedetti. 4. ed. São Paulo: Martins Fontes, 2000, p. 989, grifo meu).

[460] Veremos, mais adiante, a importância da menção à palavra alemã, empregada por Kant na Crítica da razão pura (*Kritik der reinen Vernunft*).

[461] Ver KANT, Immanuel. *Crítica da razão pura*. Trad. Valerio Rohden e Udo Baldur Moosburger. São Paulo: Nova Cultural, 1996, p. 114-116.

ponto.[462] Mas o uso que a Lógica faz do termo não deve ser visto como argumento a favor da prevalência do mesmo uso no Direito. O que se pretende, neste ponto, é simplesmente a formulação de um modelo explicativo do conceito validade em uma das acepções da palavra.

Por outro lado, o modelo explicativo do conceito validade como obrigatoriedade (e afins como, imperatividade, vigência, caráter vinculante, pertinência ao sistema) parece vir da Filosofia do Direito alemã. Nesse campo, *Geltung* (normalmente traduzido para o português como *validade*) é a forma específica de existência das normas.[463] E isso porque, nesse contexto, validade (*Geltung, logisch-objektiver Geltung*) designa a força vinculante da norma jurídica.[464]

Note-se que nesses dois modelos, o da Lógica e o da Filosofia do Direito, eram utilizados, em alemão, termos distintos: *Gültigkeit* e *Geltung*, ambos traduzíveis por *validade* em português. Em uma perspectiva histórica, pode-se dizer que, na doutrina brasileira a respeito do fato jurídico, falava-se em validade-correção (*Gültigkeit*, termo da parte geral do BGB), muito por influência da obra de Pontes de Miranda. Com o crescimento da influência da Filosofia do Direito alemã,[465] e o seu emprego de *validade* (*Gültigkeit* e, principalmente, *Geltung*) como sinônimo de força vinculante atual,[466] os autores continuaram a utilizar a mesma

---

[462] Embora isso não queira dizer que os atos que produzem normas jurídicas ou novas situações jurídicas possam ser obtidos por dedução das normas que os regem. A produção jurídica depende de atos de vontade e nisso difere da lógica. Ver KELSEN, *Reine Rechtslehre*, p. 4-10.

[463] "Mit dem Worte 'Geltung bezeichnen wir das spezifische Existenz einer Norm" ou "Com a palavra 'validade' designamos a específica existência de uma norma" – KELSEN, *Reine Rechtslehre*, p. 9, tradução minha. E, em outra obra, Kelsen diz: "Por *validade* queremos designar a existência específica de normas. Dizer que uma norma é válida é dizer que pressupomos sua existência ou – o que redunda no mesmo – pressupomos que ela possui *'força de obrigatoriedade'* para aqueles cuja conduta regula. As regras jurídicas, quando válidas, são normas." (KELSEN, *Teoria geral do direito e do estado*, p. 43, grifos meus)

[464] Interessante cruzamento das duas acepções examinadas foi feito por Franco Modugno, ao tratar da validade das normas, para concluir que "a eficácia jurídica derivante de uma norma inválida é então uma espécie *de validade*." (MODUGNO, Franco. *Lineamenti di teoria del diritto oggettivo*. Torino: Giappichelli, 2009, p. 147).

[465] Ver, por exemplo, RADBRUCH, Gustav. *Rechtsphilosophie*. 5. Aufl. Stuttgart, K.F. Koehler, 1956, p. 174; LAUN, Rudolf. *Vom Geltungsgrund des positiven Rechts. Grundprobleme des internationalen Rechts* (Festschrift für J. Spiropoulos). Bonn: Schimmelbusch, 1957, p. 321ss; KELSEN, *Reine Rechtslehre*, p. 196 e 215; SCHREIBER, Rupert. *Die Geltung von Rechtsnormen*. Berlin: Springer, 1966, p. 9ss; WELZEL, Hans. *An den Grenzen des Rechts*. Die Frage nach der Rechtsgeltung. Köln und Opiaden: Westdeutscher, 1966; ALEXY, Robert. *Begriff und Geltung des Rechts*. Freiburg: K. Alber, 1992; ZIPPELIUS, Reinhold. *Rechtsphilosophie*: ein Studienbuch. 5. Aufl. München: C. H. Beck, 2007, p. 18-33.

[466] Na Teoria pura do direito, Kelsen faz dezenas de afirmações como esta: "podemos expressar a validade de uma norma dizendo: certa coisa deve ou não deve ser, ou ser feita." – KELSEN, *Reine Rechtslehre*, p. 10, tradução minha. Texto original: "... können wir die Geltung einer Norm dadurch zum Ausdruck bringen, daß wir sagen: irgendetwas soll oder soll nicht sein oder getan werden." A influência mundial da sua monumental obra é indiscutível e, por isso, não surpreende que tenha provocado inclusive mudanças linguísticas. "O que existe hoje em Teoria do Direito situa-se antes e depois de Kelsen" – afirma o tradutor da *Teoria geral das normas* (DUARTE, José Florentino. Palavras do tradutor. In: KELSEN, *Teoria geral das normas*, p. XII). Mas não é tranquila essa correspondência entre *validade* e *força vinculante*, não apenas no português, mas também na língua inglesa, conforme observa Neil MacCormick: "Isso não é convincente em relação à ideia do que seja vinculante. Validade refere-se à satisfação das condições para o correto e bem-sucedido exercício de um poder. O casamento, ou o contrato, ou o *trust é válido se as partes tiverem feito tudo corretamente..."* ("This is not convincing in relation to the idea of what is binding. Validity concerns satisfaction of the conditions for correct and successful exercise

palavra portuguesa (validade) na *teoria do fato jurídico*, mas alguns começaram a lhe atribuir um novo significado, qual seja, o de validade como obrigatoriedade, força vinculante etc. O problema é que um plano da validade-obrigatoriedade não faz falta na teoria do fato jurídico, onde já se trabalha com um plano exclusivo para a *eficácia*.[467] E o velho plano da validade-correção faz falta e não pode ser dispensado só porque o nome que o designava foi jogado para outro local (que aliás já estava ocupado pelo conceito de *eficácia*). Quero dizer, mesmo que se dê ao *plano da adequação do ato às normas* um nome diferente de *validade*, isso não quer dizer que esse plano deixe de ser útil.

E qual é a utilidade do plano da validade? Lembremo-nos que a teoria do fato jurídico busca fornecer um instrumental teórico para juízos sobre os efeitos jurídicos dos fatos e um dos modos mais seguros de alcançar esse juízo consiste na identificação das causas que impedem a produção dos efeitos jurídicos.[468] Dentre essas causas, destaca-se o vício, a imperfeição, a *invalidade* do ato (na terminologia aqui adotada), à qual o juiz, ou mesmo a lei, podem ligar consequências extintivas dos efeitos. Enquanto o descumprimento de uma norma que confere *poder* resulta na inexistência jurídica do ato, o descumprimento de outras normas (como as de competência, procedimento, conteúdo) define apenas se um ato de uma determinada classe – uma sentença ou um negócio jurídico, por exemplo – tem "um determinado valor em concreto, o da validade, entendida como correção ou conformidade com todas e cada uma das normas sobre a produção jurídica" que afetam o ato em questão.[469]

Esclarecido que trabalharei com o conceito validade-correção, e não com o de validade-obrigatoriedade,[470] e que nisso não há qualquer crítica aos que trabalham com este último, sintetizo o quanto dito com uma definição de validade-correção.

---

of a power. The marriage, or the contract, or the trust is valid if the parties have done everything correctly ...") – MACCORMICK, Neil. *Institutions of law*: an essay in legal theory. New York: Oxford, 2007, p. 161, tradução minha. MacCormick chega a levantar a suspeita de que o problema esteja na tradução ("There is a connected opinio of Kelsen's, *or perhaps of his translators* ..." – ob. cit., p. 160, grifo meu).

[467] A *validade como obrigatoriedade* (e afins como, imperatividade, vigência, caráter vinculante, pertinência) confundir-se-ia, aqui, com o plano da *eficácia* do ato jurídico e, assim, seria inútil. Isso foi corretamente percebido por Calmon de Passos que, nada obstante, optou pelo uso nessa acepção: "Validade e eficácia, invalidade e ineficácia, salienta Carnelutti, são palavras sinônimas; ... Concordamos em parte com Carnelutti, porque também julgamos a distinção desnecessária e até perigosa. ... Identificam-se perfeitamente as duas noções e é excesso pretender extrair de vocábulos tão afins resultados tão diversos." – CALMON DE PASSOS, *Esboço de uma teoria das nulidades aplicada às nulidades processuais*, p. 127.

[468] Sobre a relação entre a validade e eficácia dos atos jurídicos, ver CORSO, Guido. Validità (diritto amministrativo). In: *ENCICLOPEDIA del diritto*. v. XLVI. [Milano]: Giuffrè, 1993, p. 84-107, p. 87ss.

[469] O trecho citado e as ideias sobre a produção normativa, aqui aplicadas aos atos jurídicos, pertencem a PEÑA FREIRE, Antonio Manuel. Reglas de competencia y existencia de las normas jurídicas. *Doxa*, Alicante, n. 22, pp. 381-412, 1999, cit. p. 402.

[470] As duas concepções examinadas correspondem às que Marina D'Orsogna denomina "concezione 'effettuale' e concezione 'causale' della invalidità" (D'ORSOGNA, Marina. *Il problema della nullità in diritto amministrativo*. Milano: Giuffrè, 2004, p. 124).

Validade designa a qualidade dos atos jurídicos que atendam aos requisitos estabelecidos por um ordenamento jurídico determinado. Nesse sentido, ato jurídico inválido é aquele que, embora pertencente à espécie prevista por uma norma jurídica, não cumpre os requisitos do ordenamento vigente.[471]

Os *atos* jurídicos lícitos em geral comportam juízo sobre a sua *validade* pois, se o direito pode estabelecer requisitos para a sua produção, então é possível avaliar o cumprimento desses requisitos. Nas palavras de Raffaele Tommasini, o juízo de *invalidade* é *um juízo de desvalor* "do ordenamento com respeito a um ato que revela interesses não merecedores de tutela".[472] A situação do fato jurídico *stricto sensu* e do ato-fato jurídico (ato que importa apenas como *fato*) é outra. Para esses, não há *requisitos*. Há apenas ocorrência e consequências.[473]

É necessário, ainda, examinar algumas implicações da opção terminológica feita.

Para quem trabalha com *validade-obrigatoriedade*, é possível falar que um ato é válido até que lhe seja retirada a validade, por ato do juiz ou equivalente. Será possível também dizer que nulidade e invalidade são uma mesma qualidade, que corresponde à ausência de força vinculante. Nesse sentido, o juiz que anula o ato lhe retira a validade.

E para quem trabalha com *validade-correção*, é possível falar que um ato pode ser inválido desde o momento da sua produção e, ainda assim, produzir efeitos, ser eficaz. É possível que o ordenamento confira ao ato inválido a mesma eficácia dos atos válidos.[474] Do ato inválido, não se pode retirar a validade, pois

---

[471] Nesse sentido: PONTES DE MIRANDA, *Tratado de direito privado*, IV, p. 3ss; MELLO, *Teoria do fato jurídico: plano da validade*, p. 4; DELGADO PINTO, José. Sobre la vigencia y la validez de las normas jurídicas. *Doxa*, Alicante, n. 7, p. 101-167, 1990, p. 107; MODUGNO, Franco. *Lineamenti di teoria del diritto oggettivo*. Torino: Giappichelli, 2009, p. 147; COELHO, Fábio Ulhoa. *Curso de Direito Civil*. Vol. 1. São Paulo: Saraiva, 2003, p. 312.

[472] TOMMASINI, Raffaele. Invalidità. In: *ENCICLOPEDIA del diritto*. v. XXII. [Milano]: Giuffrè, 1972, p. 577, tradução e grifos meus. Texto original: "Invalidità come giudizio di disvalore. ... La invalidità giuridica presuppone un giudizio di disvalore dell'ordenamento rispetto ad un comportamento umano che evidenzia interessi non meritevoli di tutela."

[473] No mesmo sentido, Pontes de Miranda entende que a "invalidade, a nulidade e a anulabilidade somente concernem aos negócios jurídicos e aos atos jurídicos *stricto sensu*." (PONTES DE MIRANDA, *Tratado de direito privado*, IV, p. 37) e "a validade e a invalidade (nulidade, anulabilidade) só diz respeito aos negócios jurídicos e aos atos jurídicos *stricto sensu*. Não há atos-fatos jurídicos válidos, ou não-válidos. Nem atos ilícitos, ou fatos jurídicos *stricto sensu*." (PONTES DE MIRANDA, *Tratado de direito privado*, IV, p. 4). Ver também TALAMINI, *Coisa julgada e sua revisão*, p. 286. Em sentido diverso, afirmando que *somente o negócio* jurídico pode ser válido ou inválido: SEGNI, Mario. *Autonomia privata e valutazione legale tipica*. Padua: CEDAM, 1972, p. 140 e SCOGNAMIGLIO, Renato. *Contributo alla teoria del negozio giuridico*. Napoli: Jovene, 1969, p. 327. É possível que a divergência, entre as duas posições, se deva à adoção de diferentes noções de *validade*.

[474] Nesse sentido, Adolf Merkl afirma que "il mezzo tecnico giuridico con il quale il diritto soddisfa l'indicata esigenza di politica del diritto è quello che io ho definito 'calcolo dei vizi' (*Fehlerkalkul*). Intendo per calcolo dei vizi una disposizione di diritto positivo che rende possibile sul piano giuridico imputare allo stato atti che non rispondano al complesso dei presupposti richiesti dal diritto positivo per la loro formazione e quindi per la loro validità, che consente di riconoscere tali atti come diritto malgrado quel vizio." (MERKL, Adolf J. Errore giudiziario e verità legale. In: *Il duplice volo del diritto*: il sistema kelseniano ed altri saggi. Trad. C. Geraci. Milano: Giuffrè, 1987, p. 350). E D'Orsogna formula a seguinte explicação para a produção de efeitos por ato inválido:

desde o início ele não a possui. Nesse sentido, o juiz que anula o ato lhe retira apenas os efeitos.

Nos textos legais, não é fácil identificar quando o termo está sendo usado com uma ou com outra acepção. É que o legislador não formula teorias, mas normas destinadas a ter efeitos práticos. Assim, mesmo quando a lei fala de validade no sentido de *correção*, o faz geralmente com vistas à *eficácia* (validade-obrigatoriedade). Um critério que ajuda na distinção é o seguinte: quando a lei fala do *ato de invalidar* outro ato, ou seja, quando ela fala de *invalidação*, na dinâmica jurídica (*v.g.* CRFB/1988, art. 41, § 2º; CLT, art. 702, I, a; CC, arts. 165; 1.245, § 2º; 1.642; 1.650; CPC, arts. 122; 485, VIII), está geralmente se referindo à (retirada da) validade-obrigatoriedade, pois não é possível retirar a validade-correção, uma vez que toda discrepância de um ato em relação ao seu modelo legal ocorre, ou não ocorre, no momento da sua concretização.[475] Isso ocorre, por exemplo, quando o legislador chama a *decretação de nulidade* de *invalidação*. Diversamente, quando a lei fala da *invalidade* (e não da invalidação) de atos jurídicos, na estática jurídica (*v.g.* CRFB/1988, art. 103-A, § 1º; CLT, arts. 428, § 1º e 524, *e*; CC/2002, arts. 104; 107; 108; 123; 144; 166-184; 888; CPC, arts. 154, § 1º; 214; 263), está geralmente se referindo à *validade-correção*, pois esta decorre automaticamente da desconformidade do ato jurídico com o seu modelo legal, enquanto que a outra (a invalidade-ineficácia) depende, muitas vezes, de *aplicação* pela autoridade com poder para tanto.[476]

A invalidade (no sentido de incorreção) é um *estado* do ato jurídico em relação ao ordenamento. Esse estado decorre da presença de um *defeito*. No direito brasileiro, a invalidade pode atrair diversas *consequências*, dentre as quais a *nulidade* (no sentido de sanção consistente na retirada de efeitos jurídicos).[477] Invalidade-incorreção, portanto, não é sinônimo de nulidade-sanção: a primeira é situação valorizada negativamente pelo ordenamento jurídico e objeto da sua reação, a segunda é essa reação. O termo *nulidade* é tão polissêmico quanto o termo *validade* e será preciso examinar as concepções ligadas ao seu emprego.

6. Nulidade

Nulidade (do latim, *nullitas*, de *ne*(não)+*ullus*(alguém) + *tas*, nul+idade), aparece em muitos textos no sentido de:

"Una salda giustificazione dogmatica della produttività di effetti giuridici da parte del provvedimento invalido può rinvenirsi solo dalla considerazione che questo integra a sua volta una (autonoma) fattispecie cui una norma (diversa da quella cui è parametrata la fattispecie 'valida') ricollega effetti contenutisticamente parametrati a quelli della fattispecie 'valida'." (D'ORSOGNA, Marina. *Il problema della nullità in diritto amministrativo.* Milano: Giuffrè, 2004, p. 201).

[475] Ver MELLO, *Teoria do fato jurídico: plano da validade*, p. 78.

[476] MELLO, *Teoria do fato jurídico: plano da validade*, p. 253-254.

[477] Contra: PONTES DE MIRANDA, que diz que a anulação destrói *o próprio ato*, e não apenas os seus *efeitos*. Ver *Tratado de direito privado*, IV, p. 36 (§ 364, 4).

a) *ausência de efeitos jurídicos em razão de um vício*,[478] que ocorre (a.1) automaticamente (em alguns sistemas) ou (a.2) por ato da autoridade com poder para a extinção dos efeitos, nos modos (a.2.1) *ex tunc* ou (a.2.2) *ex nunc*; ou

b) o vício que (b.1) permite ou (b.2) causa (causalidade jurídica, imputação) a nulidade no sentido *a*.

O sentido *b* está muito próximo de invalidade (no sentido de incorreção). A única diferença existente talvez seja esta: *invalidade* é um substantivo abstrato que designa a qualidade daquilo que tem vício, e este é um elemento concreto, contável, que caracteriza aquela. Opto por *não* utilizar o termo *nulidade* para designar a presença de *vício* juridicamente relevante. Para esse fim, trabalho com o termo *invalidade*, conforme visto no tópico anterior.

Utilizo o termo *nulidade* na acepção *a*, acima, sobre a qual cabem algumas considerações. O nulo é *nada, nenhum*, mas apenas no aspecto da *eficácia jurídica*. A recusa dos efeitos jurídicos previstos para uma espécie jurídica (*type, fattispecie*) em razão de defeitos apresentados por um exemplar concreto (*token*, ato jurídico) daquela espécie, constitui uma *reação do sistema*, com o objetivo de garantir a sua própria efetividade e, inclusive, a realização da vontade do agente (quando sancionados os vícios da vontade). Como meio do qual o ordenamento se serve para "reforçar a observância das próprias normas e eventualmente para pôr remédio aos efeitos da inobservância",[479] a nulidade constitui uma *sanção*.[480]

---

[478] Em outras palavras, "o que denominamos de *nulidade* se traduz na retirada de eficácia do ato maculado por sua imperfeição relevante." (CALMON DE PASSOS, *Esboço de uma teoria das nulidades aplicada às nulidades processuais*, p. 125). No mesmo sentido: BETTI, Emilio. *Teoria geral do negócio jurídico*, tomo III. Trad. e anot. Ricardo Rodrigues Gama. Campinas: LZN, 2003, p. 3.

[479] BOBBIO, Norberto. Sanzione. In: AZARA, Antonio; EULA, Ernesto (Dir.). *Novissimo digesto italiano*. v. XVI. Torino: UTET, 1969, p. 530.

[480] Nesse sentido: MELLO, *Teoria do fato jurídico: plano da validade*, p. 52. Contra: HART, Herbert L. A. *The concept of law*. 2nd edn with a postscript edited by Penelope A. Bulloch and Joseph Raz. Oxford: Clarendon Press, 1994, p. 33-34; FERRAZ JÚNIOR, Tercio Sampaio. *Introdução ao estudo do direito*: técnica, decisão, dominação. 4. ed. São Paulo: Atlas, 2003, p. 120; ALVARO DE OLIVEIRA, Carlos Alberto. Notas sobre o conceito e a função normativa da nulidade. In: ALVARO DE OLIVEIRA, Carlos Alberto (org.). *Saneamento do processo*: Estudos em homenagem ao Prof. Galeno Lacerda. Porto Alegre: Fabris, 1989, p. 131-139 e MITIDIERO, Daniel. O problema da invalidade dos atos processuais no direito processual civil brasileiro contemporâneo. *Revista Forense*. Rio de Janeiro, v. 386, p. 81-97, jul./ago. 2006, p. 87. Esses autores afirmam que a nulidade não é *sanção*, mas uma *consequência* jurídica. Contudo, caso se tratasse de simples consequência, jamais necessitaria ser *decretada* pelo juiz. Além do mais, a *consequência* normalmente constitui a *finalidade* da norma que estabelece um preceito para a ação, e não instrumento auxiliar de *garantia* dessa finalidade, como é o caso da nulidade (e das sanções em geral). Calmon de Passos e Antônio do Passo Cabral entendem que se trata de sanção, mas com ressalvas. "O desatendimento de tais prescrições legitima a aplicação de sanções, como tal se entendendo todo meio utilizado para garantir a observância de uma disposição de lei" (CALMON DE PASSOS, *Esboço de uma teoria das nulidades aplicada às nulidades processuais*, p. 105-106). "Pensamos, com a maioria da doutrina, que não há nenhum problema em caracterizar a nulidade como uma sanção, mas com os cuidados de não equipará-la a uma pena. Isso porque as sanções jurídicas a comportamentos humanos que se desejam reprimir ou desestimular podem também ser operadas pela negativa de efeitos jurídicos à conduta contrária à lei, não havendo necessidade de previsão expressa da sanção, o que é característico apenas de algumas espécies de sanção, como as penas criminais" (CABRAL, Antonio do Passo. *Nulidades no processo moderno*. Rio de Janeiro: Forense, 2009, p. 31-32).

Sancire está sobre a raiz de *sak* que Fugier traduz com *existir*. *Sancire* é a atividade humana que dá a alguma coisa uma "específica dimensão de existência", quer dizer que o homem interpreta um evento do devir, reconhece-o e qualifica-o. [...] [A] nulidade é sanção na medida que a própria etimologia dessa expressão sugere, mas é sanção também na medida em que integra a reação do direito ao defeito de um fim pretendido e que pode voltar agora a ser alcançado precisamente em virtude da mediação desse instituto jurídico.[481]

Enquanto a nulidade-vício (acepção *b*, acima) coincide com a ação desconforme com a regra, a nulidade-sanção (acepção *a*, acima) é, no mínimo logicamente se não também temporalmente, um *posterius* em relação à ação. Digo *no mínimo logicamente se não temporalmente* referindo-me a duas espécies de sanção: (a) as que dependem apenas da lei para produzir integralmente os seus efeitos e (b) as que dependem de *aplicação* pela autoridade. É certo que a sanção geralmente opera por meio da técnica de *cominação* e *aplicação*. Mas nem uma nem outra são absolutamente necessárias, ou melhor, sua essencialidade *depende de cada ordenamento jurídico*. Destaco cinco possibilidades. (1) Em um ordenamento que contenha a regra *pas de nullité sans texte*, a cominação é indispensável. (2) Mas nos ordenamentos que contenham norma prevendo a necessidade de pronunciamento judicial da nulidade, ou, ainda, que tragam, expressa ou implicitamente, alguma presunção de validade a favor dos atos jurídicos, esses são eficazes enquanto não forem anulados pelo juiz, ou seja, fazem indispensável, além da cominação, a *aplicação* da sanção.[482] (3) Por outro lado, em um ordenamento em que

---

[481] AULETTA, *Nullità e "inesistenza" degli atti processuali civili*, p. 70 e 72, tradução minha. Texto original: "*Sancire* sta sulla radice di *sak* che Fugier traduce con esistere. *Sancire* é l'attività umana che dà a qualcosa una "specifica dimensione di esistenza", vuol dire che l'uomo interpreta un evento del divenire, lo riconosce e lo qualifica. [...] Intesa come ho fatto sin qui, la nullità è sanzione nella misura che l'etimologia stessa di questa espressione suggerisce, ma è sanzione anche nella misura in cui integra la reazione del diritto al mancamento di un fine voluto che può tornare ancora ad essere conseguito proprio in virtù della mediazione di questo istituto giuridico".

[482] Tal era o caso da nulidade pretoriana, conforme afirma Eugène Petit: "Originou-se desde então a nulidade civil, produzida de pleno direito, e a nulidade pretoriana, que precisava do exercício da ação, e não tinha lugar senão por virtude de uma sentença." (PETIT, Eugène. *Tratado elementar de direito romano*. Trad. Jorge Luís Custódio Porto. Adaptação e notas Ricardo Rodrigues Gama. Campinas: Russell, 2003, p. 281). No direito chileno (CC do Chile, art. 1.682ss), conforme afiança a doutrina, também é assim. Dizem os autores: "1470. Toda nulidade necessita ser judicialmente declarada para que produza seus efeitos. Já deixamos estabelecido que toda nulidade, absoluta ou relativa, não produz seus efeitos dentro da legislação chilena, senão em virtude de sentença judicial passada em autoridade de coisa julgada. Enquanto a nulidade absoluta ou relativa não tiver sido judicialmente declarada, o ato viciado surte todos os seus efeitos, porque leva envolta em si uma *presunção de validade*, mas uma vez declarada, a nulidade opera retroativamente e destrói todos os efeitos do ato nulo no passado." (ALESSANDRINI RODRIGUEZ, Arturo *et all*. *Tratado de derecho civil*: Partes preliminar y general. Tomo II. Santiago: Editorial Juridica del Chile, 1998, p. 340, tradução minha). Segundo Aubry e Rau, esse é também o caso do direito francês. Ver AUBRY, C; RAU, C. *Cours de droit civil français d'après la méthode de Zachariæ*. T. I. 6. éd. Paris: Marchal & Billard, 1936, p. 234. Esse é também o caso do direito processual civil brasileiro, em que os atos produzem efeitos enquanto não tiverem sua nulidade decretada pelo juiz (CPC, arts. 243-250). Segundo Calmon de Passos, "no direito processual, há um critério que afastará qualquer dúvida, quando nada em face do nosso direito positivo. É que as nulidades processuais somente existem quando pronunciadas, ou seja, é o pronunciamento constitutivo do juiz, e somente ele, que retira eficácia ao ato defeituoso, anulando-o." – CALMON DE PASSOS, *Esboço de uma teoria das nulidades aplicada às nulidades processuais*, p. 98. *Idem*, p. 108, 127, 138 e 139. E há, por fim, autores que sustentam que até mesmo a nulidade dos atos regidos pelo direito privado material depende de decretação judicial para sua existência. Ver, nesse sentido, FERREIRA, Valle. Subsídios para o estudo das nulidades. *Revista da Faculdade de Direito*, UMG, Belo Horizonte, ano XIV, n. 3, p. 29-38, out. 1963. Não se pode, porém, aceitar que o princípio *nul ne peut se faire justice à soi-même* signifique

se reconheça às pessoas comuns a faculdade, ou até mesmo o dever, de reconhecer a nulidade e tratar o ato como nulo, a aplicação é dispensável.[483] [484] A necessidade de tutela jurisdicional em caso de controvérsia em nada interfere na classificação de uma nulidade como *ipso iure*, pois o juiz, nesse caso, apenas *reconhece* o que já se passou no direito material. "Uma coisa é a *utilidade* do pronunciamento, outra coisa é sua necessidade", como corretamente anota Calmon de Passos.[485] (4) E em ordenamentos que possibilitam o reconhecimento de nulidades não cominadas (virtuais), evidentemente é desnecessária a cominação.[486] De toda forma, mesmo nesse caso, existe a diferença conceitual entre a deformidade do ato (invalidade) e a consequência dessa deformidade (nulidade): uma antecede logicamente a outra.

---

que toda nulidade requer pronunciamento judicial. Por mais que as partes tenham de se valer da tutela jurisdicional para resolver suas controvérsias, pode muito bem ser o caso de o juiz apenas reconhecer e declarar que o ato é nulo, isto é, que já era nulo desde o início e que a parte que lhe recusava efeitos o fazia com respaldo no direito. Considerar a diferença entre decretação e declaração judiciais como "discussão meramente acadêmica" ou "retórica" é confundir os planos do direito material e do direito processual, ou dos direitos e o da tutela jurisdicional. O recurso à via judicial pode ser necessário inclusive para a tutela dos direitos mais evidentes, em caso de resistência, e isso jamais quis dizer que tais direitos dependessem da sentença judicial para a sua existência.

[483] É o caso de diversas situações no direito holandês, conforme informação de A. S. Hartkamp: "Nulidade *ipso iure* – como no caso de ilegalidade – opera automaticamente, exatamente como a expressão sugere; nesse aspecto há uma grande diferença em relação ao direito francês, que requer uma declaração judicial de nulidade, mesmo no caso de uma *nullité absoluе*, por força do adágio *nul ne peut se faire justice à soi-même*. Na Holanda, tal declaração judicial é considerada supérflua no que se refere ao direito material. Isso não altera o fato de que as partes que discordem sobre a validade de um ato jurídico necessitarem da decisão de um tribunal, caso não consigam resolver seu problema amigavelmente ou por meio de arbitragem, mas a função da decisão judicial nesse caso é puramente declaratória. Uma parte também precisa recorrer à decisão de um tribunal caso a outra parte não queira restituir aquilo que ela tenha recebido no cumprimento de um ato jurídico nulo." – HARTKAMP, A. S. Law of obligations. In: CHORUS, Jeroen M. J. (ed) et all. *Introduction to dutch law*. 4th edn. Kluwer Law International, 2006, p. 154, tradução minha. Conforme Eugène Petit, no direito clássico, as nulidades reconhecidas pelo *ius civile* operavam *ipso iure*: "Com efeito, o princípio geral era que o ato nulo não produzia efeitos; as fontes estabelecem categoricamente que todo ato jurídico em que não se haviam observado as formalidades essenciais, seja quanto à forma interna, seja quanto à externa, era *ipso iure* nulo [C.,1,14,5,pr], e, como antes se disse, não produzia nenhum dos seus efeitos, de modo que o devedor não devia nem a coisa prometida nem seu preço ou avaliação, nem também o que se houvesse prometido por cláusula penal [D.,45,1,69]" (PETIT, *Tratado elementar de direito romano*, p. 280). No mesmo sentido: ALVES, José Carlos Moreira. *Direito romano*. 5. ed. Rio de Janeiro: Forense, 1995, v. I, p. 167. Outro exemplo dessa forma de funcionamento da nulidade encontra-se na constituição chilena de 1833, conforme descreve Jorje Huneeus: "En cuanto a los decretos que el Ejecutivo dictare, arrogándose atribuciones propias de otros poderes, invadiendo atribuciones ajenas, limitando las garantías individuales, ofendiendo algun derecho, o, en jeneral, violando la Constitucion o las leyes, *no es menester que su nulidad sea declarada espresamente* por alguna autoridad pública. Nó. Basta, como lo hemos dicho ya en otra parte, que los tribunales, como lo han hecho mas de una vez, prescindan de ellos, cuando se reclamare su aplicacion, i los dejen virtualmente sin efecto alguno. En verdad, *aquello que es nulo ningun efecto debe producir*. Negar, pues, sus efectos a una medida, es declarar virtualmente la nulidad a que se refiere la parte final del artículo 160 de nuestra Constitucion." (HUNEEUS, Jorje. *La constitucion ante el Congreso*. Segunda i ultima parte – Arts. 59 a 164. Santiago: Imprenta de los Tiempos, 1880, p. 406).

[484] Nem por isso a nulidade escapa da categoria de sanção, pois ocorre, de qualquer forma, uma proteção à regra ou ao valor violado.

[485] CALMON DE PASSOS, *Esboço de uma teoria das nulidades aplicada às nulidades processuais*, p. 101. No mesmo sentido: MELLO, *Teoria do fato jurídico: plano da validade*, p. 254.

[486] Conforme Martinho Garcez, "... casos há em que a nulidade não está expressa na lei, e o juiz, entretanto, não pode deixar de declara-la, porque, então, a nulidade é uma consequencia logica dos principios geraes do Direito, na phrase do profundo Zachariae" (GARCEZ, Martinho. *Nullidades dos actos juridicos*. Rio de Janeiro: Jacintho Ribeiro dos Santos, 1896, p. 11).

Conforme já afirmado, o regime dos atos nulos depende de cada ordenamento jurídico. No ordenamento brasileiro atual, em linhas gerais, as nulidades estão assim reguladas:

a) Admite-se a existência de nulidades virtuais, isto é, não cominadas expressamente (CC, art. 166, II e VII e CPC, arts. 243 e 244).[487]

b) A nulidade dos atos processuais,[488] dos atos dependentes de registro e registrados, dos atos administrativos, do casamento, das leis e de qualquer ato ao qual a lei atribua alguma forma de *presunção de validade* não opera *ipso iure*. Para estes atos, a nulidade nasce com a *aplicação da sanção* de nulidade pelo juiz ou, em alguns casos, pela autoridade administrativa, em pronunciamento constitutivo com efeitos *ex tunc*. Nulificado o ato, ele perde os seus efeitos. Não se desfaz o ato, evento do passado, nem se *retira* a sua validade, pois esta *ele não possui* mesmo antes de decretada a nulidade. Não é possível destituí-lo do que ele não possui. Apenas são fulminados os seus *efeitos* jurídicos. O ato deixa de produzir efeitos no futuro e, quanto aos efeitos do passado, tenta-se ao máximo desfazê-los ou compensá-los.

c) Para as demais espécies de atos, ou seja, aquelas não incluídas no rol acima, a nulidade opera *ipso iure*. Isso quer dizer o ato é nulo (um "nada" no que se refere à eficácia) desde o momento em que praticado de forma contrária à lei, pois desde esse momento já *incide* a norma nulificante. Trata-se de um caso comum de incidência da norma e, como tal, independente de pronunciamento judicial. Espera-se que as normas jurídicas sejam cumpridas espontaneamente e apenas em caso de controvérsia os interessados requeiram a tutela jurisdicional (declaratória, nesse caso).[489]

> Os efeitos jurídicos pretendidos do negócio nulo não têm lugar, em princípio, nem entre os participantes nem em suas relações com terceiros. O negócio nulo não requer um ato especial – seja uma declaração de vontade a isso dirigida, seja uma demanda e uma sentença judicial – para produzir a ineficácia. Qualquer pessoa pode alegar sem mais a nulidade de

---

[487] Nesse sentido: MELLO, *Teoria do fato jurídico: plano da validade*, p. 93; CALMON DE PASSOS, *Esboço de uma teoria das nulidades aplicada às nulidades processuais*, p. 133; GONÇALVES, Aroldo Plínio. *Nulidades no processo*. Rio de Janeiro: Aide, 1993, p. 58 e CABRAL, *Nulidades no processo moderno*, p. 44-45.

[488] As nulidades processuais serão objeto de um tópico próprio. Por ora, convém que se tenha bem claro que "inexiste nulidade processual sem um prévio dizer do magistrado e sua decretação opera a partir do momento em que é consumada, sempre com eficácia *ex tunc* porquanto seus efeitos são postos em relação aos atos subseqüentes ao ato anulado" (CALMON DE PASSOS, *Esboço de uma teoria das nulidades aplicada às nulidades processuais*, p. 41). No mesmo sentido: MARINONI, Luiz Guilherme; MITIDIERO, Daniel. *Código de processo civil comentado artigo por artigo*. São Paulo: RT, 2008, p. 238.

[489] "A ineficácia *ipso iure*, embora não seja negada cientificamente, não basta para afastar a *resistência* dos que insistem em sustentar a validade e eliminar a aparência de validade apresentada pelo negócio, mesmo quando contaminado na origem por nulidade. Tem-se, portanto, de lançar mão do processo judicial. Não se pede ao juiz, todavia, que desconstitua o negócio inválido, mas que emita *sentença declaratória* acerca da sua invalidade." (THEODORO JÚNIOR, Humberto. *Comentários ao novo Código Civil*, vol. III, t. I. 4. ed. Rio de Janeiro: Forense, 2008, p. 273, grifos meus).

um negócio jurídico. Esta deve ser levada em conta pelo tribunal no litígio, desde que resulte dos fatos apresentados no processo, mesmo que nenhuma das partes a alegue.[490]

Isso vale para qualquer disputa sobre a incidência de uma norma, e não apenas no caso das nulidades. Veja-se, portanto, que a proibição à justiça de mão própria (*nul ne peut se faire justice à soi-même*) não implica a necessidade de pronunciamento judicial para nascimento de toda e qualquer nulidade. Ela impede apenas que, *em caso de conflito*, os interessados exercitem por si mesmos as suas razões.[491]

A distinção entre nulidade *ipso iure* e inexistência *não tem utilidade prática*, mas conceitualmente pode ser assim expressa:

> Deve-se falar nestes casos de nulidade, e não, de inexistência, porque não faltam ao ato seus elementos constitutivos. Se não produz os efeitos a que estava destinado é porque lhe sobreveio uma sanção extrínseca por parte da lei, que os impede no interesse da comunidade. A lei, pois, anula aqui o ato, ou seja retira-lhe os efeitos; coisa que não se pode afirmar

---

[490] LARENZ, Karl. *Derecho civil: parte general*. Trad. y notas de Miguel Izquierdo y Macias-Picavea. Madrid: Revista de Derecho Privado, 1978, p. 623, tradução minha. Texto da versão em espanhol: "Los efectos jurídicos pretendidos del negocio nulo no tienen lugar, en principio, ni entre los participantes ni en sus relaciones con terceros. El negocio nulo no requiere un acto especial – ya sea una declaración de voluntad a ello dirigida, ya una demanda y una sentencia judicial – para producir la ineficacia. Cualquier persona puede alegar sin más la nulidad de un negocio jurídico. Esta se há de tomar en cuenta por el tribunal en el litigio, con tal que resulte de los hechos presentados en el proceso, aunque una de las partes no la alegue".

[491] As dimensões do presente estudo não permitem o aprofundamento deste polêmico ponto. Nem é necessário, pois aqui se busca apenas estabelecer uma *terminologia* e creio que, sob esse aspecto, tenha ficado bem claro o significado das expressões *"ipso iure"* ou *"pleno iure"* (sinônimas, em termos práticos), quando referidas às nulidades. Nada obstante, examinarei sucintamente um dos muitos argumentos contrários à tese da possibilidade de nulidade *ipso iure*. Valle Ferreira afirma que toda e qualquer nulidade depende de decretação judicial, pois "mesmo inquinado do vício mais grave, o ato quase sempre conserva uma aparência de regularidade, que só pode ser destruída pela declaração do juiz. Esta presunção de regularidade, êste respeito pelas aparências, é um dos grandes princípios da organização civil, cuja aplicação mais brilhante e frequente, segundo assinalou De Page (I, n. 96), encontramos na posse, um estado aparente do direito de propriedade, que às vezes é protegido até mesmo contra o *verus dominus*" (FERREIRA, Valle. Subsídios para o estudo das nulidades. *Revista da Faculdade de Direito*, UMG, Belo Horizonte, ano XIV, n. 3, p. 29-38, out. 1963, p. 31). Contra esse argumento da proteção da aparência, pode-se dizer que o direito protege muitas coisas e não apenas a aparência. Em primeiro lugar, protege o *bem comum* e justamente para isso sanciona com nulidade os atos que busquem alterar situações jurídicas sem atender às exigências legais. A nulidade absoluta é prevista para o bem comum, por isso mesmo é que é absoluta. A desvalorização do ato praticado em desacordo com as normas que o regem protege o bem comum, a ordem, a legalidade, a boa-fé e os fins específicos de cada norma. Nem sempre a *proteção da aparência* prevalece sobre os valores jurídicos citados. Contudo, há realmente casos em que o legislador reconhece que a nulidade *ipso iure* traria mais danos ao bem comum do que a manutenção dos efeitos do ato até o momento de um pronunciamento oficial da nulidade. São exemplos dessa espécie: os atos processuais, os atos dependentes de registro e registrados, os atos administrativos e o casamento, dentre outros. Esses casos contam com uma presunção de validade que, no entanto, não ampara todo e qualquer ato jurídico. Note-se que, até mesmo em relação aos atos que ostentam presunção de validade, pode excepcionalmente haver nulidade *ipso iure*: o exemplo mais significativo é a ordem manifestamente ilegal (ato administrativo), a qual, por expressa disposição legal, não deve ser obedecida (Lei n. 8.112/1990, art. 116, IV) e isso sem que seja necessária sentença que a anule. Outro exemplo: o Oficial do Registro de Títulos e Documentos deve recusar registro de documentos que contenham vícios e, até mesmo, anular registros já feitos (Lei n. 6.015/1973, arts. 156-157). Quanto ao exemplo citado pelo Valle Ferreira (proteção da posse), é preciso observar que a proteção da posse não se funda *no ato* realizado, mas no estado de coisas protegido pelo direito. Não é, de modo algum, a proteção de um ato nulo com aparência de aquisição de propriedade.

em relação aos atos inexistentes, onde não é a lei o que anula ou subtrai os efeitos, não havendo ato que os possa produzir, por faltar a essência no que tem aparência de ato.[492]

Cabe também distinguir *nulo* de *anulável*, o que pode ser feito com as palavras de Carvalho Santos:

> O ato nulo costuma-se dizer que produz efeito, mas, em verdade, assim não é, pois o que acontece é não produzir êle nenhum dos efeitos a que se destinava, o que mais adiante mostraremos. Já o ato anulável produz todos os seus efeitos, sem exceção, enquanto se não anula. O ato nulo o é em face de qualquer pessoa, não produzindo efeito em relação a todas; ao invés, o ato anulável pode ser invalidado sòmente no interêsse das pessoas a quem a lei concede o direito de anulá-lo. Não quer isso significar que qualquer pessoa possa pedir ou alegar a nulidade do ato nulo, o que será examinado dentro em pouco. O ato nulo não pode ser sanado, não podendo a vontade das partes sôbrepor-se à vontade do legislador, que considerou o ato sem valor para todos e não sòmente para alguns. O acordo só poderá produzir um ato nôvo, nunca, porém, confirmá-lo ou ratificá-lo. Enquanto que o ato anulável pode, em regra, ser sanado pela confirmação, ratificação, ou por outro qualquer modo admitido em Direito. Não produzindo o ato nulo nenhum dos efeitos jurídicos visados pelas partes, nulos são os atos acessórios de um ato nulo. Se se trata, porém, de um ato acessório a ato anulável, pode aquêle ser válido, como acontece com a fiança dada em garantia de um crédito -anulável, que, como se sabe, é válida. O ato nulo nunca produz os efeitos a que se destinava, sendo nulo desde que foi praticado, independente de qualquer sentença, o que já se não verifica com o ato anulável, que depende de uma sentença para o fim de não produzir efeito.[493]

Ora, conforme visto, há casos em que a sanção de nulidade precisa ser aplicada por sentença para que o ato se torne verdadeiramente nulo. O ato *merecedor da sanção* de nulidade o é desde a sua produção, mas ainda não é *nulo* nesse momento. Só será nulo quando a sanção for *aplicada* pela autoridade com poderes para tanto. Os efeitos são produzidos, mas podem cessar por sentença judicial.[494] Em relação a esses casos, a denominação mais apropriada é *anuláveis*, antes da sentença, *nulos* após a sentença, mesmo que a lei não faça essa distinção e diga, ao tratar deles, que "são nulos". Anulabilidade, portanto, é a situação do ato que *pode ser anulado*.[495]

---

[492] ROBLEDA, *La nulidad del acto jurídico*, p. 59, tradução minha. Texto original: "Se debe hablar en estos casos de nulidad, y no, de inexistencia, porque no faltan al acto sus elementos constitutivos. Si no produce los efectos a que estaba destinado es porque le ha sobrevenido una sanción extrínseca por parte de la ley, que los impide en interés de la comunidad. La ley, pues, anula aquí el acto, o sea le quita los efectos; lo cual no se puede afirmar respecto de los actos inexistentes, donde no es la ley la que anula o sustrae los efectos, no habiendo acto que los pueda producir, por faltar la esencia de lo que tiene apariencia de acto." Sobre a questão, ver também: CALMON DE PASSOS, *Esbôço de uma teoria das nulidades aplicada às nulidades processuais*, p. 92-93 e PONTES DE MIRANDA, *Tratado de direito privado*, IV, p. 31.

[493] SANTOS, J. M. de Carvalho. *Código civil brasileiro interpretado*, vol. III. 1. ed. eletrônica. Rio de Janeiro: Forense, [2008], p. 198. Ver também PONTES DE MIRANDA, *Tratado de direito privado*, IV, p. 76.

[494] ROBLEDA, *La nulidad del acto jurídico*, p. 56.

[495] O legislador do Código Civil brasileiro de 2002 usa outros critérios para diferenciar *nulidade* de *anulabilidade*. Os principais são: maior ou menor gravidade do vício, natureza do direito protegido, possibilidade ou impossibilidade de pronunciamento de ofício e possibilidade ou impossibilidade de convalidação. Esses critérios se mesclam na classificação legal. A proposta terminológica aqui formulada desvincula-se, nesse ponto, da

Existem diversos conceitos associados ao de nulidade, dentre os quais destacam-se os seguintes: (1) *Anulação:* ato de tornar nulo, ou seja, de reconhecer a invalidade e de retirar a eficácia. O mesmo que decretação de nulidade. Diferente de declaração de nulidade; (2) *Declaração de nulidade*: reconhecimento de que um ato já era nulo previamente e, portanto, que ele nunca foi eficaz. (3) *Rescindibilidade*: no campo do direito material, é difícil distingui-la de *anulabilidade*.[496] As hipóteses de *rescindibilidade* do contrato previstas no Código Civil italiano (arts. 1.447-1.448) são tratadas como casos de *anulabilidade* pelo Código Civil brasileiro (arts. 138 e 171, II). Entretanto, no direito processual brasileiro, *rescindibilidade* possui um sentido técnico específico. Designa a *possibilidade de desfazer* a sentença judicial de um *processo findo*.[497] Rescindir (*res*, coisa + *cindire*, separar, desmanchar) é desfazer o próprio ato, e com ele os seus efeitos. As hipóteses de rescindibilidade vão além dos *defeitos* da sentença (CPC, art. 485, VI e VII), razão pela qual é apropriado utilizar um termo diferente de *anulação* (sempre ligada à ideia de defeitos) para designar essa situação. O uso do termo se justifica, ainda, como forma de distinguir, rápida e precisamente, a anulabilidade da sentença que ainda não transitou em julgado da "anulabilidade" (rescindibilidade) daquela que já transitou; (4) *Vício rescisório*: aquela imperfeição que gera a rescindibilidade de uma sentença.[498] O vício que permite a anulação da sentença em processo pendente pode não ser suficiente para permitir a rescisão da sentença de processo findo.

7. Ineficácia

Quando um negócio jurídico ou um provimento oficial são suficientes para desencadear o dever-ser programado pelos seus agentes, diz-se que eles são *eficazes* para tal fim. *Eficácia jurídica,* portanto, *é a suficiência do ato para desencadear os efeitos programados e, portanto, gerar uma nova situação jurídica.*[499]

---

adotada pelo legislador do Código Civil, a fim de poder levar adiante um empreendimento metalinguístico, que capture de modo simples os variados e, muitas vezes, densos usos vigentes no interior de cada ramo do direito ou da prática forense.

[496] Ver *Codex Iustinianus* 4.44; POTHIER, Robert Joseph. Traité du contract de vente. In: *Oeuvres de Pothier*. Nouvelle édition de M. Dupin. Tome deuxième. Paris: Pichon-Béchet, 1827, p. 152-158; ALVES, José Carlos Moreira. *A parte geral do projeto de Código Civil brasileiro*. 2. ed. aum. São Paulo: Saraiva, 2003, p. 120-124. Existem tentativas doutrinárias de distinção, como, por exemplo: TOMMASINI, Raffaele. Invalidità. In: *ENCICLOPEDIA del diritto*. v. XXII. [Milano]: Giuffrè, 1972, p. 580 e PONTES DE MIRANDA, *Tratado de direito privado*, III, p. 45-46. Mas a escolha é realmente do legislador de cada ordenamento.

[497] A "rescindibilidade concerne à existência de instrumento apto ao desfazimento da sentença" (TALAMINI, *Coisa julgada e sua revisão*, p. 298).

[498] A expressão "vício rescisório" faz parte da classificação de José Tesheiner dos vícios em processo findo. Ver TESHEINER, José Maria Rosa; BAGGIO, Lucas Pereira. *Nulidades no processo civil brasileiro*. Rio de Janeiro: Forense, 2008, p. 261.

[499] A concepção adotada corresponde à de Falzea. Note-se que estou falando de eficácia no plano do dever-ser, e não, como faz Kelsen, de eficácia no plano do ser (eficácia como efetiva observância da norma pelo grupo social). Nada há de errado em falar da eficácia verificável no plano do ser. Apenas quero deixar claro que não é dessa que trato acima.

Ineficácia, a *contrario sensu*, é a insuficiência para desencadear esses mesmos efeitos.

Algumas das situações já examinadas, como a inexistência jurídica e a nulidade, coincidem com a ineficácia neste ponto: a ausência dos efeitos programados. Mas os termos não são sinônimos. A inexistência é uma das possíveis causas de ineficácia. O mesmo pode-se dizer da nulidade. Mas há ineficácia em muitos outros casos e não apenas nesses dois. E, em sentido técnico, não se poderia sequer falar de ineficácia do ato juridicamente inexistente, pois a existência é um pressuposto para a predicação da eficácia ou ineficácia. Um ato pode ser *jurídico* por apresentar os elementos essenciais do tipo previsto por uma *norma específica*, mas para ser eficaz precisa passar pelo crivo do *ordenamento jurídico como um todo* pois, afora a norma que lhe confere o *nomen iuris*, o ordenamento pode proteger outros interesses jurídicos incompatíveis com os efeitos programados para o ato.[500]

As causas de ineficácia, obstáculos à ocorrência dos efeitos jurídicos pretendidos, podem ser de diversas espécies. Entre as principais estão (a) a conclusão do ato sem a perfeita individualização de sujeitos ou objetos, de modo a exigir providências ulteriores;[501] (b) a interferência de outros valores jurídicos, que exijam que "o valor parcial expresso no negócio jurídico seja corrigido, modificado ou eventualmente eliminado".[502] Angelo Falzea chama essa interferência de "*reintegração da* fattispecie *parcial na totalidade do ordenamento*", sem o que a *fattispecie* parcial não poderia produzir seus efeitos típicos e fundamentais;[503] e (c) a subordinação dos efeitos típicos e fundamentais do negócio jurídico à verificação de *condição* suspensiva ou resolutiva, ao *termo* inicial ou final e à realização de *encargo*. (CC, arts. 121-137).

---

[500] Nesse sentido: SCALISI, Vincenzo. *Il negozio giuridico tra scienza e diritto positivo*. Milano: Giuffrè, 1998, p. 376 e FALZEA, *Ricerche di teoria generale del diritto e di dogmatica giuridica*, II, p. 128-129.

[501] "Isso se verifica quando a situação jurídica é destinada a um sujeito estranho, futuro ou indeterminado; ou é destinada a incidir sobre um bem indicado de modo genérico ou alternativo, submetido, para sua individuação, ao arbítrio de um terceiro, ou ainda não existente" – SCALISI, *Il negozio giuridico tra scienza e diritto positivo*, p. 377, tradução minha. Texto original: Ciò si verifica quando la situazione giuridica è destinata a un soggetto estraneo (artt. 459, 1399, 1401 c.c.), futuro (artt. 462, 600, 784, 786 c.c.) o indeterminato (art. 631 c.c.) oppure è destinata a incidere su un bene indicato in modo generico o alternativo (artt. 1378, 653, 665 c.c.), rimesso per la sua individuazione all'arbitrio di un terzo (artt. 632, 1349, 1473 c.c.), o non ancora esistente (artt. 654, 1348, 1472 c.c.)." Para um quadro mais completo, ver FALZEA, *Ricerche di teoria generale del diritto e di dogmatica giuridica*, II, p. 126-127.

[502] SCALISI, *Il negozio giuridico tra scienza e diritto positivo*, p. 380.

[503] FALZEA, *Ricerche di teoria generale del diritto e di dogmatica giuridica*, II, p. 125. Conforme Falzea, a eficácia nasce com o preenchimento da *fattispecie* completa, enquanto o preechimento da *fattispecie* parcial determina apenas a relevância do ato ou fato, não a sua eficácia. Diz o autor: "La fattispecie parziale, fino a quando non viene completata e rintegrata nella totalità dell'ordinamento giuridico, non é in grado di esprimere pienamente l'interesse tutelato dal diritto e non può produrre i suoi effetti tipici e fondamentali. Essa tuttavia, se è incapace di portare con sé l'interesse dell'intero sistema giuridico, indica già un nucleo centrale di interessi che, qualora nel processo di reintegrazione giunga a completarsi o non incontri altri e prevalenti interessi, è tale da meritare od esigere la tutela del diritto. In ciò sta il fondamento della rilevanza giuridica della fattispecie parziale e la regione degli effetti minori e atipici che essa produce." (ob. cit, p. 125)

Note-se que a *indeterminação* do sujeito ou do objeto, estabelecida por um ato formulado em linguagem compreensível, não deve ser confundida com o fenômeno da *falta de sujeito ou objeto* decorrente da *indeterminabilidade* do sentido das expressões linguísticas com que o ato tenha sido formulado. No primeiro caso, tem-se um ato jurídico, e o que pode falhar são os seus efeitos, pois mesmo o que é determinável (apto a sofrer determinação) pode concretamente nunca sofrer a determinação, e, consequentemente, nunca produzir o efeito previsto. No segundo caso, *não se tem ato jurídico*, por ausência de elementos essenciais que o façam corresponder ao modelo dos atos jurídicos. Não pode haver acordo de vontades sem um objeto sobre o qual acordar. Da mesma forma, não pode haver dever sem que seja dever *de alguém*.[504] Conforme explica Vincenzo Scalisi, para o juízo de relevância (ou existência) jurídica basta que o programa negocial contenha a previsão, de forma determin*ável* (ainda que não determin*ada*), dos "elementos materiais externos de desenvolvimento do efeito".[505] Mas para a *eficácia* do ato, é preciso que a determinação *ocorra*, mesmo que em momento posterior ao ato. Esse é caso, por exemplo, da sentença dependente de liquidação, conforme observa Carlos Alberto Alvaro de Oliveira.[506]

Uma última questão ainda precisa ser examinada: que espécies fáticas comportam um juízo sobre a sua eficácia jurídica? É certo que, muitas vezes, se fala de eficácia como algo passível de atribuição a qualquer espécie de fato jurídico. Marcos Bernardes de Mello, por exemplo, emprega a expressão de modo genérico, "para designar os efeitos próprios e finais dos *fatos* jurídicos".[507] Note-se que, nessa definição, eficácia aparece como sinônimo de *efeito*. Nesse sentido, é possível dizer, como faz Bernardes de Mello, que a eficácia final do fato jurídico tributário depende da efetivação do lançamento.[508] Pode-se falar, com a acepção de *produção de efeitos*, de eficácia *lato sensu*.

Mas há um sentido mais preciso, técnico e, ao mesmo tempo, mais próximo da linguagem comum: *eficácia, em sentido estrito, é a produção dos efeitos jurídicos programados*. Na linguagem comum, não se qualifica como eficaz aquilo que ocorre por acidente, o mero fato, mas apenas aquilo que produz os efeitos *intencionados*. Diz-se *eficaz* um remédio que cura o paciente, porque é normal que se pretenda, com o remédio, eliminar a doença. Mas se o remédio acaba por matar o paciente não se diz que ele foi eficaz, embora seja inegável que ele *teve efeitos* (mas não os pretendidos). Embora os *fatos em sentido estrito* possam ter ou não ter efeitos jurídicos, eles não podem ser eficazes ou ineficazes juridicamente, pois, por conceito, não existe uma intenção produtora da sua ocorrência. Não se poderia, por exemplo, dizer que a aluvião foi ineficaz: no máximo ela poderia ter

---

[504] Ver FALZEA, *Ricerche di teoria generale del diritto e di dogmatica giuridica*, II, p. 113 e 129.
[505] SCALISI, *Il negozio giuridico tra scienza e diritto positivo*, p. 378.
[506] ALVARO DE OLIVEIRA, Execução de título judicial e defeito ou ineficácia da sentença, p. 72.
[507] MELLO, *Teoria do fato jurídico: plano da eficácia*, I, p. 33
[508] Ver MELLO, *Teoria do fato jurídico: plano da eficácia*, I, p. 35.

ou não produzido efeitos. Percebe-se, dessa distinção, que *a eficácia é um atributo aplicável apenas aos atos jurídicos que tenham a manifestação da vontade como elemento definidor dos efeitos, a saber: os negócios e os provimentos jurídicos*. A expressão de John Austin – *misfire* (literalmente, *falha na ignição* ou *falha no disparo*; por extensão, qualquer tipo de fracasso) –, empregada ao teorizar sobre os *atos de fala*, constitui o protótipo perfeito para a *ineficácia*: somente cabe falar em *falha* onde há uma *intenção*.

Vincenzo Scalisi observa que um negócio ineficaz não é necessariamente destituído de efeitos, mas apenas dos efeitos próprios da sua espécie e conteúdo. Ele pode produzir outros efeitos como, por exemplo, o dever de ressarcir.[509] E acrescenta:

> Não haveria, por isso, ineficácia onde o ato realiza efeitos correspondentes ao seu conteúdo, ainda que dispostos em via integrativa ou mesmo não desejados. Vice-versa ineficaz seria o ato ainda que na presença de efeitos jurídicos preliminares ou se produz efeitos de natureza dispositiva em vez daqueles previstos no regulamento negocial.[510]

Nos provimentos jurídicos como a sentença judicial, da mesma forma que nos negócios jurídicos, são estabelecidas, no texto do próprio provimento, normas dirigidas ao comportamento de alguém. A sanção de tais normas, pelo direito, é o efeito jurídico, efeito sobre uma situação jurídica. E como eficácia é justamente o sucesso na obtenção do efeito jurídico correspondente ao conteúdo do negócio ou provimento, segue-se que a eficácia não pode ser referida a outros atos que não o negócio jurídico ou os provimentos das autoridades.

8. Aplicação da terminologia na dinâmica do processo civil

A terminologia aqui proposta é aplicável também no campo do direito processual. Embora cada ramo do direito possua conceitos que lhe são próprios, é preciso haver certa uniformidade linguística, ou o discurso jurídico tornar-se-á esquizofrênico. Os conceitos referentes à relação fato-norma são os mesmos em qualquer ramo do direito, mas suas condições de operação podem ser diversas. Cabe citar algumas peculiaridades.

No direito processual civil, as nulidades sempre precisam ser decretadas pelo juiz para que passem a existir (CPC, arts. 243-250). Vistos do momento anterior à decretação da nulidade, os atos processuais defeituosos estão, todos, na situação de *anulabilidade* e não na de nulidade. Depois de decretada a nulidade,

---

[509] SCALISI, *Il negozio giuridico tra scienza e diritto positivo*, p. 359.
[510] SCALISI, *Il negozio giuridico tra scienza e diritto positivo*, p. 360, tradução minha. Texto original: "Non si avrebbe perciò inefficacia ove l'atto realizza effetti corrispondenti al suo contenuto, anche se disposti in via integrativa o addirittura non voluti. Vice-versa inefficace sarebbe l'atto anche in presenza di effetti giuridici preliminari o se produce effetti di natura dispositiva al posto di quelli previsti nel regolamento negoziale."

eles passam a ser nulos. Daniel Mitidiero e Luiz Guilherme Marinoni esclarecem que inexiste nulidade processual de pleno direito, isto é, sem um prévio dizer do magistrado, pois "até a manifestação jurisdicional, o ato pode ser desconforme ao seu modelo legal, mas jamais se pode dizê-lo nulo".[511]

No sistema do Código de Processo Civil brasileiro, há diversas situações em que a nulidade dos atos processuais não deve ser decretada: (a) se o ato alcançou sua finalidade (arts. 244; 249, § 1º, e 250);[512] (b) se já ocorreu a preclusão (art. 245);[513] (c) se o processo está extinto (preclusão máxima, arts. 467 e 474); (d) em alguns casos, se a decretação da nulidade favoreceria aquele que lhe deu causa (art. 243).[514]

Ao tratar do sistema das nulidades no processo civil brasileiro, Roberto Bedaque ressalta que o "reconhecimento de uma nulidade absoluta ou relativa e a relevância da inexistência fática ou jurídica de determinado ato processual somente ocorrem se houver prejuízo às partes ou aos valores tutelados pelo sistema processual".[515]

No uso da terminologia ora proposta, não cabe dizer que *o ato processual, mesmo absolutamente nulo, é eficaz e apto à convalidação pela coisa julgada*.[516] Ora, se não existe ato processual nulo antes de decretada a sua nulidade, e se a decretação da nulidade lhe retira a eficácia, não é possível falar em "ato nulo e eficaz". Também não é correto falar em "*convalidação* pela coisa julgada", primeiro, porque a coisa julgada não interfere no plano da validade (correção) dos atos do processo. O ato *não se torna válido* só porque os seus efeitos não podem mais ser retirados. Em segundo lugar, a coisa julgada sequer altera o *sta-*

---

[511] MARINONI, Luiz Guilherme; MITIDIERO, Daniel. *Código de processo civil comentado artigo por artigo*. São Paulo: RT, 2008, p. 238.

[512] Adoção do princípio *pas de nullité sans grief* que, no dizer de Calmon de Passos, não difere do critério do *fim do ato*: "Não nos foi possível ... encontrar um só exemplo prático, em centenas de decisões examinadas, que nos autorizasse a distinguir prejuízo e inatingibilidade do fim" (CALMON DE PASSOS, *Esboço de uma teoria das nulidades aplicada às nulidades processuais*, p. 133). É preciso sempre analisar a relevância ou irrelevância da infração, que "será irrelevante se a atipicidade, embora existente, não obstou fosse alcançado o fim a que se destinava o ato ou tipo arguido de inválido. Caso se entenda ter havido prejuízo para os fins de justiça do processo em virtude da imperfeição, decretará a invalidade [nulidade, na terminologia aqui proposta] do ato ou tipo." (CALMON DE PASSOS, *Esboço de uma teoria das nulidades aplicada às nulidades processuais*, p. 146). O princípio subsiste mesmo no caso de nulidade cominada. Em outras palavras, "mesmo cominada a nulidade, não haverá por que invalidar o ato, se o resultado pretendido houver sido alcançado. Suponha-se que o marido seja citado sozinho para a reivindicação de imóvel e corra o feito até final com evidente infração do art. 11. Invalidar-se-á o processo se a pretensão já tiver sido julgada improcedente?" (MONIZ DE ARAGÃO, Egas Dirceu. *Comentários ao Código de Processo Civil*, vol. II. 10. ed. Rio de Janeiro: Forense, 2005, p. 359)

[513] Sobre o polêmico tema da preclusão das invalidades, ver LACERDA, Galeno. *Despacho saneador*. Porto Alegre: Fabris, 1985, p. 158-171; CALMON DE PASSOS, *Esboço de uma teoria das nulidades aplicada às nulidades processuais*, p. 134-137; TESHEINER, José Maria Rosa; BAGGIO, Lucas Pereira. *Nulidades no processo civil brasileiro*. Rio de Janeiro: Forense, 2008, p. 188-194 e 198-200 e CABRAL, Antonio do Passo. *Nulidades no processo moderno*. Rio de Janeiro: Forense, 2009, p. 255-276.

[514] Proibição do *venire contra factum proprium*.

[515] BEDAQUE, *Efetividade do processo e técnica processual*, p. 460.

[516] Ideia comum na doutrina. Ver, por exemplo: CALMON DE PASSOS, *Esboço de uma teoria das nulidades aplicada às nulidades processuais*, p. 98 e CABRAL, *Nulidades no processo moderno*, p. 25.

tus dos atos realmente *nulos* (*i.e.*, aqueles que tiveram sua nulidade decretada). O que acontece é uma questão de *superação* e não de *convalidação*: os atos inválidos, nulos e inexistentes continuam sendo o que são, mas a sentença que os sucede se torna gradualmente invulnerável (primeiro com o trânsito em julgado e depois com o término do prazo para a ação rescisória). E quando a sentença se torna invulnerável, pouco importa a qualidade, ou até mesmo a inexistência jurídica, de algum dos atos processuais que a precederam (exceto a citação).[517] Contudo, caso a invalidade do ato anterior à sentença seja daquelas aptas a provocar também a invalidade da sentença, o ato inválido poderá servir de motivo para a rescisão da sentença, o que não seria possível se o ato estivesse realmente "convalidado".

Outra afirmação muito comum é a de que a grande diferença entre a nulidade e a inexistência jurídica poderia ser demonstrada com o caso da sentença judicial, pois a nulidade desta não poderia ser alegada após o trânsito em julgado enquanto a inexistência jurídica poderia ser alegada a qualquer tempo.[518] Mas, se a nulidade dos atos processuais nasce com a sua decretação pelo juiz, uma sentença *nula*, isto é, à qual foi aplicada a sanção de nulidade, jamais transita em julgado. Na terminologia aqui proposta, é possível cogitar de uma sentença *inválida* que transite em julgado, mas jamais de uma sentença *nula* com que isso ocorra. A grande diferença se dá, portanto, entre (a) a sentença inválida mas não nula e (b) a sentença juridicamente inexistente e a sentença nula. Não é, portanto, na questão do trânsito em julgado que reside a diferença entre nulidade e inexistência dos atos processuais.

9. Síntese das opções terminológicas defendidas

O direito opera por meio de normas e estas, para ter alguma utilidade na organização social, precisam referir-se aos comportamentos esperados perante determinados fatos (ou estados de coisas).

Um *fato* é um evento com lugar no tempo, e *fato jurídico* é qualquer fato indicado como condição, ainda que não exclusiva, para a ocorrência de efeitos jurídicos. *Efeito jurídico* é qualquer mudança no universo do dever-ser jurídico (ou situação jurídica).

---

[517] "Se inexistente a citação, o réu poderá alegar o vício a qualquer momento, não ficando limitado ao prazo da ação rescisória. O mesmo não ocorre se não realizada a audiência preliminar. Aqui, sim, a coisa julgada impediria a *alegação* do vício." – BEDAQUE, *Efetividade do processo e técnica processual*, p. 456, grifo meu. Na mesma obra, p. 460-477, são examinadas outras peculiaridades da *citação*. Merece destaque a terminologia utilizada: "impedir a *alegação* do vício", em vez de "*convalidar* o ato viciado".

[518] Nesse sentido: DENTI, Vittorio. Inesistenza degli atti processuali civili. In: AZARA, Antonio; EULA, Ernesto (Dir.). *Novissimo digesto italiano*. v. VIII. Torino: UTET, 1962, p. 636; BETTI, Emilio. *Teoria geral do negócio jurídico*, tomo III. Trad. e anot. Ricardo Rodrigues Gama. Campinas: LZN, 2003, p. 11; CALMON DE PASSOS, *Esboço de uma teoria das nulidades*, p. 100 e TALAMINI, *Coisa julgada e sua revisão*, p. 299-302.

Situação jurídica é o estado de coisas do plano do dever-ser. Nas palavras de Angelo Falzea, uma situação jurídica é "atribuída a determinados sujeitos mediante um efeito jurídico".[519]

Os fatos jurídicos *lato sensu* classificam-se em: (a) fatos jurídicos *stricto sensu* (acontecimentos que importam para o direito apenas pelo seu resultado no mundo fático, tenham ou não tido participação humana) e (b) atos jurídicos *lato sensu* (atos humanos voluntários que possuem importância jurídica como tais). Os atos jurídicos *lato sensu*, por sua vez, recebem subdivisão em (b.1) ilícitos e (b.2) lícitos, e estes em (b.2.1) negócios jurídicos, (b.2.2) atos jurídicos *stricto sensu* e (b.2.3) provimentos jurídicos. *Negócios jurídicos* são as "ações humanas que, por força do direito objetivo, produzem efeitos jurídicos em consideração à vontade do agente, e não simplesmente pelo fato objeto dessa atuação".[520] *Atos jurídicos stricto sensu* são atos humanos voluntários que, tal qual os negócios jurídicos, constituem suporte fático para a produção de efeitos jurídicos, mas sem que a vontade do agente tenha relevância na definição desses efeitos. *Provimentos jurídicos* são ações de agentes estatais (ou grupo de agentes estatais) que estabelecem normas para a conduta de outras pessoas (*v.g.* sentença judicial), ou para a conduta de outras pessoas e também dos próprios agentes (*v.g.* aprovação de um projeto de lei).

Para um juízo sobre os efeitos de um fato, a primeira verificação a ser feita é a da presença dos elementos caracterizadores da hipótese fática contida em uma norma. Em caso negativo (o que se chama *inexistência jurídica*), o fato não é jurídico, *i.e.* não adquire realidade jurídica, e não produz o efeito jurídico. Em caso afirmativo (existência jurídica), há diferenças entre as espécies de fatos. O fato jurídico em sentido estrito e o ato ilícito dependem apenas da existência jurídica para que produzam efeitos jurídicos. Mas esta pode ser insuficiente para a produção de efeitos quando se trata de *negócio jurídico, atos jurídicos em sentido estrito* ou *provimentos jurídicos*. Cada uma dessas três espécies de atos jurídicos pode enfrentar algum dos seguintes obstáculos à produção dos efeitos que lhes são próprios: *nulidade* e *ineficácia*. E, para a verificação da nulidade, é fundamental a noção de *invalidade*.

Validade designa a qualidade dos atos jurídicos que atendam aos requisitos estabelecidos por um ordenamento jurídico determinado. Nesse sentido, ato jurídico inválido é aquele que, embora pertencente à espécie prevista por uma norma jurídica, não cumpre os requisitos do ordenamento vigente.

---

[519] FALZEA, *Ricerche di teoria generale del diritto e di dogmatica giuridica*, II, p. 116. Ver também CALMON DE PASSOS, *Esboço de uma teoria das nulidades*, p. 56.

[520] ALVES, José Carlos Moreira. *A parte geral do projeto de Código Civil brasileiro*. 2. ed. aum. São Paulo: Saraiva, 2003, p. 103. José Roberto dos Santos Bedaque oferece uma definição similar: "Se os efeitos produzidos pelos atos constituem resultado direto do querer, estamos diante dos negócios jurídicos." – BEDAQUE, *Efetividade do processo e técnica processual*, p. 407.

No direito brasileiro, a invalidade pode atrair diversas consequências, dentre as quais a *nulidade*, no sentido de sanção consistente na extinção de efeitos jurídicos. Há atos que são nulos pela simples forma do direito (nulidade *ipso iure*) e há outros em que a sanção precisa ser aplicada pela autoridade competente para que a nulidade se concretize. Estes últimos, enquanto não anulados, estão no estado de *anulabilidade*. Outros conceitos associados à ideia de nulidade: (1) *anulação*: ato de tornar nulo, ou seja, de reconhecer a invalidade e de retirar a eficácia; (2) *declaração de nulidade*: reconhecimento de que um ato já era nulo previamente e, portanto, que ele nunca foi juridicamente eficaz; (3) *rescindibilidade*: no direito processual, designa a possibilidade de desfazer a sentença judicial de um processo findo; (4) *vício rescisório*: aquela imperfeição que gera a rescindibilidade de uma sentença.

No direito processual civil, as nulidades sempre precisam ser decretadas pelo juiz para que passem a existir (CPC, arts. 243-250) e existem diversas situações em que elas não devem ser decretadas (arts. 243; 244; 245; 249, § 1º; 250; 467 e 474).

Eficácia jurídica é a suficiência do ato para desencadear os efeitos programados e, portanto, gerar uma nova situação jurídica. Ineficácia, *a contrario sensu*, é a insuficiência para desencadear esses mesmos efeitos.

Referências

ABBAGNANO, Nicola. *Dicionário de filosofia*. Trad. Alfredo Bosi e Ivone Castilho Benedetti. 4. ed. São Paulo: Martins Fontes, 2000.

ADMINISTRATIVE Office of the United States Courts. *2009 Annual Report of the Director: Judicial Business of the United States Courts*. Washington, D.C.: U.S. Government Printing Office, 2010.

ALCALÁ-ZAMORA Y CASTILLO, Niceto. *Estampas procesales de la literatura española*. Buenos Aires: EJEA, 1961.

——. *Proceso, autocomposición y autodefensa*. 2. ed. México, D.F.: UNAM, 1970.

ALCHOURRÓN, Carlos E.; BULYGIN, Eugenio. *Introducción a la metodología de las ciencias jurídicas y sociales*. Traducción al castellano de los autores. Buenos Aires: Astrea, 2002.

ALESSANDRINI RODRIGUEZ, Arturo et all. *Tratado de derecho civil*: Partes preliminar y general. Tomo II. Santiago: Editorial Juridica del Chile, 1998.

ALEXY, Robert. *Begriff und Geltung des Rechts*. Freiburg: K. Alber, 1992.

——. *Teoría de la argumentación jurídica*. Trad. Manuel Atienza e Isabel Espejo. Madrid: Centro de Estudios Constitucionales, 1989.

ALVARO DE OLIVEIRA, Carlos Alberto. *Do formalismo no processo civil*. São Paulo: Saraiva, 1997.

——. Execução de título judicial e defeito ou ineficácia da sentença, *Revista de Processo*, v. 80, p. 64-74, 1995.

——. Notas sobre o conceito e a função normativa da nulidade. In: ALVARO DE OLIVEIRA, Carlos Alberto (org.). *Saneamento do processo: Estudos em homenagem ao Prof. Galeno Lacerda*. Porto Alegre: Fabris, 1989.

——. O formalismo-valorativo no confronto com o formalismo excessivo. *Revista Forense*, v. 338, p. 11-28, 2007.

——. Os direitos fundamentais à efetividade e à segurança em perspectiva dinâmica. *Revista Forense*, v. 395, p. 35-51, 2008.

——. *Teoria e prática da tutela jurisdicional*. Rio de Janeiro: Forense, 2008.

——; MITIDIERO, Daniel. *Curso de processo civil*: vol. 1: teoria geral do processo civil e parte geral do direito processual civil. São Paulo: Atlas, 2010.

ALVES, José Carlos Moreira. *A parte geral do projeto de Código Civil brasileiro*. 2. ed. aum. São Paulo: Saraiva, 2003.

——. *Direito romano*. 5. ed. Rio de Janeiro: Forense, 1995.

ANDREOLI, Giuseppe. *Contributo alla teoria dell'adempimento*. Padua: Cedam, 1937.

ARAGONESES ALONSO, Pedro. *Proceso y derecho procesal*: introducción. 2. ed. Madrid: Edersa, 1997.

AUBRY, C; RAU, C. *Cours de droit civil français d'après la méthode de Zachariæ*. T. I. 6. éd. Paris: Marchal & Billard, 1936, t. I.

AULETTA, Ferruccio. *Nullita e "inesistenza" degli atti processuali civili*. Padova: CEDAM, 1999.

AUSTIN, J. L. *How to do things with words*: the William James Lectures delivered at Harvard University in 1955. Oxford: Clarendon, 1962.

——. Performative utterances. In: *Philosophical Papers*. Edited by J. O. Urmson and G. J. Warnock. Oxford, UK: Oxford University Press, 1979.

——. *Sense and sensibilia*. London: Clarendon Press, 1962.

ÁVILA, Humberto. *Teoria dos princípios*: da definição à aplicação dos princípios jurídicos. 4. ed. revista. São Paulo: Malheiros, 2004.

BALENA, Giampiero. *La rimessione della causa al primo giudice*. Napoli: Jovene, 1984, p. 266.

BAPTISTA DA SILVA, Ovídio Araújo. *Comentários ao código de processo civil*: v. 1: do processo de conhecimento. Coord. Ovídio Araújo Baptista da Silva. São Paulo: RT, 2000.

——. Conteúdo da sentença e coisa julgada. In: *Sentença e coisa julgada*: ensaios. 3. ed. revista e aumentada. Porto Alegre: Fabris, 1995.

——. Eficácias da sentença e coisa julgada. In: *Sentença e coisa julgada*: ensaios. 3. ed. revista e aumentada. Porto Alegre: Fabris, 1995.

——. Fundamentação das sentenças como garantia constitucional. *Revista Magister de Direito Civil e Processual Civil*. Porto Alegre, v. 10, p. 6-29, jan/fev. 2006.

——. Limites objetivos da coisa julgada no direito brasileiro atual. In: *Sentença e coisa julgada*: ensaios. 3. ed. revista e aumentada. Porto Alegre: Fabris, 1995.

BAPTISTA, Sônia Hase de Almeida. Erro de cálculo e trânsito em julgado. *Revista de Processo*, vol. 54, p. 250-253, abr./jun. 1989, p. 250.

BARACHO, José Alfredo de Oliveira. Teoria geral dos conceitos legais indeterminados. *Themis*: Revista da ESMEC, Fortaleza, v. 2, n. 2, p. 61-78, 1999.

BARBI, Celso Agrícola. *Ação declaratória principal e incidente*. 7. ed. Rio de Janeiro: Forense, 1996.

BARBOSA MOREIRA, José Carlos. A eficácia preclusiva da coisa julgada material no sistema do processo civil brasileiro. In: *Temas de Direito Processual* – primeira série. 2. ed. São Paulo: Saraiva, 1988.

——. A motivação das decisões judiciais como garantia inerente ao estado de direito. In: *Temas de direito processual* – segunda série. 2. ed. São Paulo: Saraiva, 1988. p. 83-95.

——. Ainda e sempre a coisa julgada. In: *Direito processual civil*. Rio de Janeiro: Borsói, 1971.

——. Coisa julgada e declaração. In: *Temas de direito processual* – primeira série. São Paulo: Saraiva, 1977.

——. *Comentários ao código de processo civil*. Vol. V. 12. ed. Rio de Janeiro: Forense, 2005.

——. Eficácia da sentença e autoridade da coisa julgada. In: *Temas de direito processual* – terceira série. São Paulo: Saraiva, 1984.

——. Estrutura da sentença arbitral. *Revista de Processo*, ano 27, n. 107, p. 9-17, jul.-set. 2002

——. Item do pedido sobre o qual não houve decisão: possibilidade de reiteração noutro processo. In: *Temas de direito processual* – segunda série. São Paulo: Saraiva, 1980, p. 241-252.

——. Sentença objetivamente complexa, trânsito em julgado e rescindibilidade. *Revista de Processo*, n. 141, p. 7-16, nov. 2006.

BASTOS, Celso Ribeiro; MARTINS, Ives Gandra. *Comentários à Constituição do Brasil*. 4. vol. Tomo 3, arts. 92 a 126. São Paulo: Saraiva, 1997.

BEDAQUE, José Roberto dos Santos. *Efetividade do processo e técnica processual*. São Paulo: Malheiros, 2006.

BERG, Thomas. *Linguistic structure and change*. Oxford: Clarendon Press, 1998.

BETTI, Emilio. *Interpretação da lei e dos atos jurídicos*. Trad. Karina Jannini. São Paulo: Martins Fontes, 2007.

——. *Interpretazione della legge e degli atti giuridici*: teoria generale e dogmatica. Milano: Giuffrè, 1949.

BLACK, Max. *The importance of language*. Englewood Cliffs, NJ: Prentice Hall, 1962.

BOBBIO, Norberto. Sanzione. In: AZARA, Antonio; EULA, Ernesto (Dir.). *Novissimo digesto italiano*. v. XVI. Torino: UTET, 1969.

——. *Teoria da norma jurídica*. Trad. Fernando Pavan Baptista e Ariani Bueno Sudatti. Bauru: EDIPRO, 2001.

——. *Teoria do ordenamento jurídico*. Trad. Maria Celeste Cordeiro Leite dos Santos. 10. ed. Brasília: UnB, 1999.

BOUVIER, John. *A law dictionary*: adapted to the constitution and laws of the United States of America, and of the several states of the American Union. Philadelphia: T. & J.W. Johnson, Law Booksellers, 1843 (Reprinted 2004 by The Lawbook Exchange).

BRANCO, António Horta. Sintaxe. In: BRANQUINHO, João; MURCHO, Desidério; GOMES, Nelson Gonçalves. *Enciclopédia de termos lógico-filosóficos*. São Paulo: Martins Fontes, 2006.

BROTMAN, H. *et alli*. *Essays in conceptual analysis*. London: Macmillan, 1956.

BUENO, Cassio Scarpinella. Art. 463. In: MARCATO, Antonio Carlos (org.). *Código de processo civil interpretado*. 2. ed. São Paulo: Atlas, 2005.

BÜLOW, Oskar. *La teoría de las excepciones procesales y los presupuestos procesales*. Trad. Miguel Angel Rosas Lichtschein. Buenos Aires: EJEA, 1964.

BUZAID, Alfredo. *Ação declaratória no direito brasileiro*. São Paulo: Saraiva, 1943.

CABRAL, Antonio do Passo. *Nulidades no processo moderno*. Rio de Janeiro: Forense, 2009.

CALAMANDREI, Piero. *La casación civil*. Trad. Santiago Sentís Melendo. Buenos Aires: Bibliográfica Argentina, 1961. Tomo I, vol. I: Historia y legislaciones.

CALMON DE PASSOS, José Joaquim. Capítulo XIX – A lei n. 11.232, de 22 de dezembro de 2005. Questionamentos e perplexidades (a montanha que pariu um rato). In: TESHEINER, José Maria *et alii* (orgs.). *Instrumentos de coerção e outros temas de direito processual civil*. Rio de Janeiro: Forense, 2007.

——. *Esboço de uma teoria das nulidades aplicada às nulidades processuais*. Rio de Janeiro: Forense, 2002.

CAMMARATA, Angelo Ermanno. Il significato e la funzione del "fatto" nell'esperienza giuridica. In: *Formalismo e sapere giuridico*. Milano: Giuffrè, 1963.

CAMPOS DE SOUZA, Ivan. *O Problema da função processual dos embargos de declaração*. Recife: Imprensa Industrial, 1956.

CANARIS, Claus-Wilhelm. *Pensamento sistemático e conceito de sistema na ciência do direito*. 2. ed. Trad. A. Menezes Cordeiro. Lisboa: Fundação Calouste Gulbenkian, 1996.

CANOTILHO, José Joaquim Gomes. *Direito constitucional e teoria da constituição*. 7. ed. Coimbra: Almedina, 2003.

CAPPELLETTI, Mauro. The 'mighty problem' of judicial review. *The judicial process in a comparative perspective*. Oxford: Clarendon Press, 1989.

CARNELUTTI, Francesco. Inesistenza dell'atto giuridico? *Rivista di Diritto Processuale*, Padova, vol. X, n. 1, p. 208-211, 1955.

——. *Lezioni di diritto processuale civile*. Vol. IV, Padova: CEDAM, 1986.

——. *Sistema di diritto processuale civile*. Vol. II. Padova: CEDAM, 1938.

CARRIÓ, Genaro R. *Notas sobre derecho y lenguaje*. 5. ed. Buenos Aires: Abeledo-Perrot, 2006.

CARVALHO, Paulo de Barros. *Direito tributário*: fundamentos jurídicos da incidência. 7. ed. São Paulo: Saraiva, 2009.

CASTRO, Torquato. *Ação declaratória*. 2. ed. São Paulo: Saraiva, 1942.

CEPEJ. *European judicial systems*. Edition 2006 (data 2004). Disponível em: <http://www.coe.int>. Acesso em: 27 nov. 2006.

CHARAUDEAU, Patrick; MAINGUENEAU. *Dicionário de análise do discurso*. Coord. Trad. Fabiana Komesu. 2. ed. São Paulo: Contexto, 2006.

CHIOVENDA, Giuseppe. Cosa giudicata e competenza. In: *Saggi di diritto processuale civile (1894-1937)*. Milano: Giuffrè, 1993, v. II, p. 411-423.

——. Cosa giudicata e preclusione. In: *Saggi di diritto processuale civile (1894-1937)*. Milano: Giuffrè, 1993, v. III, p. 231-283.

——. L'idea romana nel processo civile moderno. In: *Saggi di diritto processuale civile (1894-1937)*. Milano: Giuffrè, 1993, v. III, p. 77-94.

——. Rapporto giuridico processuale e litispendenza. In: *Saggi di diritto processuale civile (1894-1937)*. Milano: Giuffrè, 1993, v. II.

——. Sulla cosa giudicata. In: *Saggi di diritto processuale civile (1894-1937)*. Milano: Giuffrè, 1993, v. II. p. 399-409.

——. Sulla influenza delle idee romane nella formazione dei processi civili moderni. In: *Saggi di diritto processuale civile (1894-1937)*. Milano: Giuffrè, 1993, v. III. p. 95-121.

CHOMSKY, Noam. *Language and politics*. 2nd edn. Edited by C. P. Otero. Oakland, CA: AK Press, 2004.

——. The psychology of language and thought. In: RIEBER, Robert W. (ed.). *Dialogues on the psychology of language and thought*. New York: Plenum, 1983.

CHORUS, Jeroen M. J. (ed) et all. *Introduction to dutch law*. 4th edn. Dordrecht: Kluwer, 2006.

CINTRA, Antonio Carlos de Araujo. *Comentários ao código de processo civil*. 2. ed. Rio de Janeiro: Forense, 2003.

CIRNE-LIMA, Carlos R. V. *Sobre a contradição*. Porto Alegre: EDIPUCRS, 1993.

CNJ. *Justiça em números*: Série histórica – todos os ramos (2004-2008). Disponível em: <http://www.cnj.jus.br>. Acesso em 15 jul. 2010.

COELHO, Fábio Ulhoa. *Curso de Direito Civil*. Vol. 1. São Paulo: Saraiva, 2003.

CORSO, Guido. Validità (diritto amministrativo). In: *ENCICLOPEDIA del diritto*. v. XLVI. [Milano]: Giuffrè, 1993, p. 84-107.

COUTURE, Eduardo J. *Fundamentos del derecho procesal civil*. 4. ed. Montevideo: B de F, 2004.

CRUZ E TUCCI, José Rogério. *A causa petendi no processo civil*. 2. ed. São Paulo: RT, 2001.

——. *A motivação da sentença no processo civil*. São Paulo: Saraiva, 1987.

——; AZEVEDO, Luiz Carlos de. *Lições de processo civil canônico*. São Paulo: RT, 2001.

CRYSTAL, David. *The Cambridge encyclopedia of the english language*. 2nd edn. New York: Cambridge University Press, 2003.

D'ORSOGNA, Marina. Il problema della nullità in diritto amministrativo. Milano: Giuffrè, 2004.

DALL'AGNOL, Antônio. *Comentários ao código de processo civil*: v. 2: do processo de conhecimento. Coord. Ovídio Araújo Baptista da Silva. São Paulo: RT, 2000.

DASCAL, Marcelo. *Interpretação e compreensão*. Trad. Marcia Heloisa Lima da Rocha. São Leopoldo: Unisinos, 2006.

DAVIDSON, Donald. *Truth, language and history*. Oxford: Clarendon Press, 2005.

DELGADO ECHEVERRÍA, Jesús. El concepto de validez de los actos jurídicos de Derecho privado: notas de teoría y dogmática. Madrid, *Boletín Oficial del Estado*, Anuario de Derecho Civil, Núm. LVIII-1, Janeiro 2005.

DELGADO PINTO, José. Sobre la vigencia y la validez de las normas jurídicas. *Doxa*, Alicante, n. 7, p. 101-167, 1990. ISSN 0214-8676.

DENTI, Vittorio. Inesistenza degli atti processuali civili. In: AZARA, Antonio; EULA, Ernesto (Dir.). *Novissimo digesto italiano*. v. VIII. Torino: UTET, 1962.

———. *L'interpretazione della sentenza civile*. Pavia: Tip. Del Libro, 1946. (Studi nelle scienze giuridiche e sociali v. 28)

DICKSON, Julie. Interpretation and coherence in legal reasoning. *The Stanford Encyclopedia of Philosophy* (Fall 2008 Edition), Edward N. Zalta (ed.). Disponível em: <http://plato.stanford.edu/archives/fall2008/entries/legal-reas-interpret/>. Acesso em: 15 jun. 2008.

DIDIER JR., Fredie. Decisão omissa e dispensabilidade da oposição dos embargos de declaração. In: MEDINA, José Miguel Garcia et al. (org.). *Os poderes do juiz e o controle das decisões judiciais*: estudos em homenagem à professora Teresa Arruda Alvim Wambier. São Paulo: RT, 2008, p. 713-716.

DINAMARCO, Cândido Rangel. *Capítulos de sentença*. 2. ed. São Paulo: Malheiros, 2006.

———. *Instituições de direito processual civil*. v. II. São Paulo: Malheiros, 2001.

———. *Instituições de direito processual civil*. v. III. São Paulo: Malheiros, 2001.

———. *Instituições de direito processual civil*. v. IV. São Paulo: Malheiros, 2004.

DINIZ, Maria Helena. *Compêndio de introdução à ciência do direito*. 12. ed. São Paulo: Saraiva, 2000.

———. *Norma constitucional e seus efeitos*. 4. ed. São Paulo: Saraiva, 1998.

DUARTE, José Florentino. Palavras do tradutor. In: KELSEN, Hans. *Teoria geral das normas*. Trad. José Florentino Duarte. Porto Alegre: Fabris, 1986.

DUBOIS, Jean et alii. *Dicionário de lingüística*. Trad. Frederico Pessoa de Barros et alii. São Paulo: Cultrix, 2006.

DUMMETT, Michael. A nice derangement of epitaphs: comments on Davidson and Hacking. In: LEPORE, E. (ed.). *Truth and interpretation*: perspectives on the philosophy of Donald Davidson. Cambridge, Mass.: Blackwell, 1986, p. 459-476.

DWORKIN, Ronald. Law as interpretation. *Texas Law Review*, 60, p. 540-549, 1982.

———. *Law's empire*. Cambridge, Mass.: Belknap, 1986.

———. *Taking rights seriously*. Cambridge, Mass.: Harvard University Press, 1977.

ECO, Umberto et alii. *Interpretation and overinterpretation*: interpretation terminable and interminable. Cambridge: University Press, 1992.

———. *O nome da rosa*. Trad. Aurora Bernardini e Homero Freitas de Andrade. Rio de Janeiro: Nova Fronteira, 1983.

———. *Semiótica e filosofia da linguagem*. Trad. Maria de Bragança. Lisboa: Instituto Piaget, [2001].

ENDICOTT, Timothy A. O. *Vagueness in law*. Oxford [England]; New York: Oxford University Press, 2000.

ENGISCH, Karl. *Die Einheit der Rechtsordnung*. Heidelberg: C. Winter, 1935.

———. *Introdução ao pensamento jurídico*. Trad. J. Baptista Machado. 8. ed. Lisboa: Fundação Calouste Gulbenkian, 2001.

FALZEA, Angelo. *Ricerche di teoria generale del diritto e di dogmatica giuridica*. Vol. II, dogmatica giuridica. Milano: Giuffrè, 1997.

FARIÑAS DULCE, Maria José. *El problema de la validez jurídica*. Madrid: Civitas, 1991.

FAZZALARI, Elio. Procedimento (teoria generale). In: *ENCICLOPEDIA del diritto*. v. XXXV. [Milano]: Giuffrè, 1986. p. 819-835.

FERRAZ JÚNIOR, Tercio Sampaio. *Introdução ao estudo do direito*: técnica, decisão, dominação. 4. ed. São Paulo: Atlas, 2003.

FERREIRA, Valle. Subsídios para o estudo das nulidades. *Revista da Faculdade de Direito*, UMG, Belo Horizonte, ano XIV, n. 3, p. 29-38, out. 1963.

FILIPINO 'dwarf' judge loses case. *BBC News*, London, 18 ago. 2006. Disponível em: <http://news.bbc.co.uk/go/pr/fr/-/2/hi/asia-pacific/5261856.stm>. Acesso em: 2 nov. 2008.

FRANCESCHELLI, Vincenzo. *I rapporti di fatto*. Milano: Giuffrè, 1984.

FULLER, Lon Luvois. *The morality of law*. New Haven: Yale University Press, 1964.

GADAMER, Hans-Georg. *Verdad y método II*. Trad. Manuel Olasagasti. 3. ed. Salamanca: Sígueme, 1998.

──. *Verdade e método I*. Trad. Flávio Paulo Meurer; rev. da trad. Enio Paulo Giachini. 7. ed. Petrópolis, RJ: Vozes, Bragança Paulista: EDUSF, 2005.

GAILLARD, Emmanuel (ed.); SAVAGE, John (ed.). *Fouchard, Gaillard, Goldman on international commercial arbitration*. 2. edn. The Hague: Kluwer, 1999.

GARCEZ, Martinho. *Nullidades dos actos juridicos*. Rio de Janeiro: Jacintho Ribeiro dos Santos, 1896.

GARCÍA-CARPINTERO, Manuel. *Las palabras, las ideas y las cosas*. Barcelona: Ariel, 1996.

GLAZEL, Lorenzo Passerini. *La forza normativa del tipo*. Macerata: Quodlibet, 2005.

GLOCK, Hans-Johann. *Dicionário Wittgenstein*. Trad. Helena Martins. Rio de Janeiro: Jorge Zahar, 1998.

GOLDSCHMIDT, James. *Derecho procesal civil*. Trad. Leonardo Prieto Castro. Barcelona: Labor, 1936.

GONÇALVES, Aroldo Plínio. *Nulidades no processo*. Rio de Janeiro: Aide, 1993.

──. *Técnica processual e teoria do processo*. Rio de Janeiro: Aide, 1992.

GRECO FILHO, Vicente. *Direito processual civil brasileiro*. 16. ed. São Paulo: Saraiva, 2003, v. 2.

GRICE, H. P. Meaning. *The Philosophical Review*, Duke University Press, vol. 66, n. 3, pp. 377-388, Jul. 1957.

GRINOVER, Ada Pellegrini. *Eficácia e autoridade da sentença penal*. São Paulo: RT, 1978.

GUASTINI, Riccardo. *Das fontes às normas*. Trad. Edson Bini. São Paulo: Quartier Latin, 2005.

HABERMAS, Jurgen. Wahrheitstheorien. In: *Wirklichkeit und Reflexion*: Festschrift für W. Schultz. Pfullingen: H. Fahrenbach, 1973.

HAGE, Jaap. *Studies in legal logic*. Dordrecht: Springer, 2005.

HAMILTON, Alexander; MADISON, James; JAY, John. *The federalist*. New York: Cambridge University Press, 2003.

HART, Herbert L. A. *O conceito de direito*. Trad. A. Ribeiro Mendes. 2. ed. Lisboa: Fundação Calouste Gulbenkian, 1996.

──. *The concept of law*. 2nd edn with a postscript edited by Penelope A. Bulloch and Joseph Raz. Oxford: Clarendon Press, 1994.

HARTKAMP, A. S. Law of obligations. In: CHORUS, Jeroen M. J. (ed) et all. *Introduction to dutch law*. 4th edn. Kluwer Law International, 2006.

HELLWIG, Konrad. *Lehrbuch des Deutschen Zivilprozeßrechts*. Bd. 2. Leipzig: Deichert, 1907.

HERBST, Peter. The nature of facts. In: BROTMAN, H. et alli. *Essays in conceptual analysis*. London: Macmillan, 1956.

HESSE, Konrad. *Elementos de direito constitucional da República Federal da Alemanha*. Trad. Luís Afonso Heck. Porto Alegre: Fabris, 1998.

HJELMSLEV, Louis. *Prolegomena to a theory of language*. Transl. Francis J. Whitfield. Madison: University of Wisconsin, 1961.

HOLMES JR., Oliver Wendell. *The common law*. Boston: Little, Brown & Co., 1923.

HONORÊ, Tony. *About law*: an introduction. Oxford: Clarendon Press, 1995.

HUMBOLDT, Wilhelm von. *On Language*. Edn. Michael Losonsky. Transl. Peter Heath. Cambridge: University Press, 1999.

HUNEEUS, Jorje. *La constitucion ante el Congresso*. Segunda i ultima parte – Arts. 59 a 164. Santiago: Imprenta de los Tiempos, 1880.

IRTI, Natalino. Il negozio giuridico come categoria storiografica. *Quaderni Fiorentini*, 557-576, 1990.

——. La polemica sui concetti giuridici. *Rivista trimestrale di diritto e procedura civile*, Milano, Giuffrè, vol. 58, n. 1, p. 9-22, 2004.

——. Rilevanza giuridica. In: AZARA, Antonio; EULA, Ernesto (Dir.). *Novissimo digesto italiano*. v. XV. Torino: UTET, 1968.

JAKOBSON, Roman; HALLE, Morris. *Fundamentals of language*. Reprint of the 2nd edn. New York: Mouton de Gruyter, 1971.

KANT, Immanuel. *Crítica da razão pura*. Trad. Valerio Rohden e Udo Baldur Moosburger. São Paulo: Nova Cultural, 1996 (Os Pensadores).

——. *Fundamentação da metafísica dos costumes*. Trad. Paulo Quintela. Lisboa: Edições 70, 2005.

KAUFMANN, Arthur. Preliminary remarks on a legal logic and ontology of relations. In: NERHOT, Patrick (ed.). *Law, interpretation, and reality*. Dordrecht: Kluwer, 1990.

KELSEN, Hans. Causality and imputation. *Ethics*, University of Chicago, vol. 61, n. 1, p. 1-11, Oct. 1950.

——. *Reine Rechtslehre*. Zweite Auflage. Wien: Franz Deuticke, 1960.

——. *Teoria geral das normas*. Trad. José Florentino Duarte. Porto Alegre: Fabris, 1986.

——. *Teoria geral do direito e do estado*. Trad. Luís Carlos Borges. 3. ed. São Paulo: Martins Fontes, 1998.

——. *Teoria pura do direito*. 6. ed. Trad. João Baptista Machado. São Paulo: Martins Fontes, 2000.

KEMMERICH, Clóvis Juarez. Alteração jurisprudencial para o futuro no direito brasileiro. *Segmentos*. Faculdade de Teixeira de Freitas. Ano 1, n. 1, p. 5-14, dez. 2007. ISSN 1982-338X.

KNIJNIK, Danilo. *A prova nos juízos cível, penal e tributário*. Rio de Janeiro: Forense, 2007.

KRIPKE, Saul. Wittgenstein on rules and private language. Oxford: OUP, 1982.

LACERDA, Galeno. *Despacho saneador*. 3. ed. Porto Alegre: Fabris, 1990.

LANCELLOTTI, Franco. Sentenza civile. In: AZARA, Antonio; EULA, Ernesto (Dir.). *Novissimo digesto italiano*. v. XVI. Torino: UTET, 1969. p. 1119.

LANGER, Susanne K. *An introduction to symbolic logic*. 3rd edn. New York: Dover, 1967.

LARENZ, Karl. *Metodologia da ciência do direito*. Trad. José Lamego. 3. ed. Lisboa: Fundação Calouste Gulbenkian, 1997.

LARSON, Richard K.; LUDLOW, Peter. Interpreted logical forms. In: LUDLOW, Peter (ed.). *Readings in the philosophy of language*. Cambridge-MA:The MIT Press, 1997.

LAUN, Rudolf. *Vom Geltungsgrund des positiven Rechts*. Grundprobleme des internationalen Rechts (Festschrift für J. Spiropoulos). Bonn: Schimmelbusch, 1957.

LEVI, Edward H. *Uma introdução ao raciocínio jurídico*. Trad. Eneida Vieira Santos. São Paulo: Martins Fontes, 2005.

LIEBMAN, Enrico Tullio. *Eficácia e autoridade da sentença e outros escritos sobre a coisa julgada*. Trad. Alfredo Buzaid e Benvindo Aires. 4. ed. Rio de Janeiro: Forense, 2006.

——. *Estudos sôbre o processo civil brasileiro*. São Paulo: Saraiva, 1947.

LIMA, Alcides Mendonça. *Comentários ao código de processo civil*. Vol. VI, Tomo II. Rio de Janeiro: Forense, 1977.

LLEWELLYN, Karl N. *The bramble bush*: on our law and its study. New York: Oceana, 1960.

LLOYD, Dennis; FREEMAN, Michael D. A. *Introduction to jurisprudence*. 6th edn. London: Sweet & Maxwell, 1994.

LOCKE, John. *An essay concerning human understanding*. London: George Routledge and Sons, 1894.

LOPES, José Reinaldo de Lima. *As palavras e a lei*. São Paulo: Ed. 34, 2004.

LOPES DA COSTA, Alfredo Araújo. *Direito processual civil brasileiro*, vol. 3. Rio de Janeiro: Forense, 1959.

MACCORMICK, Neil. *Institutions of law*: na essay in legal theory. New York: Oxford, 2007.

——. *Legal reasoning and legal theory*. New York: Oxford, 1994.

MALACHINI, Edson Ribas. "Inexatidão material" e "erro de cálculo". *Revista de Processo*, São Paulo, ano 29, n. 113, p. 208-245, jan/fev. 2004.

MANDRIOLI, Crisanto. *Corso di diritto processuale civile*. Vol. II: Il processo di congnizione. Milano: Giuffrè, 1994.

MANIGK, Alfred. Studi di diritto italiano e tedesco sulla natura e l'inquadramento sistematico degli atti giuridici privati. Ann. Dir. Comp., XVI, 1943.

MARINONI, Luiz Guilherme. *Teoria geral do processo*. São Paulo: RT, 2006.

——; MITIDIERO, Daniel. *Código de processo civil comentado artigo por artigo*. São Paulo: RT, 2008.

MARMOR, Andrei (ed.). *Law and interpretation*: essays in legal philosophy. Oxford: Clarendon Press, 1997.

MARTINS, Pedro Batista. *Comentários ao código de processo civil*. Vol. III, t. 2. 2. ed. Atualização de José Frederico Marques. Rio de Janeiro: Forense, 1960.

MARTINS-COSTA, Judith Hofmeister. O Direito Privado como um "sistema em construção": as cláusulas gerais no Projeto do Código Civil brasileiro. *Revista da Faculdade de Direito da UFRGS*, n. 15, p. 129-154, 1998.

MATTOS, Sérgio Luís Wetzel de. *Devido processo legal e proteção de direitos*. Porto Alegre: Livraria do Advogado, 2009.

MAXIMILIANO, Carlos. *Hermenêutica e aplicação do direito*. 19. ed. Rio de Janeiro: Forense, 2005.

MCGINN, Colin. *The character of mind*. New York: Oxford University Press, 1996.

MEDINA, José. *Speaking from elsewhere*. Albany: State University of New York, 2006.

MELLO, Marcos Bernardes de. *Teoria do fato jurídico: plano da eficácia*, 1a parte. 5. ed. São Paulo: Saraiva, 2009.

——. *Teoria do fato jurídico: plano da existência*. 15. ed. São Paulo: Saraiva, 2008.

——. *Teoria do fato jurídico: plano da validade*. 9. ed. São Paulo: Saraiva, 2009.

MERKL, Adolf J. Errore giudiziario e verità legale. In: *Il duplice volo del diritto*: il sistema kelseniano ed altri saggi. Trad. C. Geraci. Milano: Giuffrè, 1987.

MILLER, Alexander. *Philosophy of language*. London: UCL, 1998.

MITIDIERO, Daniel. *Comentários ao código de processo civil*. Tomo I (arts. 1o a 153). São Paulo: Memória Jurídica, 2004.

——. O problema da invalidade dos atos processuais no direito processual civil brasileiro contemporâneo. *Revista Forense*. Rio de Janeiro, v. 386, p. 81-97, jul./ago. 2006.

——. *Processo civil e estado constitucional*. Porto Alegre: Livraria do Advogado, 2007.

MODUGNO, Franco. *Lineamenti di teoria del diritto oggettivo*. Torino: Giappichelli, 2009.

MONIZ DE ARAGÃO, Egas Dirceu. *Comentários ao código de processo civil*, vol. II. 10. ed. Rio de Janeiro: Forense, 2005.

——. *Sentença e coisa julgada*. Rio de Janeiro: Aide, 1992.

MORRIS, Charles. *Signs, language and behavior*. New York: Prentice Hall, 1946.

MORTARA, Lodovico. *Commentario del codice e delle leggi di procedura civile.* Vol. II. 3. ed. Milano: F. Vallardi, 1910.

MÜLLER, Friedrich. *Rechtsstaatliche Form, demokratische Politik.* Berlin: Duncker und Humblot, 1977.

NASI, Antonio. Interpretazione della sentenza. In: *Enciclopedia del diritto.* [Milano]: Giuffrè, 1972. v. XXII, p. 293-309.

NEPPI, Vittorio. Determinazione del concetto di "fatto giuridico". *Rivista Internazionale di Filosofia del Diritto*, anno XXXIII, serie III, 1956.

NERHOT, Patrick. *Law, writing, meaning*: an essay in legal hermeneutics. Transl. Ian Fraser. Edinburgh: Edinburgh University Press, 1992.

NEVES, Celso. *Estrutura fundamental do processo civil*: tutela jurídica processual, ação, processo e procedimento. Rio de Janeiro: Forense, 1997.

NINO, Carlos Santiago. Some confusions surrounding Kelsen's concept of validity. In: PAULSON, Stanley L. (editor). *Normativity and Norms*: critical perspectives on kelsenian themes. New York: OUP, 1998, p. 260-261.

NOJIRI, Sergio. *O dever de fundamentar as decisões judiciais.* São Paulo: RT, 1998.

OLIVEIRA, Vallisney de Souza. *Nulidade da sentença e o princípio da congruência.* São Paulo: Saraiva, 2004.

OSGOOD, Charles E. *Language, meaning, and culture*: the selected papers of C.E. Osgood. New York: Praeger, 1990.

PANUCCIO, Vincenzo. *Le dichiarazioni non negoziali di volontà.* Milano: Giuffrè, 1966.

PASQUALINI, Alexandre. *Hermenêutica e sistema jurídico*: uma introdução à interpretação sistemática do direito. Porto Alegre: Livraria do Advogado, 1999.

PASQUALUCCI, Jo M. *The practice and procedure of the Inter-American Court of Human Rights.* Cambridge: Cambridge University Press, 2003.

PEIRCE, Charles Sanders. *Chance, love, and logic*: philosophical essays. Morris Raphael Cohen (editor). Lincoln, NE: University of Nebraska Press, 1998.

PEÑA FREIRE, Antonio Manuel. Reglas de competencia y existencia de las normas jurídicas. *Doxa*, Alicante, n. 22, pp. 381-412, 1999.

PERELMAN, Chaïm. *Ética e direito.* Trad. Maria Ermantina Galvão G. Pereira. São Paulo: Martins Fontes, 1996.

PERLINGIERI, Pietro. *Il diritto civile nella legalità costituzionale.* Napoli: Edizioni Scientifiche Italiane, 1991.

PERO, Maria Thereza Gonçalves. *A motivação da sentença civil.* São Paulo: Saraiva, 2001.

PETIT, Eugène. *Tratado elementar de direito romano.* Trad. Jorge Luís Custódio Porto. Adaptação e notas Ricardo Rodrigues Gama. Campinas: Russell, 2003.

PIMENTEL, Wellington Moreira. *Comentários ao código de processo civil.* Vol. III. São Paulo: RT, 1979.

PINKER, Steven. *Language instinct.* New York: HarperPerennial, 1998.

PLANIOL, Marcel. *Traité élémentaire de droit civil.* 10. ed. Avec la collaboration de Georges Ripert. Tome premier. Paris: Librairie Générale de Droit & de Jurisprudence, 1925.

PLÍNIO, o velho. *Naturalis historiae libri XXXVII.* Stutgard: Stereo, 1967-1970.

PONTES DE MIRANDA, F. C. *Comentários ao código de processo civil.* Tomo I, arts. 1º-45. 5. ed. Atualiz. Sérgio Bermudes. Rio de Janeiro: Forense, 2001.

——. *Comentários ao código de processo civil.* Tomo V. 3. ed. Atualiz. Sérgio Bermudes. Rio de Janeiro: Forense, 1997.

——. *Comentários ao código de processo civil.* Tomo VII. Rio de Janeiro: Forense, 1975.

——. *Comentários ao código de processo civil.* Tomo IX. Rio de Janeiro: Forense, 1976.

———. *Sistema de ciência positiva do direito*. Tomo II. Introdução à ciência do direito. 2. ed. Rio de Janeiro: Borsoi, 1972.

———. *Tratado da ação rescisória das sentenças e de outras decisões*. 5. ed. Rio de Janeiro: Forense, 1976.

———. *Tratado das ações*. Tomo I. São Paulo: RT, 1970.

———. *Tratado de direito privado*. Tomo IV. 4. ed. São Paulo: RT, 1983.

———. *Tratado de direito privado*. Tomo V. 4. ed. São Paulo: RT, 1983.

POPPER, Karl R. *Sociedade aberta, universo aberto*. Lisboa: Dom Quixote, 1995.

PORTO, Sérgio Gilberto. *Comentários ao código de processo civil*. Vol. 6. São Paulo: RT, 2000.

POTHIER, Robert Joseph. Traité du contract de vente. In: *Oeuvres de Pothier*. Nouvelle édition de M. Dupin. Tome deuxième. Paris: Pichon-Béchet, 1827.

PUCHTA, Georg F. *Cursus der Institutionen*. Zweiter Band. 10. Auflage nach dem Tode des Verfassers besorgt von Paul Krüger. Leipzig: Breitkopf und Härtel, 1893.

PUGLIESE, Giovanni. Giudicato civile (storia). In: *ENCICLOPEDIA del diritto*. v. XVIII. [Milano]: Giuffrè, 1969.

———. *Istituzioni di diritto romano*. Torino: Giappichelli, 1991.

QUINE, Willard Van Orman. Translation and meaning. In: LUDLOW, Peter (editor). *Readings in the philosophy of language*. Cambridge-MA: The MIT Press, 1997.

RADBRUCH, Gustav. *Rechtsphilosophie*. 5. Aufl. Stuttgart, K.F. Koehler, 1956.

RAZ, Joseph. Dworkin: a new link in the chain. *California Law Review*, 74, p. 1103-19, 1986.

———. On the nature of law. *Archive fur Rechts und Sozialphilosophie*, vol. 82, p. 1-25, 1986.

———. *The authority of law*: essays on law and morality. Oxford: Oxford University Press, 1979.

REALE, Miguel. *Filosofia do direito*. 14. ed. São Paulo: Saraiva, 1991.

RECASÉNS SICHES, Luis. *Experiencia jurídica, naturaleza de la cosa y lógica "razonable"*. México D.F.: Fondo de Cultura Econômica, 1971.

———. *Introducción al estudio del derecho*. 6. ed. Mexico: Porruá, 1981.

REDENTI, Enrico. *Profili pratici del diritto processuale civile*. 2. ed. Milano: Giuffrè, 1939.

REIS, José Alberto dos. *Código de processo civil anotado*. Vol. 5. 3. ed. Coimbra: Coimbra, 1981, p. 130.

REZEK, José Francisco. *Direito internacional público*: curso elementar. 9. ed. rev. São Paulo: Saraiva, 2002.

RICŒUR, Paul. *Du texte à l'action*. Paris: Seuil, 1986.

ROBLEDA, Olis. *La nulidad del acto jurídico*. 2. ed. Roma: Università Gregoriana, 1964.

ROSENNE, Shabtai; GILL, Terry D. *The world court*: what it is and how it works. Boston: M. Nijhoff, 1989.

ROSS, Alf. *Direito e justiça*. Trad. Edson Bini. Bauru: EDIPRO, 2000.

RUSSELL, Bertrand. Vagueness. In: *The collected papers of Bertrand Russell*, vol. 9. London; Boston: G. Allen & Unwin, 1983, pp. 147-154.

SANTANGELI, Fabio. *L'interpretazione della sentenza civile*. Milano: Giuffrè, 1996.

SANTOS, Andres de la Oliva. *Sobre el derecho a la tutela jurisdiccional*. Barcelona: Bosch, 1980.

SANTOS, J. M. de Carvalho. *Código civil brasileiro interpretado*, vol. III. 1. ed. eletrônica. Rio de Janeiro: Forense, [2008].

SANTOS, Moacyr Amaral. *Primeiras linhas de direito processual civil*. 21. ed. São Paulo: Saraiva, 2003, v. III.

SAPIR, Edward. *Language*: an introduction to the study of speech. New York: Harcourt Brace & Co, 1921.

SARAIVA, F. R. dos Santos. *Novíssimo dicionário latino-português*. 11. ed. Rio de Janeiro: Garnier, 2000.

SATTA, Salvatore; PUNZI, Carmine. *Diritto processuale civile*. 13. ed. Padova: CEDAM, 2000.

SAUSSURE, Ferdinand de. *Curso de lingüística geral.* Trad. Antônio Chelini, José Paulo Paes e Izidoro Blikstein. 24. ed. São Paulo: Cultrix, 2000.

SAVIGNY, Friedrich Carl von. *System des heutigen römischen Rechts.* Band VI. Berlin: Bei Veit, 1847.

SCALISI, Vincenzo. *Il negozio giuridico tra scienza e diritto positivo.* Milano: Giuffrè, 1998.

SCHAUER, Frederick. *Playing by the rules.* Oxford: Clarendon Press, 1992.

SCHMITT, Carl. *O guardião da constituição.* Trad. Geraldo de Carvalho. Belo Horizonte: Del Rey, 2007.

SCHNEEWIND, J. B. *A invenção da autonomia: uma história da filosofia moral moderna.* Trad. Magda França Lopes. São Leopoldo: UNISINOS, 2001.

SCHREIBER, Rupert. *Die Geltung von Rechtsnormen.* Berlin: Springer, 1966.

SCOGNAMIGLIO, Renato. *Contributo alla teoria del negozio giuridico.* Napoli: Jovene, 1969.

——. Fatto giuridico e fattispecie complessa: considerazioni critiche in torno alla dinamica del diritto. *Rivista Trimestrale di Diritto e Procedura Civile,* anno VIII, 1954.

SEARLE, John R. Austin on locutionary and illocutionary acts. *The Philosophical Review,* Duke University Press, v. 77, n. 4, p. 405-424, out. 1968.

SEARLE, John R. *Expression and meaning:* studies in the theory of speech acts. Cambridge, Eng.; New York: Cambridge University Press, 1979.

SEGNI, Mario. Autonomia privata e valutazione legale tipica. Padua: CEDAM, 1972.

SHAPIRO, Martin. *Courts.* Chicago/London: The University of Chicago Press, 1981.

SICA, Heitor Vitor Mendonça. Algumas implicações do novo conceito de sentença no processo civil, de acordo com a lei n. 11.232/2005. In: CARMONA, Carlos Alberto (coord.). *Reflexões sobre a reforma do Código de Processo Civil.* São Paulo: Atlas, 2007.

SICA, Heitor Vitor Mendonça. *Preclusão processual civil.* São Paulo: Atlas, 2006.

SOUZA, Wilson Alves. *Sentença civil imotivada.* Salvador: Podium, 2008.

SPAAK, Torben. Legal positivism, anti-realism, and the interpretation of statutes. In: SEGERBERG, Krister; SLIWINSKI, Rysiek (Eds.). *Logic, law, morality.* Uppsala: University Press, 2003.

STONE, Martin. Focusing the law: what legal interpretation is not. In: MARMOR, Andrei (ed.). *Law and interpretation:* essays in legal philosophy. Oxford: Clarendon Press, 1997.

STRAWSON, P. F. *Logico-linguistic papers.* London: Methuen, 1971.

STURTEVANT, E. H. *Linguistic change:* an introduction to the historical study of sanguage. Chicago: University of Chicago Press, 1961.

TALAMINI, Eduardo. *Coisa julgada e sua revisão.* São Paulo: RT, 2005.

TARELLO, Giovanni. *L'interpretazione della legge.* Milano: Giuffrè, 1980.

TARUFFO, Michele. *La motivazione della sentenza civile.* Padova: Cedam, 1975.

TESHEINER, José Maria Rosa (coord.) *et alii. Nova sistemática processual civil.* Caxias do Sul: Plenum, 2006.

—— *et alii* (orgs.). *Instrumentos de coerção e outros temas de direito processual civil.* Rio de Janeiro: Forense, 2007.

——. *Eficácia da sentença e coisa julgada no processo civil.* São Paulo: RT, 2001.

——. Execução de Sentença: regime introduzido pela Lei 11.232/2005. *Revista Jurídica,* São Paulo, v. 54, n. 343, p. 17-24, maio 2006.

——. Preclusão pro judicato não significa preclusão para o juiz. *Páginas de Direito,* Porto Alegre, 2 jan. 2006. Disponível em: <www.tex.pro.br>. Acesso em: 23 nov. 2006.

——; BAGGIO, Lucas Pereira. *Nulidades no processo civil brasileiro.* Rio de Janeiro: Forense, 2008.

THEODORO JÚNIOR, Humberto. *Código de processo civil anotado.* 9. ed. Rio de Janeiro: Forense, 2005.

TRIBE, Laurence; DORF, Michael. *Hermenêutica constitucional*. Trad. Amarílis de Souza Birchal. Belo Horizonte: Del Rey, 2007. 158 p.

TUGENDHAT, Ernst. *Lições sobre ética*. Trad. grupo de doutorandos do curso de pós-graduação em Filosofia da PUCRS. Petrópolis: Rio de Janeiro: Vozes, 1996.

TWINING, William; MIERS, David. *How to do things with rules*. 4th edn. London: Butterworths, 1999.

VACCARELLA, Romano; GIORGETTI, Mariacarla. (eds.). *Codice di procedura civile annotato con la giurisprudenza*. Milano: UTET Giuridica, 2007.

VELLANI, Mario. *Naturaleza de la cosa juzgada*. Trad. Santiago Sentís Melendo. Buenos Aires: EJEA, 1963.

VERMEULE, Adrian. *Judging under uncertainty*: an institutional theory of legal interpretation. Cambridge, Ma: Harvard, 2006.

VIEHWEG, Theodor. *Topica y jurisprudencia*. Trad. Luis Díez-Picazo Ponce de León. Madrid: Taurus, 1986.

VILANOVA, Lourival. *Causalidade e relação jurídica*. 2. ed. São Paulo: Saraiva, 1989.

——. *Escritos jurídicos e filosóficos*, vol. 2. São Paulo: Axis Mundi; São Paulo: IBET, 2003.

VYGOTSKY, Lev Semenovich. *Thought and language*. Translation newly rev. and edited by Alex Kozulin. Cambridge, Mass.: MIT Press, 1986.

WACH, Adolf. *La pretensión de declaración*. Trad. Juan M. Semon. Buenos Aires: EJEA, 1962.

——. *Manual de derecho procesal civil*. Trad. Tomás A. Banzhaf. Buenos Aires: EJEA, 1977 (1. ed. alemã 1885).

WAISMANN, Friedrich. Verifiability. In: FLEW, Antony (ed.). *Essays on logic and language*, vol. 7. Oxford: Basil Blackwell, 1951.

WAMBIER, Teresa Arruda Alvim. *Nulidades do processo e da sentença*. 6. ed. São Paulo: RT, 2007.

——. *Os agravos no CPC brasileiro*. 3. ed. São Paulo: RT, 2000.

WEBER, Max. *Economia e sociedade*. Trad. Regis Barbosa e Karen Elsabe Barbosa. Brasília: UnB, 1999, v. II.

——. *Politik als Beruf*. München und Leipzig: Duncker & Humblot, 1919.

WELZEL, Hans. *An den Grenzen des Rechts*. Die Frage nach der Rechtsgeltung. Köln und Opiaden: Westdeutscher, 1966.

WHITEHEAD, Alfred North. *Process and reality*: an essay in cosmology. Corrected edition. New York: Free Press, 1978.

WHITTINGTON, Keith. *Constitutional construction*: divided powers and constitutional meaning. Cambridge, Mass.: Harvard University Press, 1999.

WILLIAMSON, Timothy. *Vagueness*. New York: Routledge, 1996.

WILSON, John. *Thinking with concepts*. Cambridge: University Press, 1969.

WITTGENSTEIN, Ludwig. Philosophische Untersuchungen. In: *Schriften*. Verf. Friedrich Waismann. Frankfurt: Suhrkamp, 1960.

——. *Zettel*. Translated by G. E. M. Anscombe. 2nd edn. Oxford: Blackwell, 1998.

WRÓBLEWSKI, Jerzy. *Constitución y teoría general de la interpretación jurídica*. Trad. Arantxa Azurza. Madrid: Civitas, 1985.

——. Criação do direito. In: *Dicionário enciclopédico de teoria e de sociologia do direito*. Dir. André-Jean Arnaud et al. Trad. Patrice Charles e F. X. Willaume. Rio de Janeiro: Renovar, 1999.

YARSHELL, Flávio Luiz. *Ação rescisória*: juízos rescindente e rescisório. São Paulo: Malheiros, 2005.

ZAVASCKI, Teori Albino. *Título executivo e liquidação*. 2. ed. São Paulo: Revista dos Tribunais, 2002.

ZIPPELIUS, Reinhold. *Rechtsphilosophie*: ein Studienbuch. 5. Aufl. München: C. H. Beck, 2007.